크리스천요가에 대한 복음주의 선교신학적 비판

A CRITIQUE ON CHRISTIANYOGA
BASED ON EVANGELICAL MISSIOLOGY

크리스천요가에 대한 복음주의 선교신학적 비판

A CRITIQUE ON CHRISTIANYOGA
BASED ON EVANGELICAL MISSIOLOGY

이충웅 지음

한국학술정보㈜

추천사

　금번 이충웅 교수의 『크리스천요가에 대한 복음주의 선교신학적 비판』을 출판하게 된 것을 대단히 기쁘게 생각합니다. 이충웅 박사는 젊은 시절 세계적인 선교기관인 CCC에서 대학생들을 신앙으로 지도하였습니다. 또한 CCC에 몸담고 있는 동안에는 인도에서 선교사로 활동하여 많은 영적 열매를 거두었습니다. 귀국 후에는 한세대학교 대학원을 통해서 선교학 분야에서 박사학위를 받았습니다. 따라서 이충웅 교수의 저서는 그동안 활동을 통해서 얻어진 지식과 현장 경험들이 묻어 있는 살아있는 지혜의 결집체라고 봅니다.

　본서의 내용은 한국 기독교가 겪고 있는 종교혼합주의와의 관계를 복음주의적 입장에서 잘 정리하고 있다고 판단됩니다. "크리스천요가"라고 명명된 운동법은 분명히 힌두교의 신앙수행방법 과정에 나타난 요소라고 저자는 지적하고 있습니다. 따라서 건강을 빙자한 무분별한 종교혼합사상들을 여과 없이 받아들이는 기독교 지도자들에게 힌두교와 요가 수행법을 연구할 수 있는 기회를 제공하는 시간이 될 것이라 믿습니다.

그동안 이 책을 세상에 내어 놓기까지 수없이 많은 시간을 학문과 선교에 열정을 바친 이충웅 교수께 감사드리며 한국의 독자들에게 이 책을 추천합니다.

한세대학교 교수

조귀삼

책을 내면서

요즘 자주 드는 생각은 '과연 우리는 무엇을 믿고 있는가?'라는 것이다. 예수님께서는 "인자가 올 때에 세상에서 믿음을 보겠느냐!"(눅 18:8)라고 말씀하셨다. 요즘의 상황을 보면 말세의 징조가 드러나고 있다. 주님이 오실 날이 점점 가까워져 옴을 징조를 통해 알 수 있다. 그리고 종교의 타락이 극에 달하고 있음을 본다. 더 나아가 무엇이 진리인지 모호해지고 있는 종교혼합을 넘어서 종교다원주의 시대에 살아가고 있는 것이다. 예수님이 말씀하신 것처럼 올바른 믿음을 찾아보기가 쉽지 않다.

웰빙(Well-Being)시대를 맞이하여 사람들은 건강에 좋은 것이라면 무엇이든지 서슴없이 받아들이고 있다. 그중에 하나가 요가이다. 특히 크리스천들이 건강을 위하여 요가를 하고 있다. 교회에서도 성도들에게 유익하다 하여 요가를 받아들이고 있다. 대부분의 신학대학에서 평생교육원 과정 중의 하나로 요가과정을 개설하고 있다. 요가는 건강을 위한 운동요법의 대명사가 되어가고 있다. 대체의학 분야에서도 가장 앞서 있다. 그래서 사람들은 요가에 대해 좋은 이미지를 가지고 있는 것이다.

주님은 분명 이 시대를 보시면서 눈물을 흘리고 계실 것이다. 이 땅의 교회를 보시면서 안타까워하시고 계실 것이다. 진리를 외면한 채 세상을 따라가는 성도와 교회 그리고 목회자들을 보시면서 안타까워하고 계실 것이다.

이 책을 쓴 이유는 쓰지 않고는 견딜 수 없었기 때문이다. 이 책은 크리스천요가에 대한 비판서이다. 많은 크리스천들이 요가에 대해 제대로 알지 못하기 때문에 건강을 위해 요가를 하고 있다. 요가는 힌두교의 구원을 위한 수행방법이기 때문에 크리스천들은 요가를 해서는 안 된다. 요가의 모든 자세는 힌두교의 신들과 하나 되기 위한 것이기 때문에 요가의 자세를 따라 해서는 안 되는 것이다. 그래서 이 책을 쓰게 된 것이다.

책을 내면서 감사한 분들이 너무 많다. 먼저 늘 부족한 제자를 위해 기도하시며 가르쳐 주시고 추천서도 써주신 한세대학교 조귀삼 교수님과 모든 교수님들께 감사드린다. 한 손에는 사랑을 들고 한 손에는 복음을 들고 불철주야 수고하고 계시는 김천대학교 강성애 총장님과 동료 교수님들 그리고 직원선생님들께도 감사를 드린다. 그리고 사랑하는 제자들에게도 감사한다. 부족한 종을 위해 기도해 주신 모든 분들께도 감사를 드린다. 부족한 책을 출판해 주신 출판사에도 감사를 드린다. 무엇보다 이 책은 하늘나라에 계신 부모님과 사랑하는 모든 사람들의 수고와 기도의 결정체이다.

2011년 5월 삼락동에서

주님의 작은 자

Contents

1장

들어가는 말

　오늘날 기독교가 심각한 위기를 맞이한 것은 각각의 교회를 하나로 묶어 주던 끈, 교회의 공통분모라 할 수 있는 핵심적인 기독교 진리가 사라져 가기 때문이다. 교회들을 굳건히 세워 주던 진리의 공통분모, 즉 연대적인 진리가 무너지고 있는 것이다. 진리로 결속된 연대가 해이해지기 시작한 것은 제2차 세계대전 이후의 일이다. 당시 고전적인 복음주의가 처음으로 형성되었는데, 다양한 신학적인 견해와 교회 운영방식과 관점을 가진 복음주의 교회들을 하나로 묶기 위해, 기독교의 가장 본질적인 요소 두 가지를 제외한 나머지에 대해서는 다양성을 인정하자는 결의가 채택되었다.

　그 본질적인 두 가지 요소는 첫째는 성경을 인정하자는 것과 둘째는 그리스도가 십자가에서 이루신 대속 사역의 중심성과 필요성을 공유하자는 것이다. 이 두 가지를 최소 공통분모로 남겨두고 나머지

부분에 대해서는 다양성을 수용하기로 한 것이다. 그러나 다양성을 타고 세상 정신이 유입되면서 이 두 가지조차 유지하지 못하고 말았다. 성경과 그리스도라는 공통분모는 닳고 닳은 구태의연한 이야기가 되었고, 세상 것을 수용하지 않으면 시대에 뒤떨어진 교회로 낙인찍히게 되었다. 이러한 변화의 증거로 교리를 중시하는 교회와 그런 설교자들이 점점 사라져 가고 있다. 대신 마케팅을 통한 성공을 추구하는 교회와 목회자들, 또 포스트모더니즘적인 교회와 목사들이 상대적으로 더 큰 목소리를 내고 있다. 심리학, 실용주의, 동양철학 사상에 근거한 신비주의와 포스트모더니즘 영성들을 끌어 들인 교회들과 성도들이 대세를 이루어 가고 있는 현실을 보고 있는 것이다.[1]

최근에 상영한 '아바타'[2]라는 영화가 큰 인기를 모았다. 영화의 역사는 아바타 이전과 이후로 나뉘게 되었다는 말이 나올 정도로 이 영화는 흥행 면에서도 역대 1위를 차지하였고, 3D 산업을 일으키는 촉매제 역할을 하였다.[3] 이 영화는 현실세계와 가상 세계를 넘나든다. 특히 3D 입체 영화로 만들어져 더욱 현실감 있게 영화가 만들어졌다. 그러나 여기에는 일반 사람들이 잘 인식하지 못하고 있는 부분이 있다. 그것은 바로 '아바타'라는 용어가 힌두교 용어라는 것이다. 그리고 이 아바타의 인기에 영합하기 위해 EBS 교육방송에도 "대한민국 창의력 프로젝트-아바타"라는 프로그램이 생겼다. 아바타는 분신(分

---

1) 박순용, 『기독교 세상의 함정에 빠지다』(서울: 부흥과 개혁사, 2009), 361-362.

2) 《아바타(Avatar)》는 미국의 영화감독 제임스 카메론이 제작한 영화로 '판도라'라는 외계 위성을 배경으로 하는 SF 영화이다. 대한민국을 비롯하여 전 세계 역대 흥행 1위를 기록하였다. 또한 3D 미디어 산업의 활성화에도 크게 기여했다는 평가를 받고 있다. http://ko.wikipedia.org/wiki

3) 3D 영화로는 유례없이 엄청난 흥행을 하여 파장을 일으켰으며, 대한민국을 비롯한 전 세계에서 3D 영화가 활발하게 제작되고 있다. 대한민국의 문화체육관광부는 아바타의 흥행을 계기로 2013년까지 2,000억 원의 예산을 컴퓨터그래픽(CG) 산업에 투입하고 영화진흥위원회도 3D 영화 기술개발에 투자하기로 하였다. http://ko.wikipedia.org/wiki

身)・화신(化身)을 뜻하는 말로, 사이버공간에서 사용자의 역할을 대신하는 애니메이션 캐릭터이다.

원래 아바타는 산스크리트 '아바따라(avataara)'에서 유래한 말이다. 아바따라는 '내려오다'라는 뜻을 지닌 동사 '아바뜨르(ava-tr)'의 명사형으로, 신이 지상에 강림함 또는 지상에 강림한 신의 화신을 뜻한다. 산스크리트 '아바따라'는 힌디어에서 '아바따르'로 발음되는데, '아바타'는 힌디어 '아바따르'에서 맨 끝의 '르' 발음이 탈락된 형태이다. 고대 인도에선 땅으로 내려온 신의 화신을 지칭하는 말이었으나, 인터넷시대가 열리면서 3차원이나 가상현실게임 또는 웹에서의 채팅 등에서 자기 자신을 나타내는 그래픽 아이콘을 가리킨다. 아바타는 그래픽 위주의 가상사회에서 자신을 대표하는 가상육체라고 할 수 있다. 현재 아바타가 이용되는 분야는 채팅이나 온라인게임 외에도 사이버 쇼핑몰・가상교육・가상오피스 등으로 확대되었다. 최근 가장 각광받는 분야는 온라인채팅서비스로, 아이콘채팅, 3차원 그래픽 채팅 등의 아바타를 이용한 채팅서비스가 도입되었다. 아바타는 현실세계와 가상공간을 이어주며, 익명과 실명의 중간 정도에 존재한다. 과거 네티즌들은 사이버공간의 익명성에 매료되었지만 이제는 자신을 표현하려는 욕구를 느끼게 되어 이 두 가지를 모두 충족시켜주는 아바타가 생겼다.[4]

힌두교가 몰려오고 있다. 우리의 생활 속에 아무런 저항감 없이 힌두교가 몰려오고 있다. 인터넷을 켜면 우리는 이미 '아바타'라는 용어를 매일 너무도 쉽게 우리의 아이들과 인터넷 사용자들이 보고 있다.

---

4) http://100.naver.com/100.nhn?docid=746590

문제는 힌두교 용어 특히 '화신사상'[5]을 담고 있다는 것을 거의 모른다는 데 문제가 있다. 이미 어릴 때부터 아무런 저항감 없이 힌두교에 빠져 드는 계기가 되는 것이다. 특히 힌두교의 세계화에 요가는 최첨병 역할을 아주 훌륭하게 수행하고 있다. 요가는 전 세계적으로 웰빙(well-being)과 맞물려 열풍을 일으키고 있다. 요즘 주변에서 요가의 매력에 빠져 있는 사람들을 찾기란 그리 어렵지 않다.

1970년대 우리나라에 본격적으로 소개된 요가는 1980년대에 에어로빅, 단전호흡, 국선도 등의 등장으로 잠시 주춤해졌다가 최근 미국을 중심으로 요가 바람이 불면서 국내에서도 다시 인기몰이를 하고 있다. 국내 요가 인구는 최근 2~3년 사이에 폭발적으로 늘어나 100만 명을 훌쩍 넘어 수백만 명에 이르는 것으로 추정된다.

요즘 웰빙(well-being) 열풍을 타고 요가 인구가 하루에 5,000명씩 늘어난다는 보고가 있을 정도이다. 전국의 요가 전문 강습소는 300여 개나 된다고 한다. 국내 유명 포털 사이트 '다음'에도 요가 관련 커뮤니티가 500개가 넘는다.[6] 요가는 성장 가능성이 큰 시장이라 패션,

---

5) 분신 또는 화신(化身)으로 사이버상에서 사용되는 아바타(avatar)의 어원이기도 함. 힌두교의 신 비쉬누가 세계구제를 위하여 여러 가지 모양으로 모습을 바꾼 화신을 가리킴. 보통 10화신이나 경전에는 24가지까지 있다고 하며 그 명칭도 조금 차이가 있다. 통상적인 10화신은 마쓰야(魚), 구르마(龜), 바라하(Varaha, 산돼지) 나라심하(Narasimha, 人獅子), 바마나(Vamana, 矮人), 바라슈라마(도끼를 든 라마), 라마크리슈나, 붓다, 가루다 등이다. 바라하의 화신은 대지가 악마 히라니야 구샤에 의하여 바다 속에 침몰 되었을 때 비쉬누가 산돼지로 변하여 대지를 구하였다는 신화로서 돼지머리인 신의 산돼지 부미두비(大地의 여신)를 구하는 모습. 나리신은 사자두인신(獅子頭人身)의 비쉬누가 악마 히라니야가시무를 타도하는 모습. 브아마나의 화신은 비쉬누의 도리비구라마(超三界)라고 부르며 삼보(三步)로 천지공의 삼세를 활보한다는 부에다 신화에 기원(起源)하며 한쪽 발을 어깨보다 위에 올린 모습으로 표현된다. 라마는 『라마야나』의 주인공 중 한 사람로서 활과 살을 손에 잡고 처 시다를 거느린다. 크리슈나는 가장 인기 있는 신이며 형상도 여러 가지이다. 불타는 불교의 개조(開祖)를 화신으로 취한 것이다. 대신에 크리슈나의 형 바라라마는 끝날 때 출현하는 미래의 화신이며 마두인신 또는 비쉬누의 일반적인 모양을 취하여 백마를 탄다.

6) 네이버나 파란 등 여러 사이트들에서도 500여 개가 넘는다. 무엇보다 복음적인 신문인 국민일보 검색란에서 요가를 치면 요가와 관련된 웹사이트가 현재 575개가 넘는다. 그리고 이 숫자는 점점 더 늘어나고 있다. http://search.kukinews.com/index.asp?search=%BF%E4%B0%A1&where=5

기구, 아로마테라피 등 관련 비즈니스도 급성장하고 있다. 요가 인구의 90%가 유행에 민감한 20~30대 젊은 여성들인 탓에 부드러운 소재로 허리선이 낮고 발목까지 오는 트레이닝 바지인 일명 '요가 바지'가 유행이다. 요즘에 요가가 정신 집중력에 효과가 있다는 말에 대학가 고시생들에게도 인기가 높다. 연예인의 요가 비디오가 불티나게 팔리고, 요가를 소개하는 도서들도 건강 서적 부문에서 베스트셀러에 올라 있다.

요가 열풍의 근원지로 요가 중흥기를 맞고 있는 미국에서는 1960년대 후반에 서구 문화에 대한 반성과 정신적 대안으로 젊은이들을 사로잡았던 히피나 뉴에이지 운동과 맥을 같이 하여 시작되었다. 이후 1980년대 들어 시들해졌던 요가는 최근 몇 년 사이에 다시 열풍을 일으켜 현재 미국의 요가 인구는 5년 전보다 두 배 이상 늘어난 1,500만~1,800만 명 이상으로 추산된다. 미국의 헬스클럽 중 75% 이상이 요가 클래스를 열고 있을 정도다. 난해한 인도 사상이나 몸을 비트는 이상한 동작으로 여겨지던 요가가 피트니스 산업과 결합해 현대인의 생활 속으로 다가오고 있다.[7] 이처럼 요가의 인기가 상승세를 타고 있는 요즘, 점점 더 많은 크리스천들이 요가에 대해 질문한다. 이미 많은 크리스천들이 요가를 하고 있으며 교회에서도 적극적으로 받아들이고 있는 실정이다. 그런데 문제는 이에 대한 적절한 답을 제시하고 있지 못하다는 것이다. 그래서 많은 크리스천들이 이에 대해 혼란

---

7) 일간지 '워싱턴포스트'(2004년 8월 29일자)에 따르면 미국에서 요가를 하는 사람은 1998년 570만 명 정도였다가 2004년엔 1,500만 명 정도로 추산된다고 한다. 그러니 지금은 보나마나 2천만에 육박하거나 거뜬히(?) 웃돌 것으로 보인다. 덩달아서 '크리스천 요기(yogi)'들 수도 만만치 않을 것으로 보인다. 또, 월마트(Wall-mart)나 타겟(target-미국의 슈퍼체인 중 하나) 등 굴지의 백화점 체인들이 팔아먹는 요가 관련 상품-비디오/도서/장비 등이 엄청난데, 2004년 당시 월마트(Wall-mart)사 웹사이트에 오른 품목이 990종, 타겟(target)은 4,235종이었다고 한다. 또 관련 잡지인 '요가저널(YJ)' 발행 부수는 1998년 9만부에서 2004년 31만부로 3배 이상 늘어났다. http://truthnlove.tistory.com/178

스러워하고 있는 것이다.

실제로 한 인터넷 사이트에 이런 글이 올라와 있다. "기독교인인데 요가를 배우고 싶거든요. 많은 분들이 만류를 하는데 기독교인이면서 요가를 하는 분은 없으신지요?" 이에 대한 여러 가지 답변들 중 일부이다.[8]

요가를 배우고 싶은데 어떤 이유로 인해서 미리 겁을 먹고 배우는 것을 포기할 필요는 없다고 생각합니다. 요가를 통해 배우고 얻는 것이 많을 것이며 또 요가하는 사람들에게 복음을 제시할 수 있는 새로운 장이 제공될 수도 있으니 말입니다. 그 세계를 알지 못하고 그 세계에서 크리스천으로서의 역할을 제대로 하기는 어렵습니다.

주위에서 만류하는 분들이 많은 것은 요가의 기원과 배경이 이교도에서 비롯된 것이고, 특별히 명상을 비롯한 몇 가지 부분에 있어서는 기독교 신앙과 대치되는 점들이 있어서 그럴 것입니다. (중략) 제가 요가를 전문적으로 배워본 적이 없어서 방법이나 절차에 대해 구체적으로 말씀 드릴 수가 없군요.

시대의 흐름에 뒤처진 예법이어서 그랬던 것으로 생각하고 있습니다. 요가를 배우면서 크리스천이 경험할 충돌이란 제가 합기도 도장을 다닐 때 부닥쳤던 그런 경험과 비슷한 경우일 것입니다. 배우기 전에 너무 고민하시기 보다는 일단 배워보시면서 신앙과 상충되는 부분이 생길 때, 그때 고민해 보시고 정 맞지 않으면 그만둬도 괜찮을 것입니다. 제대로 된 신앙인의 신앙심은 어떤 것과 부딪쳐도 한 순간에 무너지거나 훼손되는 예는 없습니다. 유혹에 따르는 욕심과 교만한 죄로 야금야금 허물어지는 것이지요.

요가나 명상에 관심이 많은 크리스천은 무턱대고 겁이나 거부감을 가지기 보다는 제대로 알고 배워서 그 분야에서 복음전도자로 서면 되는 것입니다. (중략) 단, 신앙적으로 거부감이 있는 일인데 호기심이나 열정을 버리지 못할 때는 반드시 집중적인 기도시간을

---

8) http://ask.nate.com/qna/view.html?n=4781773

가지면서 성령의 인도를 구하고, 그 인도하심에 순종하는 것이 시간적 금전적 육체적 손실을 줄일 수 있는 방법입니다.

저도 기독교인이지만 요가는 물론 도교 명상에도 관심이 많아 실천하고 있습니다. 기독교라고 무조건 배척하는 것은 옳지 않은 태도라고 생각합니다. 올바른 명상과 수행을 통해 진리를 깨닫는 것 좋지 않은가요?

전 목회자는 아니기 때문에 뭐라고 하기는 좀 그렇습니다만, 요가 자체가 다른 종교는 아니잖아요. 특별히 기독교의 교리에 반하지 않는다면 괜찮을 듯합니다.
크리스천은 영에 속한 사람입니다. 이 땅에서 눈에 보이는 환경 상황만이 아니라 영적 전쟁이 존재하며 영의 세상이 있는 것을 알고 인지하면서 살아가는 사람이라는 이야기입니다. 요가, 분명히 힌두교의 종교 행위 중 하나입니다. (중략) 타 종교의 종교행위를 그만한 영적인 시각 없이 받아들인다는 것에 문제가 있습니다. (중략) 요가의 근본은 힌두교의 종교 행위였다는 것을 기억해야 합니다. 요가도 분명한 종교 행위입니다.

위에 언급된 여러 답변들은 오늘날 일반적으로 크리스천들이 가지고 있는 생각들이다. 이것은 일반 성도들뿐만 아니라 목회자들도 마찬가지이다. 그렇다면 과연 성경적 관점에서 요가의 허용이 가능한가? 단순히 건강 차원에서 요가를 즐기는 것도 문제가 될 수 있는가? 답하기가 그리 간단하지 않은 부분이다. 따라서 본인은 요가에 대해 살펴보고, 이 요가는 힌두교임을 주장하여 크리스천들이 요가를 하는 것은 단순한 건강을 위한 행동이 아니라 종교혼합주의 영성에 빠지는 것임을 주장하고자 한다.

2장

크리스천요가의 핵심인 요가

크리스천요가에 대해 알아보기 전에 크리스천요가의 핵심이 되는 요가에 대해 먼저 살펴보고자 한다. 요가의 정의, 요가의 기원, 요가의 역사 그리고 요가의 종류에 대해 살펴보고자 한다.

Ⅰ. 요가

요가라는 말은 일반적으로 신과의 합일을 뜻하는 데, 여기서 중요한 것은 한계가 있는 인간(jiva)과 우주적 존재인 신(atman)과의 합일을 뜻한다. 좀 더 명확하게 말하자면 이 우주 속에 존재하는 신과 이미 하나가 되어 있는 인간이 수행을 통해 그것을 깨달음으로써 신과의 합일을 이루는 것이다. 우리보다 큰 존재인 신과의 합일을 통해 해탈

의 경지에 이르는 것, 이것이 바로 요가인 것이다.[9)]

요가(yoga)는 산스크리트어로 '말을 마차에 결합 시킨다'는 뜻이다. 말처럼 늘 뛰어다니는 마음의 고삐를 요가 수행으로 잡는다는 의미인 것이다. 요가라는 말은 어원상 '함께 묶는다.' '단단히 붙잡아 둔다.' 라는 의미의 'yuj'라는 어근으로부터 파생된 말이다.[10)] 여기서 요가의 의미를 발견할 수 있는 데, '신과의 결합(union with god)'을 뜻한다.

요가는 인도의 고대 문헌 '우파니샤드'에서 '명상'을 의미하는 말로 쓰이기 시작해 기원전 2천~3천 년 전부터 인도에서 행해져 왔다. 그리고 현대로 오면서 동서양을 막론하고 '자신의 존재를 찾는 수행법, 심신의 정화를 통해서 삼매를 이루는 수행법'으로 전 세계인의 관심을 받게 되었다. 수천 년 전의 요가가 이처럼 다시 인기를 누리는 이유는 부자연스러운 삶을 살아가는 현대인을 가장 자연스러운 상태로 이끌어 준다고 믿기 때문이다. 맑고 깨끗한 몸과 마음의 상태, 평온하고 행복한 자족의 상태, 지혜가 발현되고 최상의 능력 발휘를 할 수 있는 상태를 이루는 방법이 '요가'라고 생각하는 것이다. 현대에 존재하는 수많은 운동이 있지만 특히 요가는 수천 년에 달하는 역사에서 알 수 있듯이 인간의 신체 건강뿐만 아니라 정신 건강에 밀접히 관련하며 발전을 계속해왔다.[11)]

1. 힌두교의 핵심 중 하나인 요가

우리를 인도정신의 핵심으로 인도하는 네 가지가 존재한다. 그것

---

9) Swami Satyananda Saraswati. Yoga and Kriya(Bihar: Yoga Publications Trust, 1981), 125.

10) M. Eliade, 『요가』, 12.

11) 원정혜, 『원정혜의 힐링요가』(서울: 중앙M&B, 2003), 18 - 19.

은 카르마(karma), 마야(maya), 니르바나(nirvana), 그리고 요가(yoga)이다. 이것을 이해함은 인도를 이해함이고 또한 힌두교를 이해함이다. 후기 베다 시대로부터 힌두교가 추구해 왔던 것은 무엇보다도 이 네 가지 개념[12]에 관한 것이었다. 먼저 이 네 가지 개념에 대해 알아보고자 한다.

1) 카르마(karma)

우주적인 인과(因果)의 법칙이 인간과 우주를 연결시키며 인간에게 무한히 되풀이되는 전생(轉生)을 선고하는 카르마(karma)의 법칙이라 한다. 우리말로는 업(業)[13]이라고 번역한다.

업의 산스크리트 원어인 카르만(karman)은 '행하다, 행동하다'를 의미하는 동사(kr)에서 파생한 말이며, 일반적으로 이 말의 주격형 카르마(karma)로 불리어지면서 보통 '행위'를 의미한다.[14] 인도인의 사고방식에 의하면 인간이 선하든 악하든 의식적이든 무의식적이든 어떤 행위를 하게 되면 그 행위로 인해 어떤 잠재력과 여력이 남게 된다는 것이다. 그리고 그 잠재력과 여력이 그 행위를 한 사람의 다음 존재 형태를 결정한다. 이 힘이 바로 업이다. 즉 업이란 인간이 한 행위의 특성에 따라 그에 상응하는 상태가 되게 하는 힘이다. 그러므로 이

---

12) M. Eliade, 『요가』, 11-12.

13) 업의 원래 의미는 단지 '행위'를 의미하는 것이었다. 그런데 이것이 인과율의 관념과 결부되어 시간적으로 과거나 미래에 걸쳐 작용하는 일종의 힘으로 여겨지면서 그 의미가 확대되었다. 즉 모든 행위가 현세와 내생에 있어서 행복과 고통의 결과를 가져온다는 것이다. 업에 의한 윤회 사상은 업이 전생으로부터 내생에 이르기까지 연장된다고 생각하게 되는데 이 같은 관념이 인도일반의 사회적 통념이 되어 인도의 사상계에 큰 영향을 끼쳤다. 그리고 불교도 이와 같은 사상을 받아들였다. 이은구, 『힌두교의 이해』(서울: 세창출판사, 2000), 196.

14) 카르만은 산스크리트어로 의식, 의례하는 뜻이다. Dr. M. L. Gharote, 『인도 전통 요가 아사나 백과』, 이정훈 편역(서울: 지혜의 나무, 2007), 822

업이라는 힘이 원인이 되어 사람에게 고난과 행복의 결과를 가져다
주게 된다는 것이다.[15]

업보설은 이생에서의 삶이 윤회(輪廻, saṃsāra)의 사슬 중 하나에 지
나지 않으며 그것은 전생에서 행한 행위에 의해 결정된다고 보는 인
도인들의 믿음에 기초를 두고 있다. 인도인들은 이것을 이론의 여지
가 없는 자연법칙으로 받아들여서, 업은 몸[身]으로만 짓게 되는 것이
아니라 입[口]과 뜻[意]으로도 짓게 되는 것으로 보아 신업·구업·
의업이란 3업의 개념을 성립시켰고, 그것이 외부로 나타나는 경우를
표업(表業)이라 하고 외부로 나타나지 않아도 그대로 상속하게 되는
것을 무표업(無表業)이라 했다. 그리고 업은 선업(善業)과 악업(惡業)으
로 분류되기도 한다. 특정행위가 산출한 도덕적 힘은 보존되어 다음
삶에서 그의 계급과 본성·기질·성격 등으로 나타난다. 후대의 아주
극단적인 몇몇 유신론자들 외에는 모두 이 과정을 신의 간섭마저 배
제된 기계적인 것으로 본다. 그래서 업의 법칙으로 생명체 사이의 불
평등을 설명한다.[16]

윤회란 일반적으로 육체가 없어진 다음에도 불멸의 영혼이 남아
인간세계를 포함하는 어떤 다른 세계에서 생사를 거듭한다는 말이다.
어떠한 세계에 태어날 것인가 하는 문제는 생전에 행한 행위에 따라
달라진다. 이미 말한 대로 인간의 행위(karma)는 영향력을 뒤에 남기
게 되는 데, 이것은 영혼에 부착되어 윤회와 전생의 원동력이 된다.

---

15) 이은구, 『힌두교의 이해』, 195.

16) http://enc.daum.net/dic100/contents.do?query1=b15a1575a 불교와 자이나교는 모두 인도인의 정신적 유
    산의 일부인 업보설을 자신의 사상체계에 받아들였다. 불교도들은 이것을 도덕적인 인과응보(因果
    應報)라는 개념으로 명확히 해석하며, 자이나교에서는 업을 하나의 과정이 아니라 윤회와 인과응
    보를 가져오는 미세하고 특수한 물질로 본다.

그렇다면 그 영혼은 영원히 이곳에서 빠져 나올 수 없으므로 계속되는 유전(流轉)을 반복하게 된다. 이와 같이 업에 얽매여 끝없이 반복하는 것을 윤회(輪廻, samsara)라고 한다. 반면에 업의 속박을 끊어 영혼이 진실로 자유롭게 되는 것을 해탈(解脫, moksa)이라고 한다.[17] 윤회하는 동안 각자는 브라만의 높은 경지에 도달하는 정도까지 자신을 완성시켜나갈 수도 있고, 나쁜 길에 빠져 동물로 태어날 수도 있다. 과거의 행위는 다음 생의 조건에 영향을 줄 뿐만 아니라 한 생을 마치고 다음 생에 다시 태어나기 전까지 저승에 있는 기간 동안 행복할 것인가 불행할 것인가를 결정한다. 이 기간 동안 천상이나 지옥에서 일정 시간 있으면서 그가 지은 업은 거의 소멸하지만 남은 것이 다음 생을 시작하게 만든다.[18] 업과 윤회라는 관념이 등장함으로써 인도 사상에 새로운 풍토가 조성된 것은 우파니샤드 시대이다. 그 뒤로 이 두 관념은 인도사상에 있어서 가장 뚜렷한 특징으로 남게 된다. 인도 문헌 가운데 윤회와 업이라는 관념을 처음으로 분명하게 보여주는 것이 우파니샤드라고 하면, 아마도 그 이전부터 이미 그런 관념이 있었을 것이다. 그러나 베다의 종교사상에는 원래 업이나 윤회라는 관념이 없었던 것으로 보인다. 그렇다면 윤회와 업사상은 아마도 아리안족의 사상이 아니라 그 이전부터 이미 인도의 원주민들 사이에서 싹튼 것으로 보인다. 어쨌든 윤회와 업의 관념이 명백히 확립됨으로써 죽음에서 재생에 이르는 과정이 분명해진 것은 우파니샤드 시대이다. 아마도 부처가 출가할 당시에는 이러한 관념이 거의 확립된 것으로 보인다.[19]

---

17) 이은구, 『힌두교의 이해』, 195 – 196.

18) Dharam Vir Singh, Hinduism(Jaipur: Travel Wheels, 1991), 120.

2) 마야(maya)

질서 정연한 우주체계를 발생시키고 유지하는 불가사의한 과정, 그러한 진전(進展) 속에서 존재의 "영원한 회귀"를 명하는 근본적인 무지 혹은 무명(無明, avidya)에 끝없이 인간으로 하여금 착각 속으로 빠져들게 하는 것을 마야(maya)라고 한다. 산스크리트어로 '마술' 또는 '환상'이라는 뜻이다. 문자적인 의미는 '물질적 환영(幻影)', 본질의 그림자, 마음을 포함하여 현상세계 일체의 감추어진 힘이 표출되는 의미를 가지며, 실체가 아닌 우주적 혼돈(混沌)의 환상세계, 예를 들어 마치 호수에 비친 달을 실체로 착각하듯 진아(眞我)를 알지 못하고, 물에 비친 달이나 산 그림자를 착각하듯 마음을 실체로 착각하는 것이다.

인도종교철학에서는 현실이라고 믿고 있는 세계마저도 비쉬누(Vishnu)가 꿈꾸는 꿈이라는 의미에서 마야(maya)라 한다. 따라서 요가 명상수행을 통하여 마야를 실재(實在)로 착각하는 미망(迷妄)에서 깨어나는 것이야말로 요가 수행의 궁극적 목표인 독존(獨存, kaivalya), 또는 해탈(解脫, moksa)이라고 한다.[20] 특히 정통 베단타 경전에 기초한 불이일원론(Advaita) 학파에서 자주 쓰는 개념이다. 마야는 원래 마술의 힘을 나타내는 것으로서 인간으로 하여금 환상을 믿게 하는 신의 힘을 가리킨다. 그 후 마야는 현상세계가 진짜라는 우주적인 환상을 생성하는 강력한 힘이 되었다. 불이일원론 학파에서 마야는 무한한 브라만(최고의 존재)이 유한한 현상세계의 모습을 띠게 하는 우주의 힘이라고 설명한다.

---

19) 이은구, 『힌두교의 이해』, 196-197.

20) 배해수 편역, 『요가비전』(서울: 지혜의 나무, 2005), 573.

인간은 경험적 자아로 잘못 알고 있지만 사실은 브라만과 동일한 자아의 참다운 성격에 대한 인간의 무지에 의해 마야는 개인적인 차원에서도 초래된다.[21] '숨'은 우주적 바람 및 기본 방위와 동일시되었다. 공기는 우주를 직물을 짜듯이 '짜고', 숨은 인간을 '짠다'. 이와 같은 짜는 것의 상징성은 인도에서는 우주적 환영(幻影, maya)이라는 거대한 개념으로 발전했고, 다른 나라에서는 '생명의 실' 및 어떤 여신들에 의해서 짜이는 것으로서의 운명이라는 개념으로 발전했다. 베다 시대의 희생제가 내면화되면서 인체는 우주가 된 것이다. 인체의 척추는 수미산(meru), 즉 우주 축과 동일한 것이다. 불교의 상징성에 따르면, 이것은 부처(Buddha)가 코끼리처럼 그의 머리를 돌리지 않고, 그의 육신 전체를 돌려야만 했던 이유이다. 그의 척추는 우주 축이 그러하듯이 고정되어 있었다. 수행자는 요가적 명상을 통해서 인체 우주를 실현한다.[22]

3) 니르바나(nirvana)

마야(maya)에 의해서 얽혀지고 카르마(karma)에 의해서 조건 지어진 인간의 경험세계 너머에 있는 진정한 실재의 경지를 니르바나(nirvana)라고 한다. 이는 힌두교뿐만 아니라 불교에서도 최고의 경지로 일컬어지며 열반 혹은 해탈(解脫)로 번역된다. 문자적인 뜻은 '벌거벗음'이며 육체의 한계를 벗어난 영원한 해탈의 경지를 말한다.[23]

해탈(解脫)이란 '해방 된다.' 또는 '자유롭게 된다.'는 것을 뜻하는데

---

21) http://enc.daum.net/dic100/contents.do?query1=b07m0586a

22) M. Eliade, 『요가』, 227.

23) 배해수 편역, 『요가비전』, 561.

심신의 고뇌·속박으로부터의 해방을 말한다. 이 해탈에 대한 생각은 불교 이전부터 인도의 사상계에 보급되어 있었던 것으로서 인도에서는 일반적으로 인생의 궁극적인 이상 목표를 이 해탈에 두고 있다. 이는 불교도 마찬가지로 불교에서는 고뇌를 낳는 근본으로서의 무명을 멸함으로써 해탈의 도가 달성된다고 한다. 즉, 무명은 지혜가 없는 것이며 그 지혜란 세계인생 진리로서의 연기의 도리를 여실하게 아는 작용이며 여실지견(如實知見)이라고 불리는 것이다. 따라서 무명은 여실하게는 지견하지 않는 혹은 할 수 없는 것이며, 그 무명을 멸해서 모든 존재가 상의상대(相依相待)라고 하는 연기의 관계에 있음을 올바르게 보는 것이 고뇌의 속박을 벗어나 이상을 달성하는 길, 즉 해탈의 도라고 했던 것이다.[24]

인도의 요가에 대해서 오랫동안 연구했던 엘리아데는 해탈에 대해 이렇게 설명하고 있다.[25]

> 상키야와 요가의 학설에 나타나는 해탈(解脫, moksa)이라는 개념에 관해서 좀 더 자세히 검토해 보면 해탈이라는 것은 실은 악(惡)과 고(苦)라는 관념으로 부터의 해방이다. 해탈은 무지에 덮여 있었던 현존 안에 있는 상태에 관한 의식화일 뿐이다. 고(苦)는 우리가 그것이 순수정신과 무관한 것이고, 다만 인간의 인격성과 관련되어 있음을 이해하는 순간에 저절로 고(苦)이기를 멈춘다. 해탈된 자는 계속 행동할 것이다. 왜냐하면 그의 전생(前生)들과 그의 '각성' 전의 현생(現生)의 잠재세력들이 업(karma)의 법칙에 따라 현실화되어 종결되기를 요구하기 때문이다. 그러나 이와 같은 활동은 더 이상 그의 것이 아니다. 즉 그것은 객관적이고, 기계적이며, 이해(利害)

---

24) 이 해탈에의 도는 중도(中道)이며 그것은 구체적으로는 팔정도(八正道)의 수행이라고 한다. 이와 같이 해탈은 불교에서는 이상으로서의 열반과 동일시되고 있다.
   http://enc.daum.net/dic100/search.do?cpcode=10&query

25) M. Eliade, 『요가』, 42-43.

관계와 무관한 것이 된다. 요약하면, 그 자체의 결실을 위해서 수행되는 것이 아니다. 해탈된 자가 행동할 때는 내가 행동한다가 아니고 '그것이 행동한다'라고 의식할 뿐이다. 달리 말하자면, 그는 순수정신을 육신적인 과정 속으로 끌어넣지 않는다. 그에게는 무지의 세력이 더 이상 작용하지 않고, 새로운 업의 종자(種子)도 만들지 않기 때문이다. 이처럼 잔존했던 모든 잠재세력들이 소멸될 때 해탈은 절대적으로 완성된다. '해방된 자'는 해방을 '경험한다'라고 말해질 수조차 없을 것이다. '각성' 이후에는 그는 전혀 집착하는 바 없이 행동하는 것이다. 그리고 최후의 미세한 심리적인 요소들이 그에게서 떨어져 나갈 때 그는 가멸적(可滅的)인 존재들에게서 미지인 존재양상, 즉 불교에서 말하는 '니르바나(nirvana)'를 실현하는 것이다.

형이상학적인 지식이나 요가를 통해서 힌두교 인들이 얻는 자유는 실재적이고 구체적이다. 해방된 자는 어떤 영역에서도 자유롭다고 생각한다. 그는 그 자신으로서 행동하는 것이 아니라 순수정신으로 행동하는 것으로 보기 때문이다. 순수자아와 어떠한 진정한 관계도 부인함으로써 고(苦)의 실재성을 부인한다. 힌두교의 관점에서 보면 모든 경험적인 해결은 착각이라고 생각한다. 왜냐하면 그 자체가 하나의 업(業)이라고 보기 때문이다.

4) 요가(yoga)

진정한 존재를 획득하는 수단, 해탈을 얻는 효과적인 기법, 이러한 것들로 구성되는 것이 요가(yoga)라고 한다. 후기 우파니샤드 시대에 오면 야외에서 신에게 도움을 비는 방식에 변화가 일어나기 시작하였다. 출가하여 숲 속에서 혼자 사는 수행자들이 그러한 의례의 절차를 형식이 아닌 내면에서 찾으려는 관념의 변화가 일어난 것이다. 그들은 집단으로 행하는 공희제 대신에 각 개인 내면의 자아(atman)가 그것을 구속하고 있는 여러 가지 속박으로부터 벗어날 길을 모색하였다. 그들은 제례에 사용하는 불(agni)에는 관심이 없고, 대신에 수행자의 내면에서 타오르는 불(tapa)을 중시하게 되었다. 이러한 관념의 변화를 바탕으로 수 세기 동안에 중요한 구원의 방법이 발전하는 데 그것이 바로 요가(yoga: '결합'이라는 뜻)이다. 육체와 정신이 하나로 결합하여 궁극적인 실재와 합일된 경지에 이르는 길이라는 뜻으로 요가라고 한 것이다. 그 후 요가는 고도의 심신단련 기술로서 궁극적인 해탈을 보다 분명하게 해 주는 길이라고 생각하였다. 요가(Yoga)는 원래 어근 'yuj'로부터 파생한 말이다. 이 동사 어근은 원래 '맨다'라는 의미였으나 나중에는 '어떤 대상에 마음을 집중하다'라는 의미가 되었다. 요가는 '카파 우파니샤드'에서 '정신 작용의 제어와 통일'이라는 의미로 사용된 후 줄곧 해탈에 관해 말할 때면 반드시 등장하는 말이 되었다.[26] 즉 정신을 통일하여 절대자와의 합일을 목표로 하는 수행법이다. '마음을 긴장시켜 어떤 특정한 목적에 상응 또는 합일한다.'라는 뜻이다. 숲 속의 나무 밑에서 정좌명상(靜坐瞑想)에 잠기는 고대 인도의 풍습이 종교의식화된 것이다. 절대자와의 합일을 목표로 하여 해탈의 경지에 이르는 수행법으로서, 인도의 각 학파나 종파가 이를 채택하고 있다.[27] 힌두교에서 진리 자체는 중요하지 않은 것으로 간주된다. 진리는 그 세상을 구원하는 기능으로만 소중해진다는 것이다. 즉 인도의 현자들이 추구하는 목표는 지혜의 소유가 아니라 지혜를 통해서 진정한 해방, 절대적인 자유를 획득하는 데 있다.

---

26) 이은구,『힌두교의 이해』, 220 – 221.

27) http://opentory.joins.com/index.php/%EC%9A%94%EA%B0%80

2. 요가의 특징

어원상 '함께 묶는다.' '단단히 붙잡아 둔다.'라는 의미의 'yuj'라는 어근으로부터 파생된 요가라는 말은 일반적으로 어떤 금욕적인 기법 및 명상하는 방법으로 통하기도 한다. 요가의 강조점은 신적인 것의 도움을 요청하기 전에 자신의 정신집중을 통한 극기의 훈련에 대한 인간의 노력에 있다. '결합한다.' 혹은 '단단히 붙들어 맨다.'라는 말의 궁극적인 목적은 정신을 통일하여 의식을 더럽히는 산란한 마음이나 습관적인 행동을 일소하는 데 있다.[28] 요가는 실천적인 면에서뿐만 아니라 입문적인 면에서도 또한 그 특징을 볼 수 있다. 요가는 혼자서 배워서는 안 된다. 즉 스승(Guru)[29]의 지도가 반드시 필요한 것이다. 엄격히 말해서 인도의 여타 모든 철학들도 스승에 의해서 가르쳐지고 전수된다. 즉 이들은 수천 년 동안 입에서 귀로 전해져 왔던 것이다. 수많은 방법들이 제시된 요가는 이론이나 토론으로 성취되는 것이 아니라 깨달음을 얻은 스승으로부터 그 가르침을 받는 것이었다.[30]

요가에 있어서 이러한 입문적인 특징은 훨씬 두드러진다. 다른 종교적 입문처럼, 요가 수행자는 먼저 속된 세계(가족, 사회)를 포기하고 스승의 가르침으로 안내되어 인간적인 조건의 일상적 행동의 틀과 고유한 가치를 초월해 가는 데 전념한다. 속된 인간의 조건에서

---

28) M. Eliade, 『요가』, 12 - 13.

29) 구루(종종 사두(Sadhu)로 일컬어짐)는 구원론적인 대중의식과 종교에 있어 절대적인 안내자가 되었다. 그는 무조건적인 순종과 믿음의 대상일 뿐만 아니라 신으로 숭배되기도 한다. 왜냐하면 그는 대중들 속에서 꿈틀거리는 구원에 대한 갈망의 화신이기 때문이다. 힌두교에서 비법전수자(mystagogue)가 가지고 있는 이와 같은 엄청난 영향력은 조잡한 인간 신격화와 함께 대단하지만 대부분의 경우 부정적인 의의를 지닌다. 핸드릭 크래머, 『기독교선교와 타 종교』, 최정만 역(서울: 기독교문서선교회, 2007), 258.

30) Dr. M. L. Gharote, 『인도 전통 요가 아사나 백과』, 15.

탈피해 가는 과정이 어떠한지를 알게 되는 데, 그때 우리는 '이 세상의 삶에 대해서 무관심해지는 것이 요가 수행자의 꿈임을 이해하게 될 것'이다.[31) 또한 또 다른 형태의 해방을 의미하는 존재에로의 재생으로 이어지는 한 죽음을 목격하게 된다. 요가 수행자로 하여금 존재의 초월적인 양식 속으로 들어감을 허용하는 이 '새로운 육신'은 모든 형태의 요가에 있어서 대단히 중요한 역할을 한다. 이러한 입문적인 재생은, 모든 형태의 요가에 의하면 거의 설명이 불가능한 오염되지 않는 어떤 존재 양식으로의 진입으로 정의되는데, 이것을 인도의 여러 학파에서는 모크샤(moksa), 니르바나(nirvana), 아삼스크리타(asamskrita) 등의 말로 부르고 있다. 인도 문헌에서 나타나는 요가라는 말의 의미들 중에서 가장 명백한 의미가 파탄잘리[32)의 요가경(Yoga-sutras)[33)과 그 주석서에서 출발하는 소위 요가 철학(Yoga-darsana)에서 언급되고 있다.

Ⅱ. 요가의 기원

요가의 기원에 대해서는 아직 확실하게 말할 수 있는 것이 없다.

---

31) M. Eliade, 『요가』, 13 - 14.

32) 파탄잘리는 마음과 의식의 철학적인 특색에 관한 금언을 수록한 주요 작품 요가수트라의 편집자이다. 근래의 수십 년간 요가수트라는 라지 요가의 실천과 그의 철학적 기초에 관한 교훈이 세계적으로 유명하게 되었다. 전통 힌두교의 요가는 명상과 연습, 윤리, 철학, 헌신 등과 관련된다. http://ko.wikipedia.org/wiki/ 그러나 파탄잘리는 요가 기법의 창안자가 아닌 것처럼 요가 철학의 창시자도 아니다. 그 자신도 자신은 다만 요가의 원리적이며 기법적인 관례를 교정하여 공표한 것뿐이라고 말하고 있다. Yoga-sutras, Ⅰ, 10.

33) <책명> 요가수트라(Yoga-sutras)는 요가학파의 근본 경전(經典)이다. 400년에서 450년에 인도의 힌두교 사상가인 파탄잘리가 요가에 관한 여러 가지 설(說)을 모아 엮은 것으로, 요가의 수련 과정을 8단계로 체계화하여 설명하였다. <삼매품(三昧品)>·<방법품(方法品)>·<신력품(神力品)>·<독존품(獨存品)>의 4편으로 이루어졌으며, 간단한 경구(經句)가 실려 있다. http://krdic.naver.com/search.nhn?query

그러나 여러 가지 기원에 대한 주장이 있다. 이에 대해 먼저 알아보고자 한다.

1. 샤머니즘 기원설

샤머니즘은 신령이 실재한다고 믿고, 그 신령이 샤먼(shaman)[34]이라는 주술자(呪術者)에 붙어서 주술자로 하여금 악마를 쫓게 하고, 인간에게 복을 가져오게 한다는 민간 신앙이다. 신, 정령(精靈), 신령(祖靈), 사령(死靈) 등과 쉽게 교감하고 결합한 형태이기 때문에 문화가 낮은 원시민족이나 대중에게 지지받기 쉬운 원시종교의 한 형태이다. 이러한 종교형태는 동북아시아 유목민의 샤머니즘이 대표적이나, 특정한 계시적인 교리의 특색을 가진 종교 지도자가 중심이 된 종교라면 아시아 이외의 대부분의 종교도 넓은 의미의 샤머니즘이라고 할 수 있다. 샤먼의 직능은 대개가 제사, 예언, 치료이다. 이들은 영계에 선신과 악신이 있어서 선신은 행복을 주고 악신은 재앙을 준다고 믿는다. 그러나 이들에게는 선악이라는 윤리적 판단이 모호하므로 자신에게 보호적인 것은 선령이고 파괴적인 것은 악령이라고 믿는다. 선신을 섬기는 샤먼은 백(白)샤먼이고 악신을 섬기는 샤먼은 흑(黑)샤먼으로 분류한다. 백(白)샤먼은 방울을 흔들거나 북을 치며 춤을 추어 접신하여서 풍년 기원이나 질병 퇴치와 같은 일을 한다. 반면에 흑

---

34) shaman의 어원은 만주어로 '흥분하는 자', '자극하는 자', '도발하는 자'를 의미한다. 이 신앙에서 신을 섬기는 방법이 대개 춤이나 주문 또는 노래를 주로 하기 때문에 생긴 말이다. 그러나 일부에서는 인도의 Pali어 sama a, Sanskrit어 rama a(沙門)에서 나왔다는 설도 있고, 페르시아어로 우상이나 사당을 의미하는 scheman에서 나왔다는 설도 있다. 우리말에서는 샤먼을 보통 '무당'이라고 하며, 중부 이남의 방언에서는 '당골' 또는 '당굴'이라고도 한다. 무당은 한자어로 巫黨에서 왔을 것인데 '巫'가 춤추는 모습의 상형문자이기 때문에 만주어 '샤먼'과 같은 의미를 갖는다고 할 수 있다. http://www.yogakorea.com

(黑)샤먼은 신에게 희생을 바치며 미래예언이나 타인저주 등과 같은
일을 한다.35)

   일부의 학자들은 이러한 샤머니즘으로부터 요가가 발생하였다고
주장한다. 그 중의 하나가 미국의 샤머니즘 전문학자인 마이클 하너
(Michael Harner)36)이다. 그는 극동에서 고대 도시국가가 형성될 때 국
교로 승인된 공식 종교를 표방하는 자들로부터 샤먼들이 압력을 받
을 때, 샤먼들은 그들에게 적발되지 않기 위해서 북을 치는 것과 같
은 시끄러운 의식을 하지 않고 조용한 의식전환의 방법을 시도한 것
이 요가로 전환된 것이라고 한다.37) 요가에는 많은 점에서 샤머니즘
적인 요소를 갖고 있다. 샤머니즘과 요가를 같이 연구한 엘리아데(M.
Eliade)는 샤머니즘의 4가지 요건을 다음과 같이 말하고 있다. 첫째,
샤먼 입문자의 상징적인 사지절단, 죽음, 부활이라는 입문의식(이것
은 지옥으로 떨어지고 천당으로 올라가는 의식을 내포한다.). 둘째,
치료사나 초능력적인 정신의 소유자로서 무아지경의 상태로 여행하

---

35) M. Eliade, 『요가』, 307 – 315.

36) Michael Harner(1929년 4월 29일 출생) 마이클 하너는 콜롬비아(Columbia) 대학교, 예일(Yale) 대학
교, 캘리포니아 대학교 버클리 캠퍼스에서 인류학을 강의하였으며, Graduate Faculty of the New
School for Social Research in New York에서 인류학과장으로, New York Academy of Sciences의 인
류학과 공동과정으로 재직했다. M. Harner, The Way of the Shaman(New York: Harper San Francisco,
1990), 171.(이 부분은 마이클 하너가 토착민의 사회에서 샤머니즘을 체험하게 되는 과정에 대한
상세한 기록으로서, 별개의 논문으로 M. Harner, Discovering the Way, in G. Harvey ed., 2003, 41 –
56.에서 다루어지기도 한다. 마이클 하너의 초기 저서들 중 대표적인 것으로는 그가 저술한 The
Jiaro: People of the Sacred Waterfalls(Berkeley: University of California Press, 1972)와 그가 편집한
Hallucinogens and Shamanism (Oxford: Oxford University Press, 1973)이 있다. 이러한 그의 저서들은
남아메리카 인디언 및 토착 샤먼 사회의 종교적 경험과 환각제 사용에 대한 뛰어난 인류학적 현장
연구로 평가받는다. 최길성, 『한국 무속의 이해』(예전사, 1998[1994]), 25쪽 참조; M. Harner, The Way
of the Shaman, American Anthropologist 83(1981), 715 참조; The Concise Oxford Dictionary of World
Religions(New York: Oxford University Press, 2000), 532 참조.

37) 그는 The Way of The Shaman(1980)에서 범세계적으로 분포한 샤먼들 실천에 나타난 공통된 주제
를 추출하여 핵심 샤머니즘이라 부른 샤먼 테크닉을 종합했다. 이 테크닉의 정수는 전통적, 지역
적, 문화적 특수성을 제거한 것이었다. Harner, Michael, The Way of the Shaman: A Guide to Power
and Healing, Harper & Row Publishers, NY 1980.

는 능력(악마에 의해서 도난당한 병든 자의 영혼을 찾아와서 육체에 다시 넣거나, 죽은 자의 영혼을 지옥에서 인도한다). 셋째, 불의 지배자(샤먼은 다치지 않고서 시뻘겋게 달은 쇠를 잡거나 숯불 위를 걷는다.). 넷째, 동물의 형태를 취할 수 있는 능력(새처럼 날다.)과 자신을 보이지 않게 하는 능력이다.[38]

이상과 같은 샤머니즘의 요건은 요가와 많은 점에서 유사하다. 요가는 입문의식을 중요시하는 전통이 있다. 이러한 의식은 인간의 아집적인 자아의식을 벗어버리고자 하는 일련의 과정이며, 단계적인 의식을 통해서 일상적인 의식으로부터 초월하고자 하는 것이다. 이러한 요가의 입문의식과 샤먼의 입문의식은 유사하다. 더구나 삼매[39]상태의 요가수행자에게 나타나는 심신 분리의식과 무아지경 상태에서 발현되는 샤먼의 치료능력이나 영계로 이동하는 능력 등은 동일한 것처럼 보인다. 실제로 샤먼들이 갖는 여러 가지의 초능력은 요가 수행과정에서 발생할 수 있는 초능력과 대부분이 일치한다. 그러나 요가와 샤머니즘은 이러한 유사성에도 불구하고 그 근본부터가 다른 것이라고 주장하는 쪽도 있다. 그 차이란 요가는 삼매를 통하여 자신의 내부로 의식을 전환하여서 침잠하려는 데에 반해, 샤머니즘은 외적인 종교의식을 통해서 내적인 영혼의 세계를 외부로 전환하여 발현시킨다는 점이다. 요가 수행자는 이러한 침잠된 의식의 내적인 여행이나 외부로 발현되는 초자연적인 능력은 진정한 자아가 아니라는 것을 자각하게 된다. 요가의 입장에서 그러한 것들은 오히려 진정한 자아

---

38) M. Eliade, 『요가』, 307－315.

39) 삼매(三昧): 잡념을 떠나서 오직 하나의 대상에만 정신을 집중하는 경지. 이 경지에서 바른 지혜를 얻고 대상을 올바르게 파악하게 된다. ≒ 삼마제, 삼마지, 삼매경. http://krdic.naver.com/

를 구속하는 것이기 때문에 자아의 완전한 자유를 위해서 버려야 할 것이라는 것이다.[40]

이상과 같이 요가와 샤머니즘은 입문의식이나 초능력 등과 같은 외형적인 유사점에도 불구하고, 그 방법이나 목적은 물론 인간관 세계관 등에서 많이 다르다고 주장한다. 이러한 점에서 요가의 기원을 샤머니즘에 두는 견해는 재고할 필요가 있다는 것이다. 더구나 원시적인 요가의 맹아를 엿볼 수 있는 인도 고대문헌에도 신, 정령, 조령 등의 강신 또는 접신 사상을 찾아볼 수가 없다는 것이다. 또 다른 관점에서도 이 둘의 기원이 다르다는 것을 알 수 있다고 한다. 그것은 샤머니즘 기원설로 가장 유력한 동북아시아에서는 전혀 요가적인 사상을 찾아볼 수가 없다는 점이다. 만약 샤머니즘에서 요가가 발생하였다면 적어도 아시아 일원에서 요가적인 사상의 일면을 발견할 수 있어야 하나 불교가 들어오기 전까지는 요가(명상)적인 사상을 전혀 발견할 수 없다는 것이다. 특히 샤머니즘이 유독 발달한 현재의 한국에서나 한국샤머니즘의 기원을 알 수 있는 단군신화나 풍월도(風月道) 등에서도 요가적인 요소를 발견할 수 없다는 것이다.[41] 이러한 점에

---

40) 여러 논문에서 엘리아데식의 원형과 기원을 찾으려는 시도는 결코 도움이 되지 않는다고 주장하면서, 샤머니즘은 권력의 맥락에서 사회적 실재의 구성물로 보아야 한다고 지적했다. 어떤 경우에도 샤머니즘은 일반화될 수 없으며, 각기 다른 역사적 상황에서 샤머니즘이 가지는 다양성과 변화를 고려해야만 한다는 것이다. Caroline Humphrey, "Shamanic Practices and the State in Northern Asia: Views from the Center and Periphery", ed. by, Nicholas Thomas and Caroline Humphrey, Shamanism, History and the State, Michigan, 1996, 191 - 198.

41) 하너의 핵심 샤머니즘에 대한 비판은 피어스 비테브스키(Piers Vitebsky)의 논문에 잘 나타난다. 그는 하너의 핵심 샤머니즘은 여러 문화에서 추출한 샤머니즘을 종합해 '문화에 상관없이 모든 사람들에게 통용시키려는 것'으로, 본질적으로 문화를 초월하지 않는 샤머니즘을 자의적으로 해체, 재구성한 것이라고 지적했다. 그리고 핵심 샤머니즘의 구상은 상대적으로 전통 사회의 샤머니즘을 열등하고 실패한 것으로 판단하게 만든다는 것이다. 이런 비판적 시각을 오늘날의 상황에서 이해한다면 '세계화'에 대한 문제의식이라 할 수 있다. 비테브스키는 각 지역을 동질화시키는 세계화의 기획에 대한 비판적 분석을 통해, 오늘날의 지구촌 문화에 적절하게 받아들여질 만한 샤머니즘적 사유방식의 하나로 '지역중심성'을 강조했다. 물론 이런 인식이 결국 샤머니즘의 보편성을 논하는 것 자체가 불가능하다고 말하는 것은 아니다. 샤머니즘이 완전히 고립된 지역적 종교현상으

서 요가의 기원을 샤머니즘에 두는 것은 바른 견해가 아니라고 주장한다.[42] 그러나 분명 요가에는 샤먼적인 요소가 있음도 부인 할 수 없는 것이다. 엘리아데는 이렇게 말하고 있다.

> 다수의 샤먼적 특정 현상들(예를 들면, 고행)을 통한 마법적인 열(熱), 승천에 관한 의식과 신화들, 마법적인 비행, 저승으로의 하강(下降)을 인용했다. 우리는 또한 베다시대의 인도에서 입증된 샤먼적 요소들 - 예를 들면, 사제나 마법사들에 의한 병자의 영혼의 복원 - 을 인용할 수도 있다.[43]

샤먼들이 고행이나 자해를 통해 신적인 힘을 얻고자 한 것이다. 이와 같은 것은 요가에도 그대로 드러난다. 특히 요가는 샤먼이라 할 수 있는 사두(힌두교의 스승, 요가에서는 가르치는 사람)에 의해 전수된다. 사두의 권한은 절대적이라 할 수 있다. 이 또한 샤머니즘의 영향이라 할 수 있다. 따라서 요가에는 분명 샤머니즘적 요소들이 많이 내포되어 있고, 그 영향을 받았다라고 하는 것을 분명히 말할 수 있을 것이다.[44]

로 파편화되어 있는 것은 아니기 때문이다. 그러나 세계적으로 보편적 유사성을 보여주는 샤머니즘의 종교적 특성들은 항상 지역의 문화적 프리즘을 투과하여 그 공동체에 발현된다. 따라서 보편성을 다룰 때도 지역적 변형에 따른 문화적 차이를 간과하지 말아야 할 것이다. Piers Vitebsky, The Shaman, Macmillan, 1995, 151.

42) http://www.yogakorea.com/lecture

43) M. Eliade, 『요가』, 310.

44) 엘리아데와 하너의 주장은 방향이 약간 다르지만 샤머니즘에서 역사와 문화를 탈각시켰다는 공통점을 갖는다. 엘리아데에 대해서는 험프리(Caroline Humphrey)의 비판이 돋보인다. 그녀는 엘리아데의 일반화는 샤머니즘의 연행 내용과 믿음이 시대와 문화에 따라 다양하게 변화했다는 것을 간과한 비역사적 해석이며, 역사적 연구와 사회적, 이념적 기초에 대한 분석 없이 샤머니즘을 형이상학적인 것으로 변형한 것이라고 비판했다. Caroline Humphrey, Theories of North Asian Shamanism, ed. by, Ernest Gellner, Soviet and Western Anthropology, Columbia University Press, 1980, 244.

2. 인더스 문명 기원설

　요가의 기원은 적어도 몇 천 년 전으로 추정한다. 바가바드기타[45]에서는 이미 태고의 시대부터 요가가 있었다고 하나, 이러한 견해는 대부분 신화적인 가상을 신봉하는 인도인의 과장된 견해이다. 반면에 고고학적 자료에 충실하려거나 인도문명을 낮게 평가하려는 경향을 가진 과거 서구의 인도학자들은 요가의 기원을 기원전 1500년경의 리그베다[46] 시대로 잡는다. 그러나 요가의 기원에 관한 새로운 고고학적 자료에 충실한 현대 학자들의 일치된 견해는 그 기원이 과거 서

---

45) 약칭하여 《기타》라고도 한다. '지고자(至高者:神)의 노래'라는 뜻이다. 고대 인도의 대서사시(大敍事詩) 《마하바라타》 가운데 제6권 <비스마파르바>의 제23∼40장(章)에 있는 철학적·종교적인 700구(句)의 시를 말한다. 저작자는 《마하바라타》의 편찬자인 비아사로 보는데, 성립연대는 B.C.2세기설(說), 3세기설, 5세기설 등 확실치가 않다. 이 경전은 힌두교도의 '경전 중의 경전'으로 되어 있지만, 본래 크리슈나 신(神)을 믿는 비(非)브라만교의 일파인 바가바타파(派)의 경전이었던 것이 브라만교에 편승하여 변모를 거듭하였다. 그 내용은, 18장의 시를 각각 6장씩 3개 부분으로 나누어 볼 수 있는데, 그 첫째 부분인 1∼4장은 아르주나(arjuna, 人間)의 비탄과 절망의 말을 들은 크리슈나의 충고와 위안으로서 변화무쌍한 마야(māyā, 摩耶)의 세계 가운데 불변·영원·불사(不死)의 신성(神性) 아트만(atman)이 있음을 가리키며, 또 의무의 충실과 카르마 요가(수행)와 라자 요가(인식), 지나나 요가 등을 가리킨다. 7∼8장은 신에 관한 교리와 신의 절대 완전성에 대한 무조건적인 봉사, 즉 바크티[信愛] 요가를 그 주제로 하고 있다. 13∼18장은 거의 삼키아 철학이 중심적인 내용을 이루고 푸루샤(purusa, 我)·프라크리티(prakriti, 自性) 및 3성(三性, Sattva·Rajas·Tamas)과 그에 따른 인간요소의 분류·분석, 그리고 끝으로 의무에 충실할 것과 최고 존재인 브라만에 이르는 길을 설명하고 있다. 기타는 종교·철학·윤리와 문학적 특성이 통합되어 있는 인도인의 정신의 참고서라 한다. 두산백과사전 EnCyber & EnCyber.com 또한 이 노래는 요가 수행제자가 깊은 삼매 속에서 우주의 최고 진리를 보고 자기를 발견한 노래라고 한다. 또한 바가바드기타는 힌두교의 경전들 중 세계적으로 가장 폭넓게 읽히는 책이다. 정태혁, 『법구경과 바가바드기타』(서울: 정신세계사, 2009), 14.

46) 인도에서 가장 오래된 종교적 문헌으로, 브라만교(敎)의 근본경전(根本經典)인 4베다 중 첫째 문헌. 시대적으로는 B.C.2000∼B.C.800년경에 기록된 것이다. 《리그베다 상히타》의 약칭. 리그는 성가(聖歌), 베다는 경전, 상히타(sahitā)는 경전의 집성(集成)을 뜻하는 말인데, 본집(本集)으로 한역(漢譯)한다. 제식(祭式) 때에 신들을 제장(祭場)에 초청하여 호트리 제관(祭官)이 부르는 찬가(讚歌)의 집록(集錄)이며, 베다 문헌 중 가장 중요하게 여겨지고 있다. 10권 1,028의 운문(韻文)의 찬가로 되어 있고, B.C.2000∼B.C.800년에 현재의 형태로 정비·편찬된 것으로 추정되며, 암송에 의하여 후세에 전해졌다. 내용은 베다의 여러 신(神)을 찬미하는 종교시(宗敎詩)로 간결·소박하여, 후세 고전기(古典期) 시인의 미문체(美文體)에서 보는 바와 같은 난해한 기교의 수식은 보이지 않지만, 그 언어(Vedic Sanskrit)가 결코 평이한 것만은 아니다. 그리고 근대 인도 학자들의 노력에 의하여 비로소 해독되기에 이르렀다. 동형구(同形句)의 반복에 의한 산만함이나, 지나치게 단조롭다는 점이 있지만, 문학적 가치가 뛰어난 것도 있다. 두산백과사전 EnCyber & EnCyber.com

구학자들의 견해보다는 1,000년 정도 앞당겨진다. 이러한 계기가 된 것은 1920년대에 발견된 인더스 문명의 유적이다. 이 문명은 코카서스(Caucasus) 북쪽에 살았던 아리안(Aryan)족의 침입이 있기 이전인 기원전 2000~3000년경에 형성된 인도 토착 문명인데, 이 고대문명에서 이미 요가의 유물을 발견할 수 있기 때문이다. 이 고대문명은 인도 서북부에 흐르는 인더스 강 유역에서 발달한 모헨조다로(Mohenjo-Daro)와 하라파(Harapa)라는 두 도시를 중심으로 한 문명이다. 그 중에서 모헨조다로가 보다 큰 도시이다. 이 도시는 약 35,000명이 살 수 있는 넓이의 정확하게 계획되고 규격화된 도시로 높은 수준의 정치제도를 갖고 있었다고 추측된다. 두 도시 모두가 1,000년 정도 유지하는 동안에 외부 세계와 거의 단절된 상태이었기 때문에 정치, 언어, 예술 등에 큰 변화가 없이 안정된 상태의 발달을 하였을 것이다. 발굴된 이 두 도시의 하수구, 목욕탕, 가옥구조 등의 유적을 통하여 볼 때 이 문명은 현대인의 상상을 뛰어넘을 만큼 고도로 발달하였다. 유물 중에서 흥미로운 것은 후대의 힌두교를 연상시키게 하는 동물, 나무, 신화 등이 조각된 수많은 골석(骨石)의 인장과 진흙으로 구워 만든 인장이다. 그 중에서 요가의 원형을 엿볼 수 있는 것은 요가수행의 자세로 앉아 있는 뿔이 난 신상을 조각한 진흙으로 구워 만든 2,000여 개의 인장이다. 특히 한 인장은 고고학자와 역사가들의 관심을 끌고 있다. 이 인장은 낮은 좌대에 앉아 있는 신의 형상으로, 주위에는 코끼리, 호랑이, 무소, 들소가 있고 아래에는 한 쌍의 영양 같은 동물이 있다. 이 신상은 최초의 요가 수행자이고 백수의 왕(pa u-pati)이라는 시바신과 동일한 형상이다. 그래서 이 시바 신상을 근거로 요가의 기원은 적어도 이 문명시대부터라고 추측한다.[47]

기원전 1,500년경부터 아리안족은 인도의 북부에서부터 침입하기 시작해서 인더스 문명은 멸망하게 된다. 이 문명을 담당했던 민족은 남쪽으로 이주하여 현재 인도 반도 남단에 1억 정도 살고 있는 드라비다(Dravida)족으로 본다. 그러나 인더스 문명에 관해서는 대부분 추측에 의한 것이다. 더구나 그 문명을 담당한 민족은 현재의 힌두교 문화를 이룩한 아리안 민족이 아닌 것만은 분명하기 때문에, 그 문명이 현재의 힌두교에 얼마만큼의 영향을 주었는가에 관해서 의문을 제기하는 학자도 있다. 그럼에도 불구하고 인더스 문명에 있었던 여신 숭배와 그 자궁에서 돋아나는 나무를 조각한 인장 등은 분명히 농업사회에서 발생할 수 있는 풍요나 다산을 기원하는 사상이다. 이러한 사상은 유목민이었던 아리안 사상이 아니며 이것이 후대의 탄트리즘[48]의 성기숭배 사상으로 연결됨은 물론이다. 이것을 확증할 수 있는 것은 이 문명을 정복한 아리안(산스크리트어를 사용한 민족)이 만든 리그베다에서 이 원주민을 '성기 숭배자'라고 비난하고 있다는 점이다. 물론 요가의 기원은 고고학적 유물로 발견되기 이전으로 거슬러 올라갈 수도 있고, 현재의 요가에 이르기까지에는 많은 다른 사상의 영향이 있었을 것이다. 그러나 그 발생으로서 근본 뿌리를 역사

---

47) M. Eliade, 『요가』, 343 – 349.

48) 탄트라: 힌두교 · 불교 · 자이나교 등의 종파에서 하는 밀의적 수행법. 산스크리트어로 '지식을 넓힌다.'는 뜻의 말이다. 본래 인도문명과 함께 전승되어온 인도의 전통사상으로 약 5천 년 전 인더스 강 유역에서 발생한 인더스문명의 샤크티신앙과 시바신앙에 기반을 두고 있다. 현재의 캐시미르 지역에서 8세기 말~11세기 초까지 성행하였고 10~18세기에 많은 문헌이 등장해 아시아 각국으로 전파되었다. 경전은 ≪베다≫ 이후 7세기경에 나왔으며, 신화와 전설을 백과사전식으로 담았다. 중세 인도의 푸라나(purana) 문헌과 비슷하게 힌두교의 대중적 요소인 주문 · 의례 · 상징 등을 다루었다. 힌두교의 종파에 따라 부르는 이름이 달라서, 달라 시바파는 아가마(Agama), 비슈누파는 상히타(Samhita), 샤크티파는 탄트라라고 부른다. 샤크티파는 샤크티의 창조력과 에너지를 중요시하는데, 극단적으로 샤크티가 없는 시바는 죽은 것이나 다름없다고 주장하기도 한다. 주술적 물건인 얀트라(Yamtra)와 밀교의 그림 만다라(Mandala), 주문의 효과를 강조하고 성교 행위와 비슷한 좌도(左道) 수행법도 있다. 초기 경전인 ≪여래비밀≫은 불교 탄트라의 중요작품으로 9세기에 티베트어와 한자로 번역되었다. 이에 대한 더 자세한 내용은 M. 엘리아데, 『요가』, 195 – 262 를 보라.

적 유물로서 찾는다면 그것은 인더스 문명에서 찾아야 할 것이다.

3. 베다의 제사의식과 주문

인더스 문명에서 요가의 기원을 찾을 수 있으나, 그 내용이 무엇인가는 알 수는 없다. 그보다 명료한 요가 사상을 찾는다면 베다에서 찾을 수 있는데, 베다 중에서 요가사상을 엿볼 수 있는 것은 리그베다와 아타르바베다의 일부에서다. 리그베다는 기도의 문구와 주문 그리고 형이상학적인 명상으로 구성되어 있으며, 아타르바베다[49]는 불가사의한 마술과 마술적인 주문으로 구성되어 있다.

리그베다에서 발견할 수 있는 것은 원시적인 요가로 종교의 형식 속에서 발견된다. 베다의 종교는 제사의식(yajna)이 중심이 되는데, 이러한 제사는 매일 가장이 집에서 하는 간단한 형식에서부터 마을이나 부족 단위로 행해지는 큰 제사형식이 있다. 그 중에서 흥미로운 것은 호마(homa)라는 제사이다. 이 의식은 번개와 전쟁의 신인 인드라나 불의 신인 아그니 등과 같은 신을 부르면서, 우유를 섞은 환각

---

49) 브라만 최고의 경전인 상히타(samhitā, 4가지 경전)에 속하는 것으로, ≪리그 베다≫, ≪사마 베다≫, ≪야주르 베다≫에 이은 베다 문헌의 네 번째 것이다. 다른 베다가 제사용 찬가(讚歌)와 제사(祭詞)를 수록한 데 비해 여기에는 재앙을 막고 복이 오게 하는 주문(呪文)이 수록되어 있어 옛날에는 '아타르바 안기라스'라고 하였다. 식재초복(息災招福)의 주법(呪法)을 사용하는 아타르바족(族)과 주저조복(呪詛調伏)의 주법을 믿는 안기라스족(族)의 이름을 딴 것으로, 두 민족의 주법이 합해서 이루어진 것이다. 원래 주술을 특색으로 하는 ≪리그 베다≫가 상류 브라만 계급의 신앙을 대표하는 데 반해 이는 대중의 통속신앙과 밀접한 관계가 있다. 훗날 다른 베다와 대립되었기 때문에 제사의식을 관장하는 브라마 제관(祭官) 소속의 경전으로 채택되어 그 지위와 권위를 높였다. 옛날에는 9파(派)로 분리되었으나 지금 전해지는 2파의 것 중 흔히 쓰이는 것은 샤우나카파(派)가 전하는 것으로 전 20권으로 되어 있다. 그 대부분이 운문(韻文)이며 731찬가(讚歌)와 6,000송(頌)의 시구(詩句)를 담고 있다. 약 1/5은 ≪리그 베다≫와 공통된 내용이며, 산문은 전체의 1/6이다. ≪아타르바베다≫의 철학사상은 거의가 제8~12권에 포함되어 있는데, ≪리그베다≫ 말기의 사상과 우파니샤드 철학을 연결하는 과도적인 사상을 보이는 이 책의 성립은 B.C.1000~B.C.800년이다. 두산백과사전 EnCyber & EnCyber.com

제 역할을 하는 소마라는 버섯즙을 헌주로 사용하고 일부를 마시는 것이다.[50]

이러한 망아 상태로 유도하는 제사의식은 정신의 집중이 요구되고, 그러한 환각적인 상태에서 미래의 일 등을 예언하거나 인간의 소원을 신에게 전달하는 특수한 사제(Rish)가 발생하게 되었다. 이 사제(리쉬)의 제사의식에서 집중, 엄숙함, 주문의 염송과 같은 것이 후대 요가와 매우 유사한 내용이다. 그러나 이 시대의 사제나 성자들은 많은 점에서 샤먼과 매우 흡사하다.[51] 1,028개의 리그베다 중에서 다음과 같은 몇 개는 요가사상과 매우 밀접한 관계를 갖는다. 그 가운데 창조의 노래는 만유의 근원을 유일한 실재로 파악하고 있어서 요가 형이상학의 근간이 되는 상캬 사상을 엿볼 수 있다. 우주창조의 비밀을 밝히는 노래에서는 요가실천에 관한 주목할 만한 내용이 있다. 그것은 세계를 낳는 '무한'이라는 여신 아디티(Aditi)를 나타내는 우트 나파드(utt napad, 다리를 위로 향하게 한 자)에 대한 말이다. 아타르바베다는 6,000여개의 시구와 1,000행 정도의 산문으로 되어 있다. 대부분 평화, 건강, 부귀의 증진이나 적들에게 재난을 불러오는 주문이나 마술로 구성되어 있다. 그것들의 대부분은 완전한 이해가 불가능하고, 우리의 일상적인 관념과는 상당히 먼 것으로 보인다. 그 중에서 몇 개의 구절은 요가나 상캬의 맹아라고 볼 수도 있다.

---

50) 실제로 본인은 힌두교의 찬양의 제사장인 바울이 힌두신을 찬양하면서 계속 마약을 하는 것을 목격하였다. 인도에서는 공식적으로 마약을 하는 날이 있다. 그리고 쉽게 길거리에서 마약(대마초)을 살 수 있다.

51) M. Eliade, 『요가』, 99 – 140.

Ⅲ. 요가의 역사

요가의 기원은 정확히 밝혀져 있지 않지만, 대략 기원전 5000∼6000
년 전 고대 베다시대부터 이미 요가 수행법이 행해지고 있었다고 보
고 있다. 따라서 요가는 약 7000∼8000년 동안 인도지역에서 수없이
다양한 학파와 전통들에 의해 끊임없이 창조·개선·발전되고 전승
되어 왔다. 이렇게 긴 요가 역사의 흐름을 요가수트라(Yoga Sutra)로
완성된 고전요가를 중심[52]으로 5시기로 구분하여 간략히 그 특징을
살펴보자.

1. 베딕 요가(Vedic Yoga)

인도 고대의 성전(聖典)을 지칭하는 베다는 리그베다, 야주르베다,
사마베다, 아타르바베다의 네 종류로 구분되며 그 중 가장 기본이 되
는 것이 리그베다(Rg-veda)이다. 리그베다 본집은 모두 1만 600구절에
이르는 1천17편의 찬가들로 구성되어 있다. 베다의 진리들은 성선(聖
仙)들의 경험을 나타내는 것으로 인도에서는 오랜 세월 일반적으로
지식에 대한 권위 있는 원천으로 받아들여지고 있다.

기원전 12세기경[53] 인도 아리안(Aryan)족들이 인더스 강 유역을 정
복했을 때, 그들은 그들의 고유한 종교를 가지고 들어왔다. 이 아리안

---

52) 요가라는 큰 흐름에서 볼 때 파탄잘리의 요가수트라의 의미는 요가의 근원적 배경과 목적을 제공
하고 수행자가 성취해 나가는 과정의 지향점이 되어 요가를 체계적으로 실천하고자 하는 수행자
들의 이론적 토대가 되었다. 배해수 편역, 『요가비전』, 31.

53) 베다의 시기는 학자들마다 의견이 다르다. 띨락(Tilak)은 기원전 6000년, 코비(Jacobi)는 기원 전
4000년이라 하며 막스 뮐러(Max Muller)는 기원 전 1200∼1500년이라고 주장한다. 라다크리슈난,
『인도 철학사 Ⅰ』, 이거룡 역(서울: 한길사, 1999), 95 - 170.

족들은 농업에 종사하면서 그들을 보호해주며 축복해 주는 신들을 섬겼는데, 그들을 예배하는 데 사용된 찬가 등으로 구성된 것이 바로 다신적(多神的)인 '베다(Veda)'이다. 그들은 이 '베다'를 일종의 '계시 받은 지혜'라고 믿었으며, 이것은 기독교인들이 성경을 대하듯이 힌두교인들은 이 베다를 성스럽게 생각하는 것과 같다.[54] 베다(Veda)는 '알다'(vida jnane), '존재하다'(vidasattayam), '숙고하다'(vidavicarane) 등의 의미를 가진 어근을 배경으로 '존재에 의해 앎이 있는, 숙고에 의해 앎이 있는, 밝혀 주는 것' 이라는 단어적인 의미를 갖는다. 인도 고대문명에 기반을 둔 베딕 요가는, 힌두교에서 창세기와도 같은 리그베다(Rig-Veda)와 구약성경에 해당하는 세 베다, 즉, 야쥬르 베다(Yajur-Veda), 사마베다(Sama-Veda), 아타르바 베다(Atharva-Veda)들이 만들어졌던 시기에 행해지던, 베다[55] 경전에 바탕을 둔 원시적인 요가수행법을 말한다. 이 베딕 요가는 샤머니즘적인 고대 브라만교의 제사의례와 밀접하게 관련이 있는데, 희생제물을 사용한 제사의례를 완벽하게 성공시키기 위해서는 긴 시간 동안 마음을 완전히 집중해야 했다. 이렇게 제례에서 일상적 의식의 한계를 넘어 초월의식을 유지하기 위해 마음을 내적으로 집중하는 기술의 발전이 요가의 뿌리가 되었다고 본다. 마음의 집중을 통해 제사장들은 초월적 현실 또는 예지적 '비전(Vision)'들을 보게 되었는데 그래서 베딕 요가의 위대한 마스터들을 리쉬(Rishi), 즉 '보는 자'라고 불렀다.

---

54) 신춘기, "범신론적 신관에 대한 성경적 비판"(웨스트민스터 신학대학원대학교 박사학위논문, 2004), 25 - 26.

55) '베다'의 원뜻은 지혜, 지식, 과학, 선견지명이며 '리그'는 운문 또는 시구를 뜻한다. 김량희, "인도철학에 내재된 신체개념의 체육철학적 탐구"(전남대학교 대학원 체육학과 박사학위 논문, 2009), 58.

2. 고전요가 이전(Preclassical Yoga)

브라만교의 샤머니즘적 세계관이 보다 세련된 힌두철학으로 발전
하면서, 모든 우주 만물이 변치 않는 궁극적 실체인 브라만에서 나오
며, 브라만으로 돌아가 하나가 된다는 내용을 담은 우파니샤드[56]들
이 만들어졌다. 이 우파니샤드들은 힌두교의 신약성서에 해당하는데,
특히 에픽시대(Epic Age)라 불리는 기원전 600년부터 100년 사이에는
인도인들이 가장 사랑하는 위대한 두 신화인 "라마야나(Ramayana)"[57]

---

56) 우파니샤드는 어원적으로는 살펴보면 '우파(upa)'는 '가까이'이고 '니(ni)'는 '아래로', '완전히', 그
리고 '샤드(sad)'는 '앉는다', '부수다', '얻다', '추구하다'의 의미를 가지고 있으며 전체적으로는 가
르침을 전수받기 위해 제자가 스승에게 '가까이 다가가 그 아래에 앉음'을 의미한다. 우파니샤드
는 누구나 얻을 수 있는 지식이 아니라 자격을 갖춘 스승에게서 자격을 갖춘 제자가 일대일로 앉
아 진지하게 주고받는 대화로 전수되는 신중하고 엄격한 가르침이다. 또한 여기에는 타인의 참여
를 배제하기에 '비밀의 모임'이라는 의미도 지닌다. 즉 近坐, 비밀회의, 秘說, 秘敎의 의미를 지니
며 그러한 것들의 문헌을 뜻하기도 한다. 우파니샤드는 베다의 끝이라는 의미를 지닌 베단타 철학
을 대표하는 문헌으로 우파니샤드를 이해하기 위해서는 먼저 베다를 이해해야 한다. 베다 이후에
베다의 제례에 대한 내용을 풀이한 브라흐마나(Brahmana), 상징성에 대한 해석과 철학이 강한 아
란야까(Aranyaka), 그리고 신비적 사상이 강한 우파니샤드(Upanisad)이다. 현존하는 우파니샤드는
200개가 넘는다. 그 중 기원 전 6세기 이전의 우파니샤드를 초기 정통 우파니샤드라 부르며 그것
은 베다 정통의 우파니샤드이다. 그 이후에 기록되어진 우파니샤드는 베다 사상이기 보다는 요가
나 샥티즘 또는 특정 종파나 철학을 강하게 담고 있어서 그 성격이 신화나 탄트리즘에 가까운 것
이 많기 때문이다. 베다와 마찬가지로 우파니샤드의 성스러운 문구를 쓴 사람들도 리시(rsi, 선지
자)라고 알려져 있으며 이 선지자들은 신으로부터 영감을 받아 만트라를 적었다고 알려져 있다.
우파니샤드는 보편적 형이상학의 원리들을 영감이 어린 시나 교훈이 든 담화로 설명하고 있다. 즉
브라흐만−아트만의 개념인 일원론을 다양한 이야기 속에 반영하며 풀어간다. 김량희, "인도철학
에 내재된 신체개념의 체육철학적 탐구", 67.

57) "라마야나"는 마하바라타와 더불어 인도의 2대 서사시로 일컬어지고 있다. 라마야나의 원문은
24,000개의 이행운구(16음절 2행으로 되어 있음)로 이루어져 있으며, 그것은 다시 7장으로 나뉘어
져 있다. 현재 통용되고 있는 라마야나의 수정본은 서부 인도본, 벵갈 본, 봄베이 본 등의 3가지가
있다. A. A. Macdonel에 의하면 라마야나의 주요 부분은 이미 기원전 500년경에 이루어졌다고 한
다. 또 라먀야나는 인도 최초의 영웅서사시이고 풍부한 직유, 환상적인 일화와 고전적인 시에서
사용되는 수사법으로 가득차 있다. 내용에 있어서는 대부분의 사이드 스토리를 포함하지 않으면
서도 람왕의 모험이야기로서 충분한 통합이 이루어진 구성으로 되어 있다. 작가로 알려진 '왈미
끼'도 기원전부터 구전되어 온 람의 이야기를 집대성한 실제의 인물로 간주되고, 후세의 인도인에
게서 아디 까비(최초의 시인)라는 칭호를 선사 받는다. 이야기의 줄거리나 각각의 장면은 고대로
부터 널리 알려지고, 연극은 물론 음악이나 무용, 근래에는 영화나 극화로도 만들어져서 인도인에
게 람왕의 이야기를 모르는 사람이 없다. 노영자, 『신화로 만나는 인도』(부산: 부산외국어대학교
출판부, 2000), 115−116.

와 "마하바라타(Mahabharata)"58)가 만들어지고, 이 마하바라타 속에서 힌두 철학의 가장 중요한 경전인 바가바드기타(Bhagavad Gita)가 완성됨으로써 힌두 세계관과 철학이론들이 정착되었다. 그리고 이에 따라 수많은 수행자들이 자신의 한계를 초월하여 궁극적 실체인 브라만과 합일하기 위해, 즉 아트만과 브라만의 합일을 꿈꾸며 몸의 본능과 욕구, 마음의 작용들을 연구하고 조절하는 극도의 고행을 포함한 다양한 수행방법들을 시도·실험하면서 요가 수행법들이 본격적으로 개발되고 발전되기 시작하였다. 이 시기는 인도의 육파철학을 비롯한 많은 철학이론들이 융성하게 발전되고 이러한 이론들에 기반을 둔, 몸과 마음을 조절하고 초월하도록 돕는 온갖 종류의 다양한 수행법들이 꽃을 피웠던 시기이다. 이러한 배경 속에서, 고타마 시타르타는 고통에서 벗어나는 방법을 찾기 위해 출가한 후, 저명한 스승들로부터 최고 삼매(samadhi)를 이루어 브라만과 합일하게 하는 다양한 요가 명상 수행법을 배우고 수련하였다. 그는 당시 유행하던 많은 이론들과 기술들을 섭렵한 후에 자신만의 독특한 명상 수행법인 비파사나(Vipassana) 명상법을 개발하여 수련하고 그 실험에 성공함으로써, 당시 주류 힌두이론인 아트만과 브라만의 실체성(Reality)을 뒤집는 무상(Anicca), 무아(Anatta), 고통(Dukka)의 새로운 이론을 주장하며 힌두이

---

58) 마하바라타는 인도 최대를 넘어 세계 최대의 고전서사시라고 할 수 있다. 제18장 10만 샤로까의 본편과 부록으로 된 비쉬누-크리쉬나 전 "하리반쉬" 1만 6천 샤로까를 더하면 고대 그리스의 대서사시 "일리아드"와 "오디세이"를 합한 것의 일곱 배가 넘는 분량이다. 그러나 주인공인 까우라바의 일백 명의 왕자와 빤다바의 다섯 왕자의 집요한 전투의 이야기는 전체의 1/5 정도에 지나지 않고, 뒤에는 잡다한 신화, 전설의 여러 가지 이야기가 모아졌으며 그 내용에 있어서도 모순되는 면이 적지 않기 때문에 하나의 이야기로서 통일성은 매우 결여되어 있다. 그 대신에 종교, 철학, 사회제도, 과학기술에 관한 서술도 있고, 고대의 인도사회를 알 수 있는 유력한 실마리가 될 수 있는 것도 발견된다. 이 책의 작가는 전설의 성선 비야사라고 되어 있는데, 그가 가네쉬신의 도움을 받아 이 대작을 완성시킨 것으로 되어 있다. 아마 기원전 10세기경에 인도에서 현실로 일어난 동족 간의 골육상쟁을 기초로, 긴 시간에 걸쳐 많은 신화를 흡수하면서 성장하였고, 기원 4세기경에 현재의 형태로 만들어진 것이라고 추측된다. 노영자,『신화로 만나는 인도』, 130-131.

론들과 구분되는 불교이론인 사성제와 12연기법, 그리고 이를 실현하는 심리영성기술인 팔정도 수행법을 정립시켰다.

3. 고전요가(Classical Yoga)

일반적으로 고전(classic) 요가라 하면 파탄잘리(Patanjali)에 의해 집대성된 요가수트라를 지칭한다. 요가는 요가수트라가 완성되기 오래 전부터 존재해 왔는데 초기 우파니샤드에 나타난 요가에 대한 내용들이 그 증거라고 할 수 있다. 그러나 상키야 철학을 받아들여 순수한 상키야 철학적 견지가 주를 이루는 요가 철학으로 집대성된 요가수트라를 그 철학적 분류로 인해 고전요가라 칭한다. 파탄잘리의 작업 덕분에 비로소 요가는 하나의 '신비전통'으로부터 '철학체계'로 규모를 갖추게 되었다고 할 수 있다. 파탄잘리와 그 주석자들에 의해서 명백히 체계화된 이 요가를 일컬어 파탄잘리 요가(Patanjali-yoga) 혹은 고전요가(Classic yoga)라고 하며, 통상 인도 정통 철학의 관점에서 요가라고 할 때는 바로 이 고전요가를 지칭한다.[59]

2세기경 파탄잘리는 요가수트라를 통해 라자 요가를 8단계 수행법(Astanga Yoga, 팔지요가)으로 정리함으로써, 요가수행의 고전적인 틀(Format)을 제공하여 고전요가(Classical Yoga)를 정립하고, 인도 육파철학의 하나인 요가학파를 완성하였다. 파탄잘리의 라자 요가[60]는 오랫동안 인도에서 발전되어 오던 많은 수행전통들과 수행법들을 바탕으

---

59) 김량희, "인도철학에 내재된 신체개념의 체육철학적 탐구", 22.

60) Raja는 왕, 귀족의 뜻이다. 그러므로 라자 요가는 왕의 요가라는 뜻이다. 마음과 의식이 하나 된 상태를 라자 요가(Raja-yoga)라고 한다. 이 경지에 이른 요가 수행자는 세계의 창조와 파괴의 담당자로서 자재신(自在神, Isvara)과 같은 존재가 된다. 배해수 편역, 『요가비전』, 289.

로 만들어진 심리영성기술의 최고 결실이다. 파탄잘리는 요가수트라를 통해, 당시 유행하던 서로 상충되기도 하는 다양하고 많은 수행법들을 정리하고 독창적으로 통합하여 일관성 있는 요가철학과 수행체계를 만들어, 요가를 독립적인 하나의 학파로서 완성시킴으로써 당시 철학과 수행계에 큰 영향력을 미쳤다. 파탄잘리의 요가철학은 인도 철학의 주류인 베단타의 일원론이 아니라 샹키야 철학의 이원론적 입장을 취하는데, 만물(개인)이 프라크리띠(Prakriti)와 푸루샤(Purusha)로 구성되어 있으며, 8단계의 체계적인 요가 수행과정을 통해 푸루샤를 프라크리티로부터 완전히 분리시킴으로써 가장 순수한 푸루샤로 복원할 수 있다고 보았다.

4. 고전요가 이후(Postclassical Yoga)

베다와 우파니샤드에 기초한 베단타 철학이 8세기, 인도의 대표적 철학자이자 영적 지도자인 아디상카라차리아(Adi Shankaracharya)를 만나 불이론적 베단타(Advaita Vedanta)로 완성되고, 체계적인 힌두 출가 수행 전통이 만들어졌다. 이 시기 심리영성기술인 수행법에는 획기적인 변화들이 일어났는데, 특히 몸과 삶의 현실을 보는 관점들이 변하면서 이에 따른 수행법과 수행의 기술적 측면에서도 많은 변화들이 있었다. 이제까지 요기들의 수행 목적은, 고통의 근원인 육체와 무상한 삶의 변화들을 초월하여 '무한하고 영원한 실체'의 지복과 평화에 이르는 것으로, 주로 마음조절을 통한 의식상태의 고양과 이를 위한 집중과 명상이 수행의 중심이 되어 왔다. 따라서 몸은 일차적으로 극복하고 잊어 버려야 하는 수행의 장애일 뿐 수행의 주요 도구나 대상이 될 수 없었다. 그러나 이 시기부터 몸의 숨어 있는 잠재력에 주목하고 이를 적극적인 수행의 대상이나 목적으로 삼기 시작하였다. 특히 연금술의 발달로 몸을 회춘시키고 생명을 연장할 수 있는 다양한 수행법들이 개발되었으며, 이제 몸은 브라만이 거주하는 사원으로 여겨져, 몸을 정화시키고 단련할 뿐 아니라, 고난도의 요가행법들을 통해 몸의 에너지를 활성화시켜 그 세포 조직 자체가 죽지 않고 영원할 수 있도록 몸의 생화학체계 자체를 변화시키는 데까지 요가수행법들이 발전되었다. 이 시기에 현대요가의 주 흐름으로 자리 잡은 영적 연금술의 요가인 하타 요가(Hatha Yoga)[61]가 생겨났다. 또한 몸과 삶의 외적현실을 긍정하고 적극적으로 활용하는 새로운 관점과 생체에너지와 상징적 마음작용을 적극적으로 활용하는 다양한 전통의 탄트라 학파와 이에 따른 많은 탄트릭 요가수행법들이 개발·발전되었다. 탄트라 요가 경전은 탄트라의 교의가 그대로 들어가 있는 하타요가 경전들이다. 즉 인체(人體)를 신체(神體)로 바꾸기 위해 육체를 수련하고 궁극적으로 쿤달리니를 각성시키기 위한 문헌들로서 21개의 <요가 우파니샤드>[62]와 <하타요가 프라디피카>[63], <게란다 상히

---

61) 하타(hatha)는 양과 음이라는 의미이며 물질계의 기본 성질이 모두 두 극성 양과 음으로 이루어져 있음을 의미하며 따라서 아사나와 신체의 정화를 통해 해탈로 다가가는 요가를 의미한다.

62) 인도의 베다의 가르침을 통해 그 정수를 이룬 베단타 철학을 나타내는 우파니샤드는 그 종류만 해도 200여 종에 달하며 그 안에 약 21개의 우파니샤드에 요가에 대한 언급이 나온다. "그 중 가장 상세하게 요가의 내용을 제시한 것은 요가타트바(Yogatattva) 우파니샤드이다. 우파니샤드는 수도자들을 위한 수행 방법을 적어 놓은 전문적인 안내서로서 이 경전의 목적은 분명하다 "인간 – 신(人 – 神)의 상태를 획득하는 것, 장수(長壽)의 조건을 실현하는 것, 절대적인 자유를 실현하는 것"으로 그 절정은 탄트리즘(tantrism)에서 보게 된다. M. 엘리아데, 『요가』. 김량희, "인도철학에 내재된 신체개념의 체육철학적 탐구", 35에서 재인용.

63) 이 경전은 스와트마라마에 의해 13세기와 16세기 사이에 제작된 것으로 추정되며 500절로 알려져 있지만 사본에 따라 331절, 또는 401절, 409절로 되어 있다. 이 교전은 하타요가에 대해 기술한 가장 오래된 것으로 지금까지 발전해 온 하타 요가의 가장 기본적인 바탕이 되어 왔다. 하타 요가 프라디피카에는 쿤달리니, 나디, 챠크라 등의 개념들을 언급하고 활용함으로써 인간을 총체적인 우주의 축소판으로 간주한다는 것을 볼 수 있고 신체의 정화를 통해 마음이나 정신에 해당하는 모

타>[64], <시바 상히타>[65] 그리고 <고략샤 사타카>[66]이다.

5. 현대 요가의 성립과 요가의 세계적 확산

현대 요가의 역사는, 1893년 시카고 국회에서 열린 종교회의에서
스와미 비베카난다(Swami Vivekananda)[67]가 '미국의 형제, 자매들이여'
로 시작하는 연설을 통해 미국 국민들에게 인도의 종교철학사상과
요가를 널리 소개함으로써 시작되었다고 본다. 즉, 현대요가의 가장
큰 특징은 인도에서 계승, 발전되어 오던 심리영성기술인 요가가 본
격적으로 서양의 물질과학문명과 만나 소통하고, 전혀 다른 세계관과
문화 속에 살아온 서양인들에게 요가를 소개하고 가르치는 과정에서
형성된 것이다. 지난 100여 년간 수많은 인도의 스승들과 요기들이
서양에 건너가 정착하거나 또는 세계를 여행하며 동양의 정신세계와

든 요소들이 영향을 받고 변형이 이루어지는 개념이 엿보인다. 그것은 곧 인간의 육체가 위대한
정신과 결코 뗄 수 없는 일원화된 관계를 알 수 있게 하는 개념이며 여러 가지 기술들을 통해 지
식적 교리가 아니고 실천적 교리로서 직접적 가르침과 실행을 통해서만이 변형을 이루는 탄트라
적 개념으로 이루어져 있다. 김량희, "인도철학에 내재된 신체개념의 체육철학적 탐구", 36.

64) 17세기 후반에 기술된 것으로 추정되는 게란다 상히타는 경구 7장 351절로 되어 있었으나 번역과
정에서 내용에 맞게 연행을 하여 편집되어 현재는 317절로 되어 있다. 저자가 분명하지 않지만 일
반적으로 스승 게란다와 그의 제자 찬다의 대화 형식으로 되어 있는 것으로 간주하고 있으며 자기
실현을 하는 과정을 심리적인 부분과 육체적 부분의 치우침 없이 균형과 조화를 이루어 가도록 구
성되어 있다. 특히 이 경전은 요가수트라에 나타나는 금계와 권계와 같은 사회적인 계율의 부분에
대한 언급은 생략되어 있고 개인적 수련을 위한 덕목들로 이루어져 있다는 특징이 있다. 김량희,
"인도철학에 내재된 신체개념의 체육철학적 탐구", 40.

65) 17세기에서 18세기 사이에 제작되었을 것으로 추정되는 이 교전은 시바신이 그의 배우자 파르바
티에게 첫 번째로 요가를 가르치는 형식을 띠고 있다. 따라서 탄트리즘에서 중요시 여기는 음과
양의 두 극성의 개념이 성애(性愛)적 결합을 통해 합일을 이루는 중요한 요소인 시바와 파르바티
(샥티)의 출현으로부터 시작되었다는 점이다. 김량희, "인도철학에 내재된 신체개념의 체육철학적
탐구", 38.

66) 고략샤 사타카는 9~12세기 사이에 존재했을 것으로 추정되는 위대한 요기 고락나트(Goraknath)의
수행체계를 적은 100개의 경구로 이루어진 글이다. 고낙나트는 불교 탄트리즘에 관련된 '금강승'
과 밀접하게 관련되어 있었다. M. Eliade, 『요가』.

67) 이 사람에 대한 내용은 이후에 따로 다루게 될 것이다.

요가를 가르치고 전파하였다. 또한 많은 외국인들이 인도로 가서 요가를 배우고 익힌 후 서양으로 돌아가 나름의 방식으로 요가를 가르치고 다양한 분야에 요가를 응용함으로써, 요가는 이제 동양만의 정신수행법이 아닌 세계적으로 확산된 하나의 대중적 문화가 되었다.

심리영성기술로서의 요가수행법은 앞에서 살펴본 바와 같이 힌두 수행전통 내에서도, 요가수트라를 따르는 고전적 라자 요가 외에, 우파니샤드의 가르침을 따르는 베딕 전통에 근거한 수행법들과 요가차라(Yogachara)로 알려진 탄트릭 전통에 근거한 수행법들 그리고 몸의 정렬을 위주로 하는 하타 요가 행법들로 구성되어 있다. 현대 인도의 요가수행은 크게 두 전통에 의해 발달되어 왔는데, 즉 겐지스 강, 나마다 강 그리고 히말라야 일대의 수행자들이 속한 북부학파(Northern School)와 뿌나, 마이소르, 방갈로, 마드라스 등 남부 인도 지역 요기들 중심의 남부학파(Southern School)로 나눌 수 있다. 북부학파에 속하는 수행전통들이 고전적인 요가의 목적에 따라 몸과 마음의 조절과 훈련을 통해 영적 성장을 강조하는 명상 지향적 요가수행 전통이라면, 남부학파에 속하는 수행전통들은 대부분 몸을 수행의 대상으로 하여 몸의 정렬을 강조하는 하타 요가 수행전통에 속한다. 현재 서양과 한국 대부분의 요가학원에서 건강에 좋은 운동으로 널리 행해지고 있는 요가들은 인도 남부학파의 하타 요가 전통들이 세계적으로 확산되면서 대중화·상업화된 요가수행의 산물이라 할 수 있다. 동서양 문화의 전면적인 만남을 통해 동양의 심리영성기술인 요가는 이제 소수 출가수행자들 사이에서 비전되어 오던 영적 수행법에서 더 나아가, 요가수행법의 다양한 효과를 과학적으로 연구하고 그 응용을 모색함으로써, 일반 대중들의 일상적인 삶을 돕고 몸과 마음의 건강을 유지하는 수단으로서 다양하게 활용되고 있다. 몸의 건강을 위한 요가아사나의 대중적 확산과 이를 활용한 물리치료와 요가적 인간관과 건강관에 기반을 둔 요가치료가 의학계에 자리 잡았으며, 요가 호흡법이나 여러 가지 명상법의 다양한 효과들을 활용하여 심리치료나 스트레스 관리, 심신질환의 치료에 요가수행법이 다양하게 활용되고 있다. 뿐만 아니라 스포츠에서의 능률향상이나 교육과 잠재력 개발 프로그램, 그리고 성공을 위한 자기조절법 등으로도 다양한 요가 행법들을 활용하고자 하는 연구들이 지속되고 많은 프로그램들이 개발되어 보급되고 있다.[68]

---

68) 고대의 요가 문헌에서는 요가를 치료 목적으로 활용하지 않았다는 것을 발견할 수 있다. 고대의 요가 경전 중 하나인 파탄잘리 요가수트라에서 비야디(vyadhi, 질병)라는 단어의 설명은 정신적인 요소였다. 여기서의 주된 사상은 마음을 다스리기 위한 다양한 기법을 암시하는 것이었다. 중세의 문헌과 특별한 하타 요가적인 문헌에서 치료학적 관점에서 관찰해온 요가의 일면을 어렴풋이 감지하게 된다. 그러나 이와 같은 요가의 치료학적 본질은 오늘날의 요가적 치료와는 거리가 먼 것이다. 요가의 자연치유를 암시하고 건강하게 요가를 수련하는 방법들에 대해서 구체적으로 언급한 것은 하타요가 프라디피카, 게란다 상히타, 시바 상히타, 그리고 고랔샤 사타카 등 다양한 하타 요가 문헌에서 발견된다. 이 문헌들은 개별적인 요가 수련 기법을 기술하고 있다 하더라도 요가의 수련결과는 심신의 부조화나 장애 또는 가벼운 병을 사라지게 하는 데 효과가 있는 형태의 자세라는 믿음을 주고 있다. 지난 50년 동안 요가는 대중화의 길에 들어섰다. 치료적 관점에서의 요가는 말사르(Malsar)의 파라마함사 마다브다스 지 마하라지(Paramahamsa Madhavdas ji Maharaj)의 전통에서 두드러지게 드러난다. 이와 같은 측면은 1920년 초 그의 제자들에 의해 대중화되었다. 요가 수련에 대한 과학적 관찰은 스와미 쿠빌라야난다(Swami Kuvalayananda)에 의해 수행되었고, 1924년에 과학적 기초에 근거한 요가적 치료법을 정리하기 위한 최초의 시도가 이루어졌으며, 그때 그는 요가 미맘사 저널(Yoga Mimamsa Journal)에 자신의 과학적 발견들을 발표하였다. 그 이후의 시도들은 많은 개인과 정부조직과 비정부조직에 구현되었다. 요가적 치료 요법의 수행은 인도의 수행자들과 학회, 협회에 제한되지 않을 뿐만 아니라 인도 밖에서도 상당히 치료 요법 수행이 이루어지고 있다. 요가 치료 요법 측면의 대중성에 기인하여 인도의 보건부는 요가적 치료 보상 청구에 대한 심사 평가를 하기 위해 아난드(Dr. B. K. Anand) 박사를 위원장으로 하는 위원회를 1960년에 설립하였다. 위원회는 인도 국내의 서로 다른 영역에서 활동하고 있는 71개 기관으로부터 당면 문제와 관련된 자료들을 수집하였으며, 선별된 19개 기관을 실제로 방문하였다. 위원회의 보고서는 적절한 자료를 요구한 것과 그러한 자료 수집을 위해 개인의 자질 훈련 사실을 보고하며, 요가적 치료 보상 청구에 대한 평가가 불가능한 것에 대해 공식적으로 진술하고 있다. 보고서는 더 나아가서 '만약 요가적 치료 요법에 의한 환자 치료의 과학적 근거가 통제된 환경하에서 체계화되지 않는 한 요가 치료 보상 청구를 사정하는 것이 불가능할 것'이라고 덧붙여 보고하고 있다. 요가 치료 요법에 관한 별도의 연구프로젝트들은 위원회의 보조금으로 연구가 진행되고 있으며, 다른 연구 학자들이나 학회, 연구 기관들도 연구 프로젝트들을 수행하고 있는 중이다. Dr. M. L. Gharote, 『인도 전통 요가 아사나 백과』, 70-74.

Ⅳ. 요가의 종류

고대로부터 내려오는 요가의 학파와 종류는 매우 다양하다. 전통적인 다섯 갈래의 요가는 라자 요가, 즈나나 요가, 카르마 요가, 박티 요가, 음양 요가이다. 그 외에도 탄트라 요가, 만트라 요가 등이 있다.[69]

특히 인도사람들이 제시한 다양한 해탈의 길(해탈의 방법) 중에서 전통적으로 힌두교에서는 다음과 같은 세 가지로 설명하고 있다. 즉 영혼과 육체의 올바른 관계를 올바르게 인식하는 지식의 인식에 바탕을 둔 '지식의 길', 결과를 생각하지 않고 자기 의무를 수행하는 '행위의 길', 신에 대한 열렬한 신애와 절대적 귀의에 바탕을 둔 '신애의 길' 등이다.[70]

1. 즈나나 요가(Jnana Marga, Jnana Yoga, 지혜요가)

이 요가는 지혜(Jnana)의 통찰로써 인생의 문제를 해결하려는 것이다. 이러한 시도는 우파니샤드의 철학과 『바가바드기타』의 사상에 근원을 둔 요가이다. 이 유파에서는 현실의 고뇌를 무지[71] 때문이라고

---

69) 다섯 갈래의 요가는 상키아(Samkhya) 철학의 존재론에서 나왔다. 삼키아 철학에서는 존재의 범주를 대체로 24개(또는 25개)로 구분하는 데, 가장 중요한 두 개의 범주는 초월적 자아인 푸루사(purusa)와 자연의 본성인 프라크르티(prakrti)이다. 나머지는 각각의 수준에서 자연의 본성을 드러낸 것에 속한다. 사람의 발생도 이러한 원리에 따른다. 초월적 자아와 자연의 본성이 결합하면서 자아, 마음, 몸의 각 기관이 생긴다. 마음이 있어야 행동하고, 행동하려면 몸을 움직여야 한다. 마음(라자 요가)이 있어야 알고(즈나나 요가), 알아야 몸을 움직이고(카르마 요가), 행동할 수 있고(음양 요가), 그리고 완성된 몸을 바친다(박티요가). 김현수, 『요가』(서울: 삼호미디어, 2003), 17-19.

70) 이은구, 『힌두교의 이해』, 214.

71) 여기에서는 인간의 고통(dukha)은 무지(avidya)로부터 비롯된다고 생각한다. 대부분 인간은 자신의 본성을 제대로 파악하지 못하기 때문에 자연히 잘못된 방향으로 행동할 수밖에 없으며 고통이 생겨나는 원천은 바로 이 무지에 있다고 생각한다. 이은구, 『힌두교의 이해』, 214.

보고 바른 지식(즈나나)을 얻기 위한 철학적 지식의 습득과 철학적 사색을 수행의 중심으로 한다. 여기서 요구하는 지식은 분석적인 과학 지식이 아닌 총체적이고 직관적인 인식 작용에 의한 지혜이다. 즈나나 요가의 목표는 이러한 지혜에 의해 현상적 자아와는 다른 영원한 정신성으로서의 진정한 자아를 발견하고 이 자아를 구현하는 것이다. 이 철학적 요가는 초월적인 지혜에 의해서 해탈하고자 하는 인도철학의 일반적인 특징이기도 하다.[72] 해탈에 관한 인도의 고전적인 이론들은, 인간이 본래 완전하게 자유로운 본질을 지니고 있음에도 이를 깨닫지 못하는 무지로 인해 세상의 모든 불완전성이 생겨난다고 보았다. 그렇기 때문에 자신의 '참' 본질을 깨닫게 되면 모든 불완전성에서 벗어나 완전함의 경지인 해탈에 이를 수 있다고 믿었다. 따라서 그들이 제시하는 길은 우주와 인간의 본질을 아는 지식의 요가, 즉 즈나나 요가였다. 그러나 '지식'이란 말이 갖는 한계적 이미지 때문에 흔히 지혜의 요가로 지칭된다.[73] 이 요가의 가장 고전적인 형태는 고대 힌두 문헌인 『우파니샤드』와 『바가바드기타』에 있고 『요가수트라』에도 나타난다. 특히 중세 철학파인 아드바이타 베단타(不二一元論)학파에서 주요 수행법으로 채택해왔고, 그 밖에도 힌두 종파인 카쉬미르 새이비즘과 사이바 싯단타 등에서도 이를 수행법으로 사용했다. 이 요가는 선종과 남방 불교의 비파사나 전통에서도 매우 유명한 수행법이다.

이 요가의 가장 기본적인 실천은 자기 본질에 대한 물음과 추구를 통해 자신의 참 본질에 대한 지식을 얻는 것이다. 그러나 여기서 말하는 지식은 우리가 일상적으로 생각하는 지식과는 구분된다. 이것은

---

72) 류경희, 『초월을 향한 지향, 요가』, 34 - 39.

73) Swami Satyananda Saraswati, Yoga and Kriya, 771.

이성적, 다시 말해 지적인 지식이 아니라 실제적인 경험을 통하여 체득되는 진리에 대한 체험적인 자각, 곧 영적인 통찰을 의미한다. 일원론의 관점에서 볼 때 브라만과 아트만이 합치한 범아일여(梵我一如)의 상태만이 오직 유일한 실재인데 인간은 늘 자기의 자아가 하나의 실재이고 독립된 개체라고 생각하기 때문에 고통스러운 것이다. 범아일여(梵我一如)의 경지에서 인간은 사실상 브라만과 아트만의 합체일 뿐 아무런 구분도 존재하지 않는다. 인간이 무지(무지) 속에서 자아(자아)를 별개로 구분하는 환상에 빠져 있는 한, 인간은 계속해서 돌아가는 쳇바퀴의 상태에서 벗어날 수 없는 것이다. 범아일여(梵我一如)를 아는 합일의 지혜란 단순히 좋은 교리를 받아들임으로써 얻어지는 것이 아니다. 구원의 경지에 도달하여 모든 업을 소멸하고 다시는 윤회하지 않아도 되는 실재가 되었음을 아는 지혜는 깊은 명상을 하는 가운데 몰아의 경지에서 얻어진다는 것이다.

오늘날까지도 이 즈나나 요가를 하는 사람들은 바로 이렇게 궁극적으로 몰입하는 경지—이를 삼매(삼매 samadhi)라 한다—에 목표를 둔다. 그러나 오직 지성의 노력만으로는 그것을 성취하기가 어렵다. 정신의 일상적인 기능을 억제하려면 육체의 도움도 조금은 있어야 한다는 생각이 우파니샤드에서부터 싹텄다. 이것이 바로 요가이다. 요가는 호흡조절과 대상에 대한 감각철회로부터 시작하여 명상과 삼매에 몰입하는 것이다. 그래서 오늘날까지도 요가 수련은 감각의 유혹 때문에 무지에 빠지게 된 속박의 삶으로부터 벗어나게 해 주는 가장 중요한 방법 가운데 하나로써 '지혜로써 구원에 이르는 길'에 큰 역할을 하고 있다고 생각하는 것이다.[74]

지혜의 요가가 추구하는 우월한 지식을 얻기 위해서는 다음의 두 단계를 밟아야 한다. 첫 단계는 도덕적·지적·정서적 준비 단계로, 영원한 것과 영원하지 못한 것을 구분하고 모든 이기적인 추구를 버리며, 평정함·절제·무집착·명상·신앙 등의 덕목을 개발하고, 해탈에 대한 깊은 갈망을 갖는 것이다.

두 번째 단계는 베단타 문헌들을 연구하고 그것에 대해 성찰하는 것이다. 이는 단순한 지적 연구가 아니라 의미를 깨닫는 과정이라고 할 수 있다. 즉, 그것이 왜 진리인지를 이해하려 노력한다. 그러나 이를 통해 확신을 갖게 되었다 해도 옛 사고 습관이 방해가 될 수 있기 때문에 이를 극복하기 위해 깊은 명상이 필요하다. 이러한 점차적인 과정을 통해 자아에 대한 이론적 지식에서 한 걸음 더 나아가 직접적인(직관적인) 인지를 하게 된다. 이 지식을 얻게 되면 몸을 지닌 채 해방을 얻는 지반묵타[75]가 되는 것이다. 이는 진리에 다가가는 신비주의적 접근의 전형을 보여 준다.

2. 카르마 요가(Karma Marga, Karma yoga, 행동요가)

이것은 제사를 올림으로써, 또는 공덕을 쌓음으로써 해탈에 이르는 길이다. 이것은 아주 오래 전부터 내려온 방법이다. 한마디로 제례

---

74) 이은구, 『힌두교의 이해』, 214-215.

75) "사람이 성령의 빛(the Spiritual Light)을 단순히 반영할 뿐만이 아니고, 스스로 그것을 드러내게 되면 자나 로카(Jana Loka, the Kingdom of God, 신의 왕국)로 올라간다. 그곳으로부터 그는 타포 로카(Kutastha Chaitanya의 영역)로 올라간다. 이리하여 자기를 개별적 존재(Seperate Existence)로 의식하는 허위의 관념(the vain Idea, 虛僞의 觀念)을 버리고 그는 드디어 사탸 로카(Satya Loka)로 들어서며 궁극의 해탈(the State of Final Release)인 카이발야(Kaivalya, Oneness with Spirit, 성령과의 합일)를 달성한다." 이와 같이 성령 중에 자기를 던져 2번째 세례를 받는 것이, 마야(Maya, 거짓)의 세계를 탈출하여 신(神)의 나라(빛의 나라)로 들어가는 유일한 길이다. 이렇게 자나 로카(Jana Loka)에 도달한 사람을 지반 묵타 산야시(Jivan Mukta Sanyasi)라 부른다. PATANJALI'S YOGA SUTRAS 3. 31~32. Translated by Rama Prasada, M. A.(New delhi: Munshiram Manoharlal Publishers Pvt. Ltd. 1988). 232-233.

의식을 통한 구원의 방법이라고 할 수 있겠다. 이 길은 전통적으로 내려오는 관습을 따르고, 또 그것을 깊이 이해하게 되면 신의 은총도 받게 된다고 믿기 때문에 거의 대부분의 사람들이 이 길을 따랐다. 감정에 치우친 태도도 아니고, 지성에 치우친 태도도 아니면서 그저 자신의 공덕(공덕)을 쌓겠다는 희망을 가지고 일종의 의무감으로 의례와 의식 등을 수행하는 것이다.[76]

마누법전 외에도 오늘날까지 전해져 내려오는 힌두교의 규범이 많이 있다. 대체로 그런 규범은 인도인 나름대로 올바르다고 판단한 어떤 생활방식을 규정하고 있다. 진실한 힌두교는 그런 규범을 하나의 생활방식으로 볼 뿐만 아니라 공덕을 쌓는 일은 적극적인 완성의 길이며 구원의 수단이라고 생각한다.[77] 이것은 『바가바드기타』의 사상에 근원을 둔 요가이다. 이 유파에서는 자신의 신분이나 고뇌 등은 과거에 행한 행위(카르마, 業)의 결과(업보, 業報)라고 보고, 행위는 그것이 아무리 올바르다고 할지라도 업보가 따르기 때문에 윤회한다고 본다. 그러나 업보는 행위 그 자체가 아니라 그 결과를 기대하는 욕망에 의한 것이다. 따라서 행위의 동기나 그 결과에 대한 욕망을 포기하면 업보가 없다. 무집착적인 행위로 자신에게 주어진 의무를 완수함으로써 과거의 업을 소멸시키고 또 다른 업을 쌓지 않게 하는 실천이 이 요가이다.

이 실천적인 요가는 인도의 사회 제도와 윤리 속에 잘 나타나 있다. 카르마라는 말은 일반적으로 '행동'을 뜻한다. 좁게는 '의식(儀式)

---

76) 이은구, 『힌두교의 이해』, 215–216.

77) 오늘날에도 인도의 힌두들은 아침에 꼬박꼬박 뿌자(puja, 힌두교제사)를 드린다. 이것은 모든 집뿐만 아니라 가게, 차량 등 장소와 사람들을 불문하고 볼 수 있는 현상이다.

적인 행동'이며 좀 더 구체적이며 넓은 의미로는 '한 사람의 의도, 생각, 행위의 도덕적 힘'을 말한다. 이런 의미에서 카르마는 과거의 삶과 현재의 삶에서 자기 존재의 질(質)에 의해 결정되는 운명에 해당한다. 그 밑에 깔린 사상은 심지어 존재의 도덕적 차원도 인과적(因果的)으로 결정되어진다는 것이다. 카르마는 조건 지워진 존재 그 자체에 의해 유지되는 메커니즘이다. 그러므로 선하건 악하건 간에 모든 카르마는 묶여진다고 여겨진다. 그 반면에, 이런 생각은 어떻게 하면 이 도덕적 인과의 연쇄고리에서 벗어날 수 있는가라는 질문 주위를 맴돌게 하였다. 이런 생각은 도덕적인 응보(應報)의 법칙-현대 물리학은 자연법칙이라 부른다-을 초월할 수 있다는 가정에서 출발한다.

3. 박티 요가(Bhakti Marga, Bhakti Yoga, 봉헌의 요가)

이 역시 『바가바드기타』의 사상에 근원을 둔 요가이다.[78] 이 유파는 윤회의 세계에서 구원받는 길이 신의 자비에 의한다고 보고, 신에 대한 헌신(박티)을 수행의 중심으로 한다. 이 요가를 행하는 사람에게는 신의 존재, 권능, 지혜, 선함을 믿고 언제나 신을 생각하고 찬송하고 모든 행위를 신을 위해 할 수 있는 신념이 요구된다. 종교적인 실천에 의해서 상대성이 사라진 존재로 경험되는 신과 하나가 되고, 자신 속에서 신과 만나는 신인합일(神人合一)의 경지에 이르게 된다고 본다. 이 종교적인 요가는 후대의 유신론적인 인도 종교의 일반적인 경향으로 나타나고 있다.[79]

---

78) '신애의 길'이야말로 진정한 구원에 이르는 길임을 설파한 가장 영향력이 있는 문헌이 바로 『바가바드기타』이다.

불교나 자이나교 등 개혁적인 종교가 등장했을 때에도 힌두교가 크게 동요하지 않을 수 있었던 가장 중요한 요인은 아마도 인도 대중의 태도에 있었다고 할 것이다. 힌두교가 위기에 처했다가 다시 서서히 회복하는 긴 세월동안 인도의 대중은 상류 지식층에서 생겨난 사상에 크게 영향받지 않고 나름대로의 종교적인 태도를 굳게 유지하고 있었다. 이 인도 대중이 택한 구원의 길은 바로 박티(bhakti, 信愛)의 길이었다. 고행을 통한 자기수련과 일원론이 쇠퇴하고, 브라만교의 엄격한 의례도 주춤해지면서 박티(신애)와 푸자(예배)를 중시하게되었다. 신과 봉헌자(박타, bhakta)와의 정감으로 충만 되었을 뿐만 아니라 종교적인 욕구도 깊이 충족시켜 주었다. 이러한 강력한 박티 운동은 수 천 년이 지난 지금까지도 인도인의 종교 생활을 주도하고 있다. 사변적인 심성을 가진 사람들은 '지혜로써 이르는 해탈'에 관심을 갖겠지만 대중은 신에게 도움을 청하려고 하기 때문에 인도의 사제들은 이런 상황을 인식하고 박티의 타당성을 뒷받침하기 위해 노력하였다.[80] 이 박티(bhakti, 信愛)란 이미 받았거나 아니면 예정 된 은혜에 대해 감사하는 마음으로 어느 특정 신을 지성껏 봉헌하는 것이다.[81] 남신이든 여신이든 그 신에 대한 열렬한 애정을 가지고 그 신에 정성껏 복종하고 봉헌하는 것을 그 특징을 한다.[82] 오래전부터 인도의 대중은 직접 신에게 호의를 청했으며 신을 신봉하면 구원을 받

---

79) 류경희, 『초월을 향한 지향, 요가』, 39 - 41.

80) 이은구, 『힌두교의 이해』, 216.

81) 각 지역마다 내지는 각 가정마다 섬기는 신이 다르다. 예를 들어 캘커타(지금은 콜카타로 이름이 바뀜)는 칼리라는 여신을 섬기고 있고 지금도 콜카타의 칼리 사원에서는 하루에 수차례 염소를 죽여 제단에 피를 뿌리고 있다.

82) 박티는 비교적 늦게 등장했지만 오래된 신앙을 다시 부활시키는 결과를 가져온 셈이다. 박티의 대두는 대중의 욕구를 오랫동안 억눌러 주는 것은 불가능함을 보여준다. 이은구, 『힌두교의 이해』, 216.

을 수 있다고 생각해 왔다. 사람들은 세상은 인간보다 더 큰 힘을 가진 존재로 가득 차 있고 그런 존재로부터 구원의 도움을 받을 수 있다고 믿었던 것이다.[83]

박티요가는 신에게 헌신적인 봉헌과 사랑을 바침으로써 신과 신뢰와 사랑의 관계를 맺고, 궁극적으로는 신과의 합일을 통하여 완전한 자유의 경지에 이르고자 하는 요가 형태이다. 힌두교는 일원론적 다신 신앙 형태를 취하는데, 힌두교도들은 하나의 근원적 실재가 자신을 다양한 형태로 인격화시킨 것이 여러 신들이라고 주장한다. 박티는 이들 신에게 정서적으로 다가감으로써 해탈을 추구하는 용이한 해탈의 길로, 대중들의 종교적 욕구를 가장 잘 충족시킬 수 있는 방법이라고 할 수 있다. 박티 수행자인 박타가 신과 맺는 사랑의 관계는 열아홉 가지가 언급되는데, 그 가운데 가장 중요한 여섯 가지를 들어보면 주인에 대한 종의 사랑, 친구에 대한 사랑, 자식에 대한 부모의 사랑, 부모에 대한 자식의 사랑, 남편에 대한 아내의 사랑, 그리고 연인의 사랑이다. 이 중 연인의 사랑이 가장 친밀한 사랑으로 간주되고 흔히 박타들은 신을 자신이 사랑하는 연인으로 여겨서 신과의 합일을 추구한다.[84]

박티가 힌두교에 미친 영향은 매우 크다. 그러나 분명한 것은 '지혜의 길'과 '행위의 길'을 부정한 것은 아니다. 오히려 이것들이 구원에 이르는 보다 더 나은 길인지도 모르겠다고 인정하기도 하였다. 그러나 대중은 철학자나 지식인이 말하는 '지혜의 길'을 따라가기가 어

---

83) 이은구, 『힌두교의 이해』, 216-217.

84) 요가행자들은 비록 자신의 목표-참자아를 보는 것-를 얻지 못한다 할지라도 결코 신애(신애, Bhakti)를 포기해서는 안 된다는 것이다. 왜냐하면 비쉬누신은 "그를 사랑하는 자를 사랑하기" 때문이다. M. Eliade, 『요가』, 135.

려웠다. 그래서 신에 직접 봉헌하는 행위 자체가 구원에 이르는 진정한 길이라고 생각했다.[85]

4. 파탄잘리 요가수트라(Raja Yoga, 명상요가)

위에서 언급한 세 가지 외에도 우리가 중요하게 다루어야 할 것이 바로 파탄잘리의 요가수트라이다.

1) 파탄잘리 요가수트라

파탄잘리(Patanjali)가 요가와 관계된 자료를 수집하여 만든 책이 요가수트라(Yoga-Sutra, 요가경전)이다. 아슈탕가 요가(Astanga-Yoga, 8支요가)라고도 하며 라자(Raja, 王)요가경전으로서 고전 요가를 대표하는 것이고 요가 철학의 중심사상서이다. 요가의 고전인『요가수트라』의 사상을 중심으로 하는 요가이기 때문에 이 유파에서는 인간의 고뇌는 마음 작용이 원인이라고 보고 심리적인 조작을 통하여 고뇌로부터 벗어나고자 한다. 그러나 현재 일어나는 의식현상은 과거에 형성되어 잠재된 것이 작용하는 것이므로 잠재된 의식이 있는 한 고뇌는 지속된다고 본다. 이 잠재의식을 억제하는 방법이 하나의 대상에 정신을 집중하는 명상이다. 이러한 방법에 의해서 산만한 의식이 억제되고 지혜가 나타나서 진정한 자아를 깨닫게 된다. 이 심리적 요가는 인도의 대표적인 명상이며 불교의 선(禪)으로 크게 발달하였다.[86]

요가수트라의 제1장에서는 수행으로 실현될 목표의 형이상학적 원

---

85) 이은구,『힌두교의 이해』, 217.

86) 이정훈 外 3명 공저,『요가총론』(광주: 도서출판그린, 1994), 52.

리가 설해져 있고, 제2장에서는 그것을 실현하는 실제적 수행법이, 제
3장에서는 요가의 결과로 얻어지는 공덕이, 제4장에서는 마지막 목적
인 자아의 절대적인 확립이 설해져 있다. 제3장과 제4장은 신통과 해
탈이라는 요가의 목표도 말하고 있다. 이러한 네 항목의 체계 중에서
제1단계는 라자 요가이고 제2단계는 하타 요가 곧 크리야 요가라고
한다. 좁은 의미로는 수행 방법과 규칙도 요가라고 하지만 이상의 네
항목에 걸쳐서 연구하지 않으면 참된 요가를 이해할 수 없다.[87]

2) 파탄잘리 요가 수행의 여덟 단계

영적 수행으로서의 요가는 오랜 기간 동안 끈기 있는 노력을 기울
여야 하는 매우 힘겨운 수련 방법이다. 요가 수행자들은 순수의식을
가리는 마음의 산만한 작용을 없애기 위하여 먼저 하나의 대상에 정
신을 집중시키는 일, 즉 정신 통일을 시도한다. 이는 대상에 의해 발
생하는 모든 심리적, 정신적 작용을 통제하려는 것으로 이를 통해 감
각 기능과 무의식의 활동에 의한 마음의 작용을 자유자재로 지배할
수 있는 능력을 얻게 되고 궁극적으로는 통일의식 상태, 즉 사마디
(Samadhi, 삼매(三昧))의 경지에 이른다고 한다.[88] 파탄잘리는 이러한
과정을 수행의 여덟 단계[89]로 제시했다.

---

87) 정태혁, 『요가의 복음』(서울: 까치, 1980), 98.

88) 류경희, 『초월을 향한 지향, 요가』(서울: 살림, 2004), 26 - 31.

89) M. Eliade, 『요가』, 57. 실습의 각 단계마다 명확한 목적이 있다. 파탄잘리는, 요가 수행자는 그 어
느 것도 생략할 수 없다고 생각하고 이와 같은 요가의 구성요소를 제도화한다. 앞의 두 단계인 야
마와 니야마는 확실히 모든 금욕 형태의 필수 준비행위를 구성한다. 따라서 여기에서는 특별히 요
가적인 특징이 될 만한 것이 없다.

(1) 야마(Yama) – 금계(禁戒)

야마는 아힘사(불상해, 살생금지), 사뜨야(진리를 말하고 거짓을 말하지 않는 것), 사떼야(불탐욕, 훔치지 않는 것), 브라흐마챠르야(성적 절제), 아빠라그리하(탐욕 금지)의 계율을 지키는 것으로 불교의 다섯 계율과 유사하다. 아힘사는 생각으로든 말로든 행동으로든 타자에게 해를 끼치거나 고통을 안겨줘서는 안 된다는 계율이다. 심지어는 자기 방어를 위해서 타자를 해쳐서도 안 된다. 브라흐마챠르야는 몸과 마음 모두에 있어서 성적인 절제를 하는 것이다. 인도 사상은 정신적 수행과 관련하여 생식 능력에 보존된 에너지를 매우 중시해왔다. 이 에너지의 소진을 가져오는 성행위는 물론 성욕도 억제하려 한다. 윤리적인 모든 체제에서 이러한 금계행위를 알고 있으며 고결하고 정직한 사람들에 의해서 실현되고 있음을 또한 알고 있다. 그러나 이러한 실천은 일반적인 인간성보다는 한 단계 높은 정화된 상태를 낳는 것이지 특별한 요가의 상태를 가져오는 것은 아니다. 그러나 이와 같은 정화는 그 다음 단계로 들어가는 데 필수적인 역할을 한다.[90]

(2) 니야마(Niyama) – 권계(勸戒)

니야마는 야마가 특정 행위들을 금하는 것과는 달리 좋은 습관을 키우도록 권고하는 계율이다. 사우챠(sauca, 정결함), 산또샤(samtosa, 만족), 따빠스(tapas, 고행), 스와댜야(swadhyaya, 경전 연구), 이스와라 쁘라니다나니(Isvara, 신에 대한 절대적인 봉헌) 등이 포함된다. 몸을 정결하게 하는 사우챠(sauca, 정결함)의 목표는 몸에 대한 정확한 이해

---

90) M. Eliade, 『요가』, 57 – 58.

를 하고 그것에 그리 집착할 필요가 없다는 것을 알게 하는 것이다. 산또사(samtosa, 만족)는 소유와는 무관하게 행복할 수 있는 능력을 키우는 것이다. 따빠스(tapas, 고행)는 몸과 마음의 인내력을 키우는 것이다. 따빠스(tapas, 고행)는 때로 이상한 요가 자세를 취하거나 몸에 고통을 가하는 것으로 오해되는데 이것은 결코 따빠스(tapas, 고행)가 아니다. 스와댜야(swadhyaya, 경전 연구)는 요가 수행자가 신성한 사색을 하도록 해주고 이것이 다시 명상 단계로 이끈다. 이스와라쁘라니다나니(Isvara, 신에 대한 절대적인 봉헌)는 에고를 제거하여 자아가 영적인 진보를 하게 해준다. 하나의 유혹을 끊는다는 것은 자신을 그만큼 정화하는 것일 뿐만 아니라, 하나의 참되고 적극적인 성취를 실현하는 것이다. 바로 그 점에서 요가 수행자는 자신의 능력을 보다 더 확장해 가는 것이다. 더욱이 그는 자신이 포기한 유혹적인 대상들뿐만 아니라 그와 유사한 다른 대상들보다 더욱더 귀중한 신비한 힘을 지배하는 지점에 도달하게 된다는 것이다.[91]

(3) 아사나(Asana) — 좌법(坐法)

요가 수행법은 정확히 말해서 요가의 세 번째 단계에서 시작된다. 아사나(asana)는 쉽게 말하면 요가식 몸자세로 편안하고 안정된 몸자세이자 명상자세이다. 우리가 일반적으로 알고 있는 요가가 바로 이 아사나(asana) 체위들이다.[92] 수행을 통해 생리적 과정을 조정함으로

---

91) M. Eliade, 『요가』, 59.

92) 아사나(asana)라는 단어는 산스크리트 어원의 'as'로부터 왔다. 이 뜻은 '앉기'라는 뜻이다. 이 의미는 육체적인 측면뿐만 아니라 형이상학적인 의미도 포함한다. 육체적으로는 앉은 자세를 의미하며, 형이상학적으로는 "본래의 상태를 확립하다"라는 뜻이다. Dr. M. L. Gharote, 『인도 전통 요가 아사나 백과』, 30.

써 자유자재로 몸을 통제하게 되고 의식의 흐름에 주의를 집중할 수 있게 된다. 즉, 신체적 제약성을 뛰어넘어 의식이 방해받지 않도록 한다. 여기부터가 엄밀한 의미에서 요가 수행의 시작이다.[93] 아사나(asana)는 인도적인 금욕행의 독특한 기법 중의 하나이다. 이것은 우파니샤드(Upanisads)에서뿐만 아니라 베다경(Vedas)에서도 발견되고 있다. 특히 하타요가(Hatha-Yoga) 문헌에서는 이 아사나(asana)가 더욱 중요한 역할을 하게 된다. 우선 아나사(asana)는 인간의 생존양식들의 폐지를 의도하는 목적에서 취해진 최초의 구체적인 단계라는 것만 유의하도록 한다. 확실한 것은 육신의 초자연적인 부동자세가 아니라 어떤 다른 조건을 모방한다는 것이다. 아사나(asana) 상태 하에서의 요가수행자는 하나의 식물이나 또는 하나의 신적인 존재와 일치할 수 있다는 것이다. 아사나(asana)의 다양한 정의를 분석하고자 한다면, 아사나(asana)에서 고려될 수 있는 세 가지 단계를 알아야 한다. 첫 번째는 심신을 조절하는 아사나(asana)이다. 이 범주에서는 아사나(asana)를 건강과 체력에 관한 다양한 관점을 분류하여 정의한다. 두 번째는 명상에 잠기는 아사나(asana)이다. 여기서 강조하는 것은 상부와 하부의 말단을 정확하게 정렬하고, 척추를 바르게 펴 평온한 마음을 갖도록 하여 적절하게 앉는 형식을 말한다. 세 번째로는 근본의 자리로서의 아사나(asana)이다. 이 단계에서 아사나(asana)는 요가의 최상위 단계의 성취로 간주된다.[94]

---

93) M. Eliade, 『요가』, 60.
94) 이에 대한 더 정확한 내용은 Dr. M. L. Gharote, 『인도 전통 요가 아사나 백과』, 36 – 38을 참조하라.

(4) 쁘라나야마(Pranayama) — 조식(調息)

쁘라나야마(pranayama)는 쁘라나(prana), 곧 호흡을 조절하여 마음을 통제하려는 호흡법이다. 이것은 아사나(asana)가 실현된 뒤에야 달성될 수 있다. 따라서 이에 대한 내용도 파탄잘리의 요가수트라보다 하타요가 경전에서 더 많이 발견된다. 그런데 사실 쁘라나(prana)는 우리 몸을 순환하고 있는 생명력이다. 불규칙한 호흡은 마음의 산만함을 가져오고 이로 인해 주의력이 산만해지고 결국 불안해진다. 그래서 완만하고 규칙적인 호흡을 통해 호흡이 자동으로 이루어지게 하고, 궁극적으로는 호흡 자체를 의식하지 않게 됨으로써 수면과 흡사한 의식 상태에 이르게 된다. 이를 위해 숨을 들이쉬고, 보존하고, 내쉬는 호흡 주기를 길게 하는데, '들숨 — 숨 보존 — 날숨' 가운데 가능한 한 길게 호흡을 멈추고 숨을 유지하려 한다. 인도의 요가 수행자들은 의식을 4종류로 나누고 있다. 즉 대낮의 의식, 꿈을 수반하는 수면 중의 의식, 꿈이 없는 깊은 의식, 투리야상태(turiya, 지극한 희열의 상태로 신비한 체험의 세계)이다. 요가 수행자는 쁘라나야마(pranayama)를 통해 이 4가지의 의식을 모두 간파할 수 있다는 것이다.[95]

(5) 쁘라땨하라(Pratyahara) — 제감법(制感法)

쁘라땨하라(pratyahara. 이 말은 보통 '감각의 철수' 또는 '방심'이라는 뜻으로 풀이하는데, 여기서는 '외적 대상의 지배로부터 벗어난 자유로운 감각(활동능력을 뜻함))는 우리의 감각을 대상에서 거둬들이는 훈련이다.

---

95) M. Eliade, 『요가』, 64.

이는 대상에 대한 감각기관의 작용에 근거하여 사물을 인식하는 상태에서 벗어나기 위한 것이다. 지속적으로 훈련을 하게 되면 외부 대상에 의한 감각작용을 중단하려는 습관이 들게 되고 내면을 들여다보게 된다. 쁘라띠아하라(pratyahara)는 하나의 기능으로 볼 수 있는데, 이 기능을 통해서 지성(知性, citta)은 감각들을 마치 그 접촉이 진짜인 것처럼 보유하고 있다는 것이다. 이때부터 요가 수행자는 더 이상 감각이나 감각적 활동이나 기억들에 의해서 산만해지거나 괴로워하지 않는 단계에 이르게 되는 것이다.[96]

(6) 다라나(Dharana)－응념(凝念) 또는 집지(執持)

다라나(dharana)는 마음을 한 곳에 고정시키는 것이다. 단일 대상에 대해 정신을 집중하고 명상한다. 명상의 대상으로는 코끝, 혀끝, 미간, 배꼽 중심 등 신체의 특정 부위나 신상, 만달라(Mandala, 우주의 도형적 표상), 얀뜨라(Yantra, 신을 상징하는 도형) 등을 선택할 수도 있고 원초적 구루인 내 안의 아뜨만인 신의 이름이나 옴(om)과 같은 만뜨라(Mantra)를 낭송하며 명상할 수도 있다. 파탄잘리는 다라나(dharana)를 '생각을 한 점에 고정하는 것'이라고 정의한다. 브야사(Vyasa)는 이에 더하여 다라나(dharana)를 '배꼽의 중심부, 심장의 연꽃, 정수리, 코끝, 혀끝 등에 집중하는 것'이라고 말한다. 더 나아가 누구든지 자신의 생각을 고정시키는 하나의 대상의 도움 없이는 다라나(dharana)를 달성할 수 없다고 보았다.[97]

---

96) M. Eliade, 『요가』, 69－70.
97) Ibid., 71.

(7) 디야나(Dhyana) – 명상(瞑想)

디야나(dhyana)는 대상에 대해 깊이 명상하는 상태이다. 파탄잘리는 디야나(dhyana)를 '하나의 통일된 생각의 흐름'이라고 정의한다. 즉 이 것은 '명상의 대상에 동화하기 위한 심적 노력의 연속체'라고 해석할 수 있다. 명상하고 있는 대상이 수행자의 전 마음을 채우고 통일된 사고의 흐름을 형성하며, 그리하여 대상의 본질 속으로 침투하여 동화된다. 이 단계에 이르면 노력 없이도 정신 집중이 되고 마음의 작용이 거의 사라진다고 본다.

한 점을 향한 다라나(dharana)를 성취한 뒤에 그 밖의 다른 어떤 기능의 강요에 의한 어떤 방해도 받음이 없이 충분한 시간 동안 자신의 마음을 붙잡고 있음에 성공했을 때 바로 디야나(dhyana)를 성취하게 된다고 본다. 일례를 들면, 요가 수행자는 비쉬누(Vishnu – 인도의 삼위일체론적 범신론에서 우주의 유지와 보존역할을 하는 신)[98]나 혹은 그 밖의 신에 집중하면서 그 대상이 심장의 연꽃 안에 있다고 상상한다. 그리고 그 대상과 하나가 되는 단계로 나아가는 것이다.[99]

---

98) 인도의 삼신의 개념은 가장 이른 시기의 인도 신앙에 그 뿌리를 두고 있으며, 태양숭배에서 그 기원을 찾을 수 있다. 왜냐하면, '세 개의 몸을 가진' 태양이 그의 풍부한 온기로 창조했고, 그의 빛으로 보호해 주었으며, 그리고 그의 강렬한 광선으로 파괴했기 때문이다. 삼신은 존속했지만, 그 구성원들은 바뀌었다. 즉 바루나(Varuna), 미트라(Mitra), 그리고 아리야만(Aryaman)으로 이루어진 태양신 아디뜨야스(Adityas)가 아그니(Agni), 바유(Vayu) 그리고 수르야(Surya)로 바뀌었다. 그리고 바유는 차례로 인드라(Indra)로 바뀌었다. 이들 신들은 때로는 단지 세 명의 가장 유력한 신으로, 때로는 세계를 포괄하는 유일신의 구성요소들로 생각되었다. 즉 아그니는 대지의 신이고, 바유 또는 인드라는 대기의 신이며, 수르야는 하늘의 신이다. "리그베다"에서 인드라는 아그니뿐만 아니라 초기 모습에서의 비쉬누와도 긴밀하게 결합되어 있다. 하지만 브라만 시기와 특히 우파니샤드 시기에는 인드라가 아닌 비쉬누가 베다의 모든 신으로부터 가장 유력한 신으로 남게 되었고 따라서 삼신의 자리에 들게 되었다. 이와 유사하게 루드라(Rudra) 또는 시바(Shiva)는 초기에 강력한 번개 신으로서의 역할 때문에 불과 동일시되고 아그니를 대신할 수 있게 되었다. 힌두교 신들의 최초 결합은 하리하라(Harihara)에서였다. 거기에서는 비쉬누와 시바가 한 명의 신으로 간주되었다. 그러나 이러한 결합은 삼신의 전통을 거스르는 것이었다. 그리고 형식상 공식적으로는 만물의 신이었던 브라마가 삼신을 구성하는 데 추가되었다. 베로니카 이온스, 『인도 신화』, 임웅 옮김(파주: 범우사, 2007), 93–94.

99) M. Eliade, 『요가』, 72–73.

(8) 사마디(Samadhi) – 견성(見性)

사마디(samadhi)는 요가 수행의 최종 단계이다. 사물을 직관하는 관조의 경지로 명상의 대상과 주체가 완전히 일치하는 하나가 된다.[100] 그리하여 인격성과 개체성이 해체되고 대립적인 이원성을 초월하는 통합된 순수의식 상태에 이른다. 이때 마음의 모든 기능이 멈춘다. 이 상태는 최면 상태와는 다르다. 인도 심리학은 최면 상태를 의식의 흐름이 마비된 순간적인 정신 통일 상태로 간주한다. 어떤 신(神)도 인정하지 않는 상키아(samkhya) 학파와는 달리 요가철학에서는 이슈바라(Isvara)의 존재를 인정한다. 물론 이슈바라는 창조주가 아니다. 그러나 이 신은 요가 수행자에게 특별한 신으로서 사마디(samadhi)의 경지에 이르는 데 도움을 준다. 이슈바라(Isvara)는 다름 아닌 영원히 자유롭고 결코 번뇌에 오염되지 않는 하나의 푸류사(purusa)이다. 이슈바라(Isvara)는 요가 수행자의 원형, 즉 거대한 요가 수행자인 것이다.[101]

5. 하타 요가(Hatha yoga, 음양요가)

산스크리트어로 하타(hatha)[102]는 '도약하다', '압박하다', '힘으로 밀어붙이다'라는 뜻을 가진 어근 하트(hath)에서 파생된 명사로서 힘, 무력 등을 뜻한다. 따라서 하타 요가(Hatha yoga)의 문자적 의미로 '강력한 요가', '역동적인 요가'로 파악할 수 있다.[103]

---

100) Dharam Vir Singh, Hinduism, 147.

101) M. Eliade, 『요가』, 74 – 77.

102) 하타 요가(hatha-yoga)의 문자적인 '하(ha)'와 '타(tha)'는 분명 해와 달, 양과 음을 나타내는 양극을 의미하면서도 상호보완의 양면성을 갖는다. 하타 요가(hatha-yoga)는 육체와 정신에서도 이러한 양극이 합일을 이루고 상호작용할 수 있게 하는 방편임은 의심할 여지가 없다. 배해수 편역, 『요가비전』, 171 – 179.

이러한 의미의 하타 요가(Hatha-yoga)는 11세기경부터 발달한 유파이다. 그 사상의 맹아는 요가수트라 수행체계인 8단계의 좌법(아사나 asana), 호흡법(쁘라나야 pranayama), 제감법(쁘라땨하라 pratyahara) 등에 나타나며, 더 거슬러 올라가면 요가의 기원이라고 할 수 있는 고행에서도 찾을 수 있다. 이 요가의 궁극목표는 다른 유파가 추구하는 것과 같으나, 그 수행방법은 육체의 잠재적 능력을 개발하는 데에 중점을 두고 있다. 하타 요가에서는 인간을 하나의 소우주로 생각한다. 그리고 이러한 육체는 대우주가 될 수 있다고 하여 브라만의 알이라고 지칭하기도 한다.

소우주로서의 인간의 육체를 설명함에 있어서 꼭 알아야 할 세 가지는 쁘라나(prana, 氣), 나디(nadi, 에너지 통로), 차크라(cakra, 에너지 중심점)이다. 이것들에 대한 인식은 하타요가의 육체관을 형성한다. 물리적 육체와 미묘한 육체는 각각 일정수의 나디와 차크라로 구성된다. 생명에너지(쁘라나, prana)는 '숨'의 형태로 나디들을 통해 순환되고, 우주에너지는 차크라 속에 잠복하여 그 역할과 기능을 발휘하고 있다고 볼 수 있다. 쁘라나는 육체와 영체를 연결하는 고리이며 영체의 나디안에서 흐른다. 또한 이러한 에너지들이 응집된 곳이 차크라이다.

하타요가는 일차적으로 강력한 신체훈련으로 육체를 완전하게 만들고자 한다. 즉 인체(人體)를 신체(神體)로 바꾸고자 하는 의지를 보여준다. 따라서 육체의 정교한 조직과 근육은 호흡수행을 통해 감각기관들을 제어하며 질병에서 자유롭게 하고, 초자연력을 획득하게 한

---

103) 임진아, "하타 요가 체계에서의 삼매의 근거로서의 수슘나"(원광대학교 동양학대학원 석사학위
논문, 2008), 12-13.

다. 그리고 하타 요가의 수행은 궁극적으로는 완전한 육체를 수단으로 해탈하는 방법을 제시한다.[104] 대부분의 초보단계의 명상 수행자나 신비가들은 삼매와 같은 상태를 단순히 순수한 정신적인 어떤 상태라고 생각한다. 그러나 그러한 상태는 육체가 어느 수준에 이르지 않으면 일어나지 않을 뿐만이 아니라 신경이나 그 밖의 육체에 심각한 영향과 변화를 준다. 그래서 이 요가 수행자는 자신의 육체를 '신성한 몸' 또는 '금강석 같은 몸'으로 만들기를 원한다. 이들은 영원한 정신의 초월을 위하여 육체를 버리기보다는 유한한 육체 속에서 궁극적 실재를 자각하고자 한다.

이처럼 이 유파는 육체를 중시하기 때문에 탄트리즘과 밀접한 관계를 유지하는 경우가 많고, 그에 따른 마술적이고 성애적인 요소도 갖고 있다. 그러나 순수한 하타 요가는 초월적 자각을 위해서 심리적 수행을 중시한다. 하타 요가 경전에서는 "하타 요가의 모든 수단은 라자 요가에서 완성된다. 라자 요가에 정통한 사람은 죽음을 극복한다."고 한다.[105] 이러한 사상은 현대과학이 새롭게 관심을 갖기 시작하는 분야이며, 세계적으로 널리 알려진 요가 수행법이다.

6. 만트라(Mantra) 요가

위에서 제시한 요가 외에도 요가에서 중요하게 여기는 것 중 하나가 만트라(mantra) 요가이다. 요가에 있어서 소리는 만트라라고 한다.

---

104) 최준철, "하타요가의 인체론과 실천 수행론에 관한 연구"(원광대학교 동양학대학원 석사학위논문, 2009), 10.

105) 이 경전은 '하타 요가 프라디피카(hatha yoga pradipika)'이다.

만트라[106]의 어원적 뜻은 만(man)이 마음이고 트라(tra)가 자유해방의 의미이다. 마음을 자유롭게 만들어 해방시키는 것이다.[107] 형상의 변화(마찰)는 힘(에너지)의 발생이 근본이고 그 힘은 소리를 동반하면서 그만큼의 파장을 일으킨다. 그리고 그만큼의 느낌을 발생시킨다. 사람은 느낌을 소리로 표현하며 소리로 느낌을 일으키기도 한다. 이 느낌과 소리를 전달하는 기호가 문자이며, 말의 글이며, 철학[108]이다. 만트라(mantra)요가란 특정한 소리를 반복하여 찬송함으로써 그 소리가 갖고 있는 힘을 몸과 마음속에 얻게 하며, 또한 외부에로도 힘을 발휘하는 주문 요가이다. 즉 소리를 이용하여 심신(心身)을 성화(聖化)시키는 것이다. 생명은 리듬으로부터 시작되며, 많은 종류의 리듬을 즐기면서 살고 있다. 고대 인도에서는 소리의 힘을 크게 깨우치고, 많은 소리 중에서도 가장 순화되고 근본이 되는 소리를 찾아 애창했다고 한다. 우주 내 모든 것은 파동과 입자로 이루어져 있다고 한다. 인

---

106) 진언(眞言), 주문(呪文), 마음의 찬송, 聖典 文句, 다라니(Dharana, 陀羅尼)의 呪言 등의 뜻이 있다.

107) 차경자, "만트라 요가 수행이 고등학생의 집중력에 미치는 효과"(창원대학교 교육대학원 석사학위논문, 2001), 8.

108) 기원전 500년경에 세계 최초로 인도에서 브하트리(Bhatri)란 사람에 의해 언어철학이 시작되었다. 이 세상은 언어로서 이루어졌다는 것이다. 소리에는 많은 것이 포함되어 있으며, 그 사람의 본질이 나타나고, 큰 힘을 갖고 진동하는 것이다. 말에는 신비의 힘이 있다고 주장한다. 웃는 소리, 감탄하는 소리, 신음소리 등의 깊은 속 감정의 표현은 민족에 따라 다르지 않고 거의 유사하다. 소리를 내는 동물이 고등동물이며, 소리에는 진동하는 힘이 있고, 힘에는 진동하는 소리가 있으며, 우주자연의 위대한 진리의 소리에도 소리가 있다. 소리는 생명체의 진동이므로 호흡, 신체작용, 심리작용, 영적작용 등의 모든 수준에서 동시에 그 소리만큼 자신과 주변에 변화력을 발휘한다. 신체의 각종 부분들이 서로 만나는 결합에서 마찰 에너지가 생기고 그만큼의 진동이 생기며 소리가 나고 느낌이 생긴다. 찬드갸 우파니샤드 1-8-4에 의하면 "음성의 근거는 기식(氣息, prana)이다."라고 했고 6-7-5에 의하면 "말소리는 불로 이루어진다."고 했다. 즉 소리는 에너지이고 생기(生氣)이다. 소리는 마음을 가라앉게 하고 마음을 들뜨게 하기도 한다. 소리는 에너지요, 힘이요, 생명이요, 리듬이기 때문이다. 한마디의 말에 생기가 돌기도 하고 기가 죽기도 한다. 우리 인간의 몸과 마음의 상태에 따라 격렬한 소리, 부드러운 소리, 괴로운 신음소리, 밝은 웃음소리, 한숨 쉬는 소리, 흐느끼는 소리, 빠른 소리, 느린 소리, 높은 소리, 낮은 소리 등 수 많은 수리가 상응해서 나온다. 그리고 어떠한 성스러운 소리를 듣거나 스스로 그 소리를 반복해서 내면 우리 자신도 그 소리의 힘에 의해 마음도 고상해지고 성스러워진다고 한다. 실로 만트라의 위력은 대단하다는 것이다. 그래서 인도 문화권에서 나온 종교에서는 수많은 주문, 다라니 즉 만트라가 다양하게 발전되어 왔다. http://www.busandietyoga.com/

간의 몸도 역시 파동으로 형성되어 있으며, 동·식물도 세포 내의 미세한 부분들은 모두 전자기파를 띠고 있어, 서로 전자기 파동으로 정보교류가 이루어진다고 추론되고 있다. 소리는 진동이나 파장의 길로 만들어진 에너지의 형태이다. 어떤 파장은 병을 치료할 수 있는 힘을 가지고 있으며 어떤 소리는 유리잔을 깰 정도의 힘을 가지고 있다. 만트라는 산스크리트어 음절 혹은 경구로서 명상 중에 반복하여 개개인을 높은 의식으로 이끈다. 그 소리와 에너지들은 언제나 우주에 존재하는 소리이며 결코 창조되거나 소멸되지 않는다고 한다. 진정한 만트라는 다음과 같은 여섯 가지의 특성이 있다. 그 특성은 원래 만트라는 깨달음을 얻는 성인(聖人)에게 계시로서 내려와 후세에게 전하였다.[109] 또한 특수한 음조와 숨겨진 신상(神像)을 지니고 있으며, 소리의 근원이나 씨앗(비자 Bija)이 갖는 특수한 힘을 지니고 있다. 성스러운 우주 에너지 샥티(Shakti)를 지니고 있으며 순수의식이 열릴 때까지, 일정한 반복을 통하여 열리는 중요한 열쇠를 지니고 있다. 자파, 즉 만트라의 반복은 마음을 집중시켜 한 곳으로 모으는 것이 아니고 소리 에너지의 힘에 둘러싸이게 하는 것이다.[110] 에너지란 뜻은 자체 표출한다는 뜻이며 마음에서 생각의 특수한 패턴을 창출한다. 그래서 만트라의 정확한 발음이 매우 중요하다. 만트라의 반복은 진지하게 수행하면 소리진동이 사고진동과 동조되어 순수의식에 이를 수 있다. 이러한 방식으로 만트라는 당신을 참된 명상의 경지로 인도

---

109) 절대적으로 스승의 입을 통해 전수된다. 즉 세속적인 언어나 책으로부터 배울 수 있는 음소(音素)와는 판이한 것들이다. 일단 스승으로부터 전수되면 만트라는 무한한 힘을 갖는다. 모든 초능력이 바로 이 만트라에 의해 획득된다. 최고 지혜는 학습에 의해서가 아니라 일정한 만트라를 적절하게 발성함에 의해서 직접적으로 얻어진다. M. Eliade, 『요가』, 209~210.

110) 이것을 다라니(Dharani)라고 한다. 다라니의 뜻은 "지탱하며 철저히 둘러싸는 것"이라는 뜻이다. M. Eliade, 『요가』, 208.

하며, 즉 이원성이 없는 상태를 경험하게 한다.

만트라의 실제적 가치와 철학적 중요성은 두 가지 사실에 근거한다.

첫째, 집중(응념)을 위한 방법(도구, 의탁물, 방편)로서 이용되는 음소(音素)들의 요가적 기능. 둘째, 신비음향과 관련하는 태곳적 전통의 재정착을 통한 하나의 직관적인 체계 및 내면화된 의식의 고양이다.[111] 만트라를 하게 되면 초의식 상태나, 법열과 관계있는 것으로 여겨지는 뇌의 한 부분인 림프계에 공명을 일으킨다. 이때 생기는 진동은 뇌의 주요부분에 연결되어 있는 림프계를 통해 뇌의 다른 부분들로 퍼져 나가고, 신경계를 통해 파동을 그리며 몸의 다른 부분들로 흘러가서 내분비선을 진동시킨다. 나아가 지속적인 만트라의 암송은 몸과 마음의 다양한 '생체리듬'의 조화(심리적 파장, 심장박동, 신진대사의 진행 등)를 이루게 된다. 한편, 소리[112]로서 만트라의 구성은 명석한 영감과 해명의 힘인 창조를 불러일으킨다. 또한 소리의 억양에 대한 지식, 감정, 호흡의 조절은 언어의 힘을 강화한다. 그 단어의 의미를 모르는 경우라도 효과[113]는 분명하다. 우주는 '극미(極微)세계'로부터 '극대(極大)세계'에 이르기까지 모두 파장으로 이루어졌다. 또한 생명(生命)은 응축된 서로 다른 성질의 충돌에 의한 진동에서 시작된다. 그리하여 각기 고유의 파동으로 자기의 영역을 지니게 되고

---

111) M. Eliade, 『요가』, 208.

112) '소리'는 곧 '힘'이요 '리듬'이다. 소리를 내는 동물들이 고등동물이며 그들은 '신호'와 '언어'로 뜻을 전달한다. 한편 언어 전달과정에서 자음발성보다는 모음 발성이 부드러운 감정을 주며 안정과 평온을 준다. 요가 수련 중에 내는 소리는 신체의 특정한 부위에 진동의 집중이 일어나므로 그곳의 자연성을 높이는 방법이다.

113) '소리가 신체에 미치는 영향'을 보면 '이-이- 는 머리 속에 진동, 두개골 속, 모든 부분(뇌하수체, 송과선, 뇌수)'. '에-에- 는 인후, 기관, 갑상선, 부갑상선', '아-아- 는 폐의 윗부분', '요-요- 는 중흉부(中胸部)', '오-오- 는 폐의 아랫부분, 심장, 간장, 위', '외-외- 는 간장, 횡경막, 위', '위-위- 는 신장', '오-오-,에-에- 는 직장, 생식선'에 영향을 미치게 된다.

독특한 형상을 갖춤으로써 일정한 삶을 이룬다. 따라서 인간은 정자와 난자가 만나는 모태(母胎) 안에서부터 미진동(微震動)의 소용돌이 회전을 하면서 자란 증거로 정수리에 가마와 손가락끝 마디에 지문이라는 소용돌이무늬를 남기게 되었다. 그리고 마치 팽이가 원심력과 구심력에 의해 돌아가듯이 우리의 인생 그 자체가 나와 너 그리고 우주라는 커다란 소용돌이 속에서 살아간다.

한편, 수천 년 전, 동굴이나 산의 철저한 침묵 속에서 명상을 하던 요가행자들은 마음을 외적인 소리로부터 뿐만 아니라 몸의 소음으로부터도 거두어들여서, 내면의 미묘한 에너지의 중심에 마음을 집중시켰다. 그리고 우주가 서로 다른 파장을 가진 여러 가지 파동의 진동 유희(광대한 연주회)라는 사실을 깨달았다. 나아가 직관의 힘으로 그들은 이 진동의 흐름을 지배하는 우주적 조화의 법칙을 이해했으며, 오랜 내면의 실험을 통해 '지고(至高)의 평화(平和)'로 가는 강력한 소리 즉, '만트라'를 개발했다.

이 가운데에서 보편적으로 가장 많이 쓰이는 진언이 '옴(OM)'[114]이다. 만두캬(mandukya) 우파니샤드 2-7에서 진아(atman)의 4족(足, pada)에 대하여 가르치고 있는데, 아(A, 성장), 우(U, 유지), 음(M, 소멸), 소리 없음(amatra-om, 본질)으로 이해되는 '옴(OM)'은 존재들의 생멸과 본질로의 회귀를 나타내는 변화의 네 차원이다. 옴은 우주 진리의 소리이고 모든 소리의 합(合)이다. 산성(양), 중성, 알카리성(음), 무성이 4가지이고, 만물의 변화가 모두 융합한 것을 뜻한다. '옴(OM)'

---

114) 성음(聖音)의 가치는 일찍이 베다 시대부터 알려져 있었다. 야주르베다(Yajur-veda)의 시기부터 최고의 만트라(mantra), 옴(OM)은 브라만이나 베다 그리고 위대한 신들과 동등한 자격으로 절대적인 위세를 가졌다. 파탄잘리의 주장에 따르면 옴(OM)은 이슈바라(Isuvara)를 뜻한다. M. Eliade, 『요가』, 207.

은 모든 소리와 글자 또는 언어와 사고의 뿌리로서 매일 20분만 반복하게 되면 몸의 전 세포를 이완시키고 우리의 마음을 빨리 각성시킨다. 옴의 실제적인 예들은 다음과 같다. '우주의 평화를 위한' 옴 샨티 샨티(OM Shanti Shanti), '불자들을 위한' 옴 마니 파드메 훔(OM Mani Padme Hum),[115] '크리스천을 위한' 옴 예수 데바야(OM Esu Devaya), '요가 수행자를 위한' 옴 요가 이쉬바라(OM Yoga Ishvara), '요가의 궁극적인 목적에 도달하기 위한' 옴 사싵 아난드(OM Sat Cit Anand), '부정적인 에너지를 소멸하고 정화시키는 에너지로서, 금욕적이며 수행적인 만트라인' 옴 나마 시바야(OM Numuh Shivaiuh), '조화와 균형의 남성적 형태이며 어떤 어려움에 처해 있을 때 그들의 삶에 새로운 힘을 가져다주는' 옴 나모 나라야나야(OM Nahmo Nahraiuhnaiuhn), '지혜와 창조적 에너지이며, 여성적 형태로서 예술가나 음악가에 의해 자주 사용되는' 옴 아임사라스봐 티야나마(OM Aym Suhruhswh Tyainuhmuhhuh), '깨달음을 위한 만트라' 옴 싣다 차리야(OM Sidha Charya), '모든 만물을 행복하게 하소서' 옴 사르브 바반투 수키나(OM Sarve Bhavantu Sukhina), '모든 만물을 평화롭게 하소서' 옴 사르브 산트 니라마야(OM Sarve Sant niramaya) 등이 있다. 한 음절의 만트라는 하나의 상징이다. 그것은 실재(實在)를 상징하며 동시에 상징을 위한 기호이다. 만트라의 신비한 글자 및 음절과 인체의 미묘한 기관들은 우주에 잠자고 있거나 현상화되어 있는 신성한 에너지 사이에는 불가사의한 상응관계가 있는 것이다. 부분은 전체에 속하며 전체의 원리나 성질이 부분에도 똑같은 법칙으로 작용하기 때문에 하나의 상징을 작동하므

---

115) 마니는 남성에너지, 파드메는 여성에너지, 훔은 화(火)로서 불꽃을 의미한다.

로 모든 존재의 차원에서 그 상징과 상응하는 모든 에너지를 일깨우는 것이다. 말은 신(神)의 위력이 있고 진리의 힘이 있다.[116] 말은 함부로 하는 것이 아니다. 말 한마디가 불이 되는 수도 있는 것이다. 말 속에 기(氣)가 흐르는 것이다. 이상과 같은 소리 파동의 중대한 의미가 만트라 요가의 맥이 되고 있다고 볼 수 있다.

만트라 요가의 중요한 점은 진동, 주술성, 이념의 세 가지 특징을 가진다는 것이다.[117]

첫 번째 특징은 만트라에는 진동이 있으며 호흡에 맞추어 율동적으로 계속 흐르듯이 반복할 수 있다. 호흡은 이난의 의식 상태에 큰 영향을 미친다. 호흡기능은 '쁘라나'라고 불리는 신체 속의 생명력의 흐름과 밀접하게 관련되어 있는데 호흡이 빠르고 불규칙적이면 쁘라나는 불안정해지고 그 영향으로 마음이 혼란스럽게 되고 지각과 사고가 불분명해진다. 호흡이 느려지고 규칙적이 될수록 쁘라나는 안정되고 집중과 마음의 통제가 더 잘 이루어진다. 즉 만트라의 진동은 호흡과 연결되어 쁘라나를 안정시켜 준다. 두 번째 특징은 주술성으로 만트라는 반드시 특정한 소리, 특정한 진동 양식을 지니기 때문에 이를 마음속으로 되뇌면 그 자신의 진동을 상승시킨다. 이 진동은 몸

---

116) 무슨 말이든 3,000번 이상하면 동화되어 가는 자기 암시, 타인 암시의 성질을 띠게 된다. 마인드 컨트롤의 창안자 호세 실바는 "뇌는 신중한 해석자가 아니다."라고 했다. 이것은 우리의 뇌에 어떠한 단어가 입력이 되는 순간, 기존의 경험에 의해 하게 되는 행동은 뇌가 스스로 제어하지 못하는 것을 의미한다. 그래서 "의식이 가는 곳에 기(氣)가 간다."고 하는 말이 생겼다. 언어는 뇌에서 명령이 몸과 동시에 행동으로 육신을 다스린다. 음악에도 기가 흐른다고 생각할 때 노래는 사람을 변화시킨다. 운명도 노래처럼 가수 인생 따라 달라질 수도 있다. 그 노래의 기가 자신의 기에 흡수된다. 노래는 사람을 변화시킨다. 기쁜 노래는 기쁜 사람을 만들고, 슬픈 노래는 슬픈 사람을 만든다. 어느 노래를 좋아한다는 것은 그 노래와 파장이 맞아서인데, 이렇게 파장이 맞는 노래를 자꾸 부르다보면 그 노래의 말이 상념으로서 마음에 작용하고, 그것은 마침내 현실로 나타나는 법이다. 호세 실바, 『실바 마인드 컨트롤』, 봉준석 옮김(서울: 정신세계사, 1996)

117) 차경자, "만트라 요가 수행이 고등학생의 집중력에 미치는 효과", 10-11.

과 마음, 뇌파, 심장박동, 신진대사 등의 다양한 생체리듬과 결합하여 개인의 특정한 선율을 형성시켜 느린 진동수로 상승하며 평화와 같은 무한히 곧은 직선으로 변형시킨다. 이는 만트라가 개인의 리듬을 형성하여 깊은 명상의 상태로 나아가게 함을 의미한다.

세 번째 특성은 이념으로 만트라는 특별한 포괄적인 의미를 지니고 있다. 요가 수행자들은 수 세기 동안 "너는 네가 생각하는 대로 된다."는 진리를 가르쳤다. 마음은 그 마음의 관념이 만들어 낸 대상과 같아진다. 이것은 오늘날 심리학적으로도 널리 인정된 사실이다. 요가 수행자의 의식은 충분한 기간 동안 계속해서 주의를 기울인 것과 융합되거나 동일시된다는 것이 많은 실험에서 증명되었다. 사물을 머릿속에 그리고 그것을 확신함으로써, 요가 수행자의 마음은 점점 집중의 대상 쪽으로 변해간다.

3장

크리스천요가
(Christianyoga)

크리스천요가(Christianyoga)[118]가 무엇인가에 대한 정의를 살펴보고, 크리스천요가(Christianyoga)가 나오게 된 배경인 뉴에이지 운동과 웰빙에 대해 설명하고자 한다. 그리고 종교혼합으로서의 크리스천요가에 대해 살펴보고자 한다.

Ⅰ. 크리스천요가(Christianyoga)에 대한 정의

크리스천요가(Christianyoga)란 크리스천(Christian)＋요가(Yoga)를 뜻한다. 이는 신종어로서 크리스천들이 요가를 하는 것을 뜻하는 것뿐만

---

118) 크리스천요가(Christian yoga), 거룩한 요가(Holy yoga), 야웨 요가(Yahwea yoga) 등 여러 가지 이름으로 불리어지고 있으나 이곳에서는 크리스천요가로 통칭하기로 한다.

아니라 더 나아가 교회가 적극적으로 요가를 신앙수련의 한 형태로 받아들이는 것을 뜻한다. 크리스천요가는 요가의 형태에서 변형시킨 것이다. 즉, 전통적 요가에서 바가바드기타, 요가수트라, 우파니샤드 와 같은 교재들을 썼다면, 크리스천요가는 성경과 찬송을 이용해서 요가를 한다. 포털 사이트에서 크리스천요가 동영상을 찾을 수 있는데, 주기도문이나 성구를 암송하며 요가를 하는 것을 그 예로 들 수 있다. 그리고 관상기도의 한편으로 요가를 차용하고 있다. 요가의 명상을 관상기도로 바꿔서 차용한 것이다. 요가를 함으로써 하나님에 대한 찬양과 감사를 한다는 것이다. 로스앤젤레스 타임스의 2006년 2월 22일자 기사에 따르면, '기독교대학'이라는 페퍼딘대학교에서 캐트린 라인핸 강사가 창안해 가르치는 클래스는 등을 바짝 구부려 두 손과 무릎을 바닥에 댄 고양이 포즈 등으로 "하나님이 팔로 여러분의 허리를 두르고 있다."는 상상을 하면서 시편 23:1 등 성구를 음송하는 운동인데 '폼'(FORM)이라고 부른다. 요가와 성구를 '결합'시킨 사례이다. 성경 진리보다는 상상이 개재된 대목이다. 라인핸 강사는 그러한 요가동작의 고요한 정적 속에서 "하나님의 음성을 들을 수 있다." 면서 "이게 진리가 아니라면 강사를 관둘 것이다." 했다. 기독교병원에서 요가를 가르친다는 레베카 래니 여인은 요가 교습실에다 '예수성화', 마리아상에다 부처상, 힌두교 신상까지도 장식해 놓고 요가가 "개인의 영성이 무엇이든 그것을 증진시켜 준다."고 주장하고 있다. 사실 이런 건 성경의 가르침이 아니다. 크리스천요가 수행자들은 또 요가를 기독교음악, 묵상 등을 혼합한 '요가 디보션(경건자료)'을 요란하게 선전한다.[119)

미국 매튜스 연합 감리교회에서는 6주 과정의 크리스천요가 클래스를 시작했다. 이 교회의 에밀리 코브 씨는 "두려워하던 사람들에게 문을 열고 싶었다."며 "기독교인들을 안심시키려 이런 이름을 붙였다."고 말했다. 그래서 힌두교의 이미지를 피해 크리스천요가라 명명하게 된 것이다.[120]

II. 크리스천요가(Christianyoga)의 형성 배경

크리스천요가의 열풍의 근원으로 뉴에이지 운동과 웰빙의 바람을 들 수 있다. 따라서 크리스천요가를 알기 위해서는 그 배경이 되는 뉴에이지 운동과 오늘날 시대적 사조인 웰빙에 대해 살펴볼 필요가 있다.

1. 뉴에이지(New-age) 운동

1960년대 서구 사회는 매우 어려운 시기이며 중요한 시기였다. 당시는 미국을 위협하는 쿠바의 위기와 핵전쟁의 가능성, 베트남 전쟁, 미·소 간의 냉전시기였다. 이 시기에 미국, 영국을 비롯한 유럽이나 일본 등지에서 학생 및 노동자들의 시위가 강렬했다. 학생들은 전쟁이 없는 자유를 원했고 정부와 권위에 대항하였으며, 노동자들의 파업이 극심하여 국가 경제를 더욱 어렵게 만들었다. 또한 서구인들의 삶의 중심적 역할을 하였던 교회에 대해서도 환멸을 느꼈으며 더 나

---

119) http://truthnlove.tistory.com
120) 크리스천 투데이 2003년 1월 15일자

아가 기독교 자체를 거부하는 상황에까지 이르게 되었다. 그 결과로 동양의 신비주의에 눈을 뜨기 시작하였다.

이 시대에 서구사회는 진공의 상태였으며, 실존주의자들의 세력이 점진적으로 확대되면서 이 진공을 채우기 위해 자유주의적 물결이 급속도로 성장하였다.[121] 이러한 시대적 상황 속에서 젊은이들은 사회에 대한 환멸과 회의가 급속히 확산되었고, 소위 저항문화라는 새로운 형태의 의식이 나타나게 되었다. 이 시대적 조류에 편승하여 동양종교의 신비사상들이 유입되고 그것이 서양에 맞도록 개조되어 이것에 영향을 받은 히피족이 유행하였으며, 이러한 시대적 상황을 타고 유명한 그룹 비틀즈(Beatles)가 이때에 생겨나게 되었다. 여기에서 동양의 심령기술들인 명상, 요가, 최면술, 초능력, 마인드 컨트롤, 신비요법 등이 유입되었고 확산되었다.[122]

뉴에이지 운동의 기원은 1875년 뉴욕에서 러시아 출신 여인인 헬레나 페트로브나 블라바츠키(Helena Petrovna Blavatsky)에 의해 창설된 '신지학협회'(神知學協會, Theosophy)에 있는 것으로 설명된다. 이 협회의 3대 회장인 영국 출신의 엘리스 베일리(Alice A. Bailey)에 의해 뉴에이지 운동의 실질적인 기초가 닦여졌으며, 4대 회장 스리랑카 출신의 즈나라 자사(Jnara Jasa)도 뉴에이지의 확립과 이론화에 크게 기여한 인물로 평가받고 있다. 일부에서는 1세기경에 그리스도 신앙을 크게 위협했던 '영지주의'(靈知主義, gnosis)까지 그 기원을 소급시키기도 하지만, 현대적 의미의 뉴에이지 운동은 1960년대 이후 기존의 사회

---

121) 김인수, "뉴에이지 운동에 대처하는 기독교 교육의 방안과 전망"(강남대학교 신학대학원 석사학위논문, 2001), 6.

122) 박영호, 『뉴에이지 운동평가』(서울: 기독교문서선교회, 1992), 10.

체제·가치·규범·신앙·제도 등을 거부하면서 전개된 미국의 반문화운동(counter-culture movement)이 그 출발점이라는 시각이 우세하다. 이와 같은 여러 갈래의 주장으로 인하여 심지어 뉴에이지의 기원을 정확히 아는 것은 사실상 불가능하다는 주장까지도 나오고 있다. 즉 뉴에이지 신앙이 어떻게 해서 시작되었는지는 명확하지 않다는 것이다. 사실 뉴에이지 운동은 오늘날 세계 각지에서 일어나는 다양한 경향을 갖는 시대적 흐름을 총체적으로 지칭하는 용어로 사용되기 때문에 한마디로 정의하는 것은 대단히 어렵다. 뉴에이지라는 용어의 적합성 자체를 둘러싼 논쟁도 있다. 이것은 뉴에이지가 특색이 뚜렷하지 않은 "무정형의"(amorphous) 성격을 지닌 데에서 기인된다.

기본적으로 뉴에이지와 같은 무정형의 운동을 연구할 때에는 그 현상이 어디서 시작되고 어디서 끝나는지를 결정해야만 하는 어려움이 있는데, 현재 그 운동의 모든 양상을 포괄할 수 있는 어떠한 용어도 존재하지 않는다는 것이다. 그러나 일반적으로는 전통적인 서구 문화에 대한 대안적인 접근에 의해 특징지어진 광범위한 운동으로 규정되고 있다. 일본의 종교사회학자 이토 마사유키(伊藤雅之)는 뉴에이지 운동을 "구미, 특히 미국에서 1970년대 이후 확산된 사회·문화 운동으로, 다양한 신념과 실천의 총칭"이라고 정의하면서, 무엇보다도 인간에 내재하는 영적인 것을 중시하고, "의식변용이 사회변혁으로 연결된다."고 주장하는 사람들이 그 원류의 하나라고 보았다. 뉴에이지의 주요 사상으로는 ① 인본주의(humanism), ② 일원론(monism), ③ 범신론(pantheism), ④ 다원주의(pluralism), ⑤ 생태학(ecology), ⑥ 환생(reincarnation), ⑦ 심령술(spiritism), ⑧ 영지주의(gnosticism), ⑨ 신과학(new science) 등을 들 수 있다. 여기서 한 가지 주목할 점은 뉴에이지의 핵심사상들, 즉 인본주의, 일원론, 범신론, 다원주의 사상 등이 예외 없이 전부 기독교의 교리와 배치된다는 것이다.

결과적으로 뉴에이지 운동에서는 윤리적인 문제, 즉 선과 악의 문제를 따지지 않는다. 모든 것이 상대적이기 때문에, 절대적인 옳고 그름의 기준이 있을 수 없다는 것이다. 이 점이 특히 기독교 신학자들에 의해서 가장 비판받는 대목이기도 하다. 신학자들의 주된 비판은 뉴에이지 운동에 숨겨진 비정통성과 주관주의적 특성에 대한 우려에 기인한다. 무엇보다 뉴에이지의 근간을 이루는 '새 시대'의 의미가 물고기 시대에서 물병자리 시대로 옮겨온다는 논리는 점성가들에게서 온 것이다. 이들에 따르면 현재 지구는 '물고기자리' 시대에서 '물병자리' 시대[123]로 접어들었으며, 이는 인류의 근본적인 변화를 의미한다. 즉 점성술의 이러한 변화는 모든 인간이 신으로 진화하는 영적인 변화를 동반한다는 것으로, 여기에서 인간은 유한한 존재가 아니라 무한한 존재이며, 따라서 인간이 자기 스스로를 구원할 수 있다는 차원의 절대적인 확신에까지 이르게 된다는 것이다. 뉴에이지 추종자들이 즐겨 쓰는 어구는 "나는 영적이다. 그러나 나는 종교적이지 않다."는 것이다. 이 어구는 뉴에이지 운동이 특별한 교리나 믿음체계를 가지고 있지 않으며, 또한 어떠한 권위나 일반에게 인정된 텍스트도 존재하지 않는다는 사실을 반영한다. 뉴에이지는 이론보다는 체험을 중시한다. 뉴에이지 운동은 다양하고 쉽게 정의될 수 없음에도 불구하고, 일반적으로 그것에 대해서 이야기할 수 있는 공통적인 요소를 가

---

123) 물병자리 시대는 1960년대에 시작하여 2000년 동안 지속된다는 천문학적 시대를 일컫는 말이다. 이 시대는 인간이 황금기로 들어가는 시대를 의미한다. 또한 이 시기는 인간 모두가 신임을 깨닫는 시기이다. 물병자리의 주제는 신의 내재성. 레이 윤겐, 『신비주의와 손잡은 기독교』, 김성웅 옮김(서울: 부흥과 개혁사, 2009), 18.

지고 있는데, 그 대표적인 것은 '뉴에이저(new-ager)'라고 불리어지는 사람들은 '초월적인 경험(transcendent experience)'을 추구한다는 것이다. 이것의 가장 두드러진 사례로는 치병(治病)을 들 수 있다. '정신적 그리고 육체적인 치유와 평화에 초점을 두는 건강운동(holistic health movement)'은 뉴에이지 운동에서 중요한 부분을 차지한다. 즉 뉴에이지에서는 "구시대(old age)"가 "새로운 시대(new age)"로 변형될 것으로 보고 있는데, 그 변형의 목적은 개인, 사회, 그리고 더 나아가 지구의 건강이다. 이러한 점에서 일부 학자들은 이 운동의 긍정적인 측면으로 육체적·정신적·영적인 건강과 평화를 누릴 수 있는 구체적인 기술을 제시함으로써 삶의 질을 향상시키는 데에 도움을 준다는 점을 들고 있다. 뉴에이지 운동에서는 자연과의 조화나 합일을 추구한다. 전술한 바와 같이 이 운동은 모든 것이 하나라는 일원론에 바탕을 두고 있기 때문에 인간도 자연의 일부분이라고 생각하고, 따라서 자연을 아끼고 보호해야 한다고 주장한다.

이에 대한 대표적인 것으로 1960년대에 싹터 70년대 프리초프 카프라(Fritjof Capra)[124]의 『현대물리학과 동양사상』 출간과 더불어 본격화된 운동으로 신과학(New Age Science) 운동[125]이 있다. 이 운동은 기

---

124) 프리초프 카프라(1939~)는 빈 대학에서 물리학 박사학위를 받았으며, 유럽과 미국의 여러 대학에서 고에너지 물리학을 연구하고 가르치기도 하였다. 많은 전문 연구논문을 발표했을 뿐 아니라 현대과학의 철학적 의미를 주제로 폭넓게 글을 쓰고 강의와 강연을 하고 있다. 그의 대표적인 저서로는 『현대물리학과 동양사상 The Tao of Physics』(1975)이 대표작이며 New Science의 고전이다. 그리고 『새로운 과학과 문명의 전환 The Turning Point』(1982), 『탁월한 지혜 Uncommon wisd』(1988), 『신과학과 영성의 시대 Belonging to the Universe』(1991, 1992년 아메리칸 북 어워드 수상), 『생명의 그물 The Web of Life』(1996), 『히든 커넥션 The Hidden Connections』(2003) 등이 있다. 현재 미국의 버클리에서 살고 있는 카프라 박사는 국제적인 생태문제 연구 조직인 엘름우드연구소를 창설, 새로운 생태과학의 이론을 정립하여 오늘날 사회, 경제 및 환경 문제에 응용하고 있다.

125) 신과학을 둘러싸고 '새로운 과학'인가, '과학의 탈을 쓴 신비주의'인가 하는 논란이 뜨겁다. 신과학에 대한 회의주의자들은 "신과학은 허구"라거나 "과학이 아니라 의사(擬似)과학 또는 사이비 과학일 뿐"이라고 비판한다. 회의주의자 가운데서도 '초자연적 현상의 과학적 검증단(CSICOP, 사이캅)'의 활동이 두드러진다. 회원으론 88년 노벨물리학상 수상자인 리언 레더먼을 비롯해 우

존의 과학으로 설명할 수 없는 현상을 연구함으로써 에너지 고갈과 불치병 같은 인류의 당면 문제를 해결할 수 있다고 본다. 신과학자들은 "기존 과학은 생명을 유지하는 힘이 어디서 나오는지, 에너지의 본질은 무엇인지, 우주는 어떻게 생성됐는지 등을 설명하는 데 벽에 부딪혔으며, 이는 서양과학의 물질론적 · 기계적 세계관의 한계 때문"이라고 주장하면서 대안으로 정신과 물질이 하나라는 심신(心身) 일원론에 바탕을 둔 전체론적 세계관을 내놓고 있다.

국내에선 94년 대덕연구단지 출신 과학자 10여 명이 모여 신과학 연구 모임을 결성하였으며, 현재는 이를 모태로 한 '한국정신과학학회'가 전국의 초자연 현상 연구회들을 통합해 활동하고 있다. 한국정신과학학회의 회원은 약 6백 명으로, 이 가운데 70%가 이공계 과학자이며 박사학위 소지자도 180여 명에 이른다. 대중적 차원에선 피라미드 파워, UFO, 기(氣), 수맥 찾기 등 초자연적 현상에 대한 관심이 높다. 두 개의 삼각형이 상하로 겹쳐진 육각형 별 문양인 히란야(Hiranya, 다윗의 별)도 인기다. 집에 피라미드 형태의 구조물이나 히란야 문양을 장식해 놓고 심신 안정과 질병 치료, 시험공부를 위한 정신집중

주의 신비를 설명한 세계적인 베스트셀러『코스모스』의 저자인 칼 세이건 등이 있다. 국내 텔레비전 프로그램을 통해 초능력 검증에 1백만 달러를 걸었던 제임스 랜디 등도 활동하고 있다. 국내에선 '한국의사과학문제연구소'와 인터넷동호회 '호기심 천국' 등이 신과학 검증에 나서고 있다. 이런 움직임에 대해 신과학 주장자들은 "당대 과학계가 받아들이지 못한 지동설을 주장한 코페르니쿠스나 갈릴레이도 한때 이단으로 몰렸다."고 반박한다. 과학평론가 최성우는 신과학운동에 대해 다음과 같이 평가했다. "이들 중에도 다양한 부류와 견해가 있기 때문에 일괄적으로 비판하기는 어려우나, 상당수는 현대물리학의 동양철학적 해석, 기(氣) 에너지의 이용 등을 주장하면서 신과학이 기존 과학의 패러다임을 송두리째 바꾸고 새로운 문명과 세계를 열어나갈 지름길인 것처럼 내세우기도 한다. 이처럼 다분히 동양사상적 세계관 등을 강조하는 것은 현대 과학기술 문명의 폐해와 문제점을 나름대로 극복해 보겠다는 시도로 볼 수도 있겠지만, 그저 근대 과학혁명 이후 서양과학에 뒤쳐져 온 것을 일거에 역전시켜 보겠다는 '정서'에 바탕 한 것이라면, 그만 두는 것이 옳을 것이다. 지극히 자의적이고 주관적인 잣대로 혹세무민할 뿐만 아니라, 대중들의 과학적인 사고를 마비시키고 사회적인 악영향을 끼칠 수도 있기 때문이다."
http://sunshinenews.tistory.com/entry/신과학New-Age-Science

등 다양하게 그 파워를 이용하려는 마니아들이 적지 않다.

프리초프 카프라는 지구를 살아 있는 생물체라고 선언한다. 이것은 포스트모던(post-modern)적인 사유 형식과 관계가 깊다. 즉 과거에는 이원론적인 사유형식에 따라 인간과 자연을 대립적인 것으로 간주하면서 자연이란 인간의 이익을 위해 정복되어야 하는 대상으로 간주하고 있었다. 그러나 이로 인해 자연 파괴, 공해문제 등 여러 사회문제가 발생하게 되자, 이에 대한 반동으로 자연과의 일치·조화를 주장하게 되었던 것이다. 뉴에이지 운동이 간혹 자연주의 운동·환경운동·녹색운동 등과 같은 사회운동의 형태를 띠는 것은 이와 같은 맥락 때문이다. 따라서 뉴에이지 운동은 21세기의 중심 키워드가 될 생태문화의 중요한 기반이 될 수 있을 것으로 전망되며, 이러한 점에서 현대사회의 가장 심각한 문제 중의 하나인 환경문제에 대한 하나의 대안적 성격을 갖는 것으로 볼 수 있다. 기본적으로 이 운동은 새롭고 혁신적인 종교적 의식을 내포하고 있다. 즉 뉴에이지 운동에서는 자기변용을 체험한 사람들이 중심을 이룰 때, 인류와 문화 전체도 변용을 이루어 뉴에이지(새로운 시대)를 출현시킬 수 있는 것으로 설명한다. 뉴에이지의 신봉자들은 자신들이 새로운 시대를 위한 새로운 사고의 대표자라는 자각을 가지고 있는데, 그들의 표현을 빌리자면 자신들은 '의식의 변용'을 통한 '패러다임의 전환'을 위해 '물병자리 시대의 공모'에 참여하고 있는 것으로 인식하고 있다.

이것은 뉴에이지 운동이 그 구체적인 모습을 드러낸 지 20년 안팎이지만, 한 시기의 유행으로 끝나지는 않을 전파력과 침투력을 갖고 있음을 보여주는 것이기도 하다. 또한 이것은 현대 종교문화 변용의 한 중요한 요인이 될 가능성을 암시하는 동시에 긍정적인 측면에서

든지 부정적인 측면에서든지 중요한 사회학적 관심의 대상이 될 수 있음을 말해주는 것이라 할 수 있다.

2. 웰빙(Well-Being)시대

크리스천요가의 발생 원인으로 뉴에이지 운동에 이어 크리스천요가의 확산에 큰 영향을 끼친 웰빙(well-being)의 바람에 대3해 살펴보고자 한다.

1) 웰빙(well-being)시대의 도래

웰빙(well-being)은 복지(福祉)나 안녕(安寧), 행복(幸福)과 유사한 뜻을 가지고 있으며 고대로부터 철학적, 윤리적 그리고 미학적 웰빙(well-being)에 대한 논의가 있어 왔다. 그러나 현대에 들어와서 웰빙(well-being)의 개념이 삶의 중요한 한 가지 문화로 자리 잡게 된 과정은 근대 산업과 문명의 발달에서 기인하는 여러 가지 현대적 질병을 우려한 1980년 대 미국의 정책에서부터 살펴볼 수 있다. 1980년대에 미국정부는 각종 성인병과 비만 합병증에 대한 정책으로 전 국민에 대하여 질병을 예방하고 건강을 유지 발달시키려는 정책을 시도하였다. 웰빙(well-being)문화는 삶의 질을 향상시키는 형태로 받아들여지는데 그와 유사한 개념으로서 건강에 중점을 둔 웰니스(wellness) 개념을 찾아 볼 수 있다. 웰니스는 생명이 다하는 그날까지 최적의 건강을 위하여 신체를 능동적으로 관리하는 것이며, 신체적으로 사회적으로 정서적으로 지적으로 영적으로 건강한 상태를 의미하는 건강에 대한 새로운 개념이다. 건강관리를 위하여 웰니스 개념 아래 헬스(health) 또는 피트니스(fitness) 문화가 발달하기 시작했다.

우리나라에서도 1988년 서울 올림픽을 치르고 세계적인 추세에 맞추어 생활체육을 육성하는 정책을 실시하게 되었고 생활체육의 보급과 함께 국민 체력과 건강을 위한 여러 가지 형태의 체력관리 프로그램들이 보급되기 시작했는데 그것이 우리나라에서 웰빙(well-being) 문화가 시작되기 전의 웰니스의 개념이다. 건강은 삶의 질을 높이는 데 중요한 요소이다. 심창섭은 웰니스에 대해 이렇게 말한다. "건강이란 인간들의 삶에 있어서 가장 중요한 부분인 동시에 삶의 전체를 의미한다. 이러한 개념을 구체화시켜 놓은 단어가 바로 웰니스(wellness)이다."126) 지금까지 역사를 통하여 논의된 건강의 개념은 첫째, 질병이 없는 상태이며 동시에 우주적 구성요소와 신체의 구성요소의 조화적 균형유지 상태를 의미하고, 둘째는 기계적 인간관에서 건강은 기계적 신체의 조직과 구조에 장애가 없는 상태를 의미하며, 셋째는 세계보건기구에서 정의한 단지 질병이나 허약함이 없는 상태를 말하는 것이 아니라 신체적, 정신적, 사회적으로 완전한 안녕의 상태를 의미한다.127) 우리나라에서 삶의 질에 관련된 웰빙(well-being) 문화가 유행이 된 것은 2000년대로 들어서면서부터이다. 2002년 웰빙128)(well-being)이라는 용어는 일상적으로 사용되었고, 다양한 상표와 광고 문안에서도 가장 즐겨 쓰는 용어가 되었다. 웰빙(well-being)의 삶을 추구하는 사람들을 웰빙족이라 부르는데, 우리나라의 웰빙족은 미국으로부터 우리나라로 넘어온 삶의 형태적 문화를 따르는 이들이었다. 웰빙족들은 다음과 같은 행동유형을 갖는다고 알려져 있다. 첫째, 자연친화적

---

126) 심창섭, 『레저와 웰빙시대의 생활체육』(서울: 홍경출판사, 2004), 7.

127) 김량희, "웰빙사회에서 요가의 의미 탐구"(전남대학교 대학원 석사학위논문, 2005), 9.

128) 인터넷 사이트가 웰빙의 개념을 우리말로 공모하여 "참살이"가 뽑혔다.

이고 자연스러운 삶을 추구한다. 둘째, 요가나 단전호흡 등 명상과 같은 수련을 하거나 헬스클럽에 다니고 스파(spa)나 아로마테라피(aroma therapy)와 같은 소위 자연건강적인 방법으로 몸과 마음의 건강을 추구한다. 셋째, 고기나 인스턴트식품, 화학조미료, 탄산음료보다는 유기농으로 재배된 무공해 식품이나 손으로 정성껏 준비해야 하는 슬로 푸드(Slow-Food)[129]를 선호한다. 넷째, 여행이나 레저스포츠를 포함한 각종 취미 활동을 통해 삶의 여유를 찾는다.[130] 이러한 행동 유형을 보여주면서 더불어 웰빙에 대한 그들 나름대로의 정신적이고 철학적인 기술을 한다. 웰빙라이프지에 실린 웰빙철학을 다음과 같이 말한다. "잘 먹고 잘사는 것도 중요하지만 영혼의 정화, 정신세계의 고양, 진지한 자아탐구라는 고차원의 의식이 중요하다."[131] 따라서 그들이 말하는 웰빙의 4가지 중심철학은 다음과 같다. 첫째로 우주의 원리에 순응하여 느리게 살고, 둘째로 깨달음을 추구하며, 셋째는 깨달음을 통해 함께 나눠야 하며, 마지막 넷째로 순수자아를 발견하기 위한 정화과정을 들고 있다. 이와 같은 정신적인 철학을 내포하였을 때 비로소 건강의 완전한 개념에 다가설 수 있으며, 삶의 질을 높이려는 웰빙문화가 완성되는 것이다. 웰빙족들의 관심은 건강과 정신적인 만족을 통한 행복이다. 따라서 그들은 여유로운 생활을 원한다.

2) 웰빙족의 출현 배경

웰빙족의 출현 배경을 알아보는 일은 현대 사회에 나타난 웰빙 문

---

129) 인스턴트 식품과 같은 Fast-Food에 비교되는 음식.
130) 김량희, "웰빙사회에서 요가의 의미 탐구", 10.
131) 『웰빙라이프 저널 2월 창간호』(서울: 정신세계원, 2005), 5.

화가 웰빙족의 출현으로 시작해서 더욱 정착되어갔다는 점에서 매우 중요하고, 현대적 웰빙(well-being)을 규명하는 데 좀 더 정확한 접근을 시도할 수 있다는 점에서 반드시 필요한 일들이라 할 수 있다.

웰빙족의 유래에 대해서는 의견이 분분하고 정확하지는 않다. 60년, 70년대에 미국에서 반전운동과 민권운동 정신을 계승한 중산층 이상 시민들이 고도화된 첨단 문명으로 인해 인간성을 상실해가는 사회에 대항해 자연 본래로 돌아가자는 자연주의가 있었는데 그것을 히피이즘이라 하였다. 그들을 히피라 불렀으며 그들로 인해 뉴에이지 문화가 창출되었고 웰빙족은 그러한 삶의 방식을 따르는 히피와 그 뒤를 이은 여피[132]로부터 유래되었다고 한다. 웰빙(well-being)의 대표적 문화 코드인 요가나 명상은 60, 70년대 초 미국 히피들에 의해서 크게 유행했었다는 사실을 간과할 수 없는 것으로도 그럴듯하게 비춰진다. 웰빙족의 출현에 관한 또 다른 근원을 살펴보면 이렇다. 15세기 유럽 국가들에는 안정된 시민으로서의 삶을 거부하고 집시처럼 유랑하는 사람들이 많았는데 체코의 보헤미아에는 그러한 집시들이 많이 모여 있었으며 자유롭게 지내는 그들을 '보헤미안(Bohemian)'이라 불렀다. 19세기에 들어 보헤미안은 자유로운 정신을 지닌 지식인으로서의 대명사가 되었고 그런 정신은 미국에서 전쟁을 반대하면서 자연으로 돌아갔던 히피이즘에 반영되었으며 20세기에 들어 자본주의 체제 속에서 물질적 풍요를 누리던 미국의 상류층 계급에 스며들면서 보보스(Bobos)족이 출현하였다. 보보스의 보보는 자본주의의 풍요를 상징하는 부르주아(Bourgeois)의 앞 글자 보(Bo)와 유랑하는 집시

---

132) YUP: young, urban, professional의 약자이다.

들의 정신적 자유를 상징하는 보헤미안의 앞글자 보(Bo)의 합성어이다. 이들은 물질적 안락을 추구하는 동시에 정신적 풍요와 자유를 지향한다. 즉, 그들은 자신을 위해 외부적인 사치를 하지 않으며 정신적이고 예술적인 가치를 지향한다. 웰빙족이 이러한 보보스로부터 계통을 이어서 형성되었다는 설이다.[133]

3) 한국의 웰빙과 웰빙족

주간동아 2003년 408호에 의하여 2002년과 2003년 일 년 사이에 20대 후반부터 30대 중반의 여성들에게 '웰빙'이 무엇이냐고 물은 결과 2002년도에는 응답자 중 70%가 '잘 모른다'라고 말한 반면 일 년 만인 2003년에는 응답자 대부분이 '잘 먹고 잘 사는 것, 나를 위해 행복을 찾아가는 것'이라고 대답해 불과 1년 사이에 웰빙에 대한 인식이 커졌다는 것을 보여주었다. 한국 사회에서의 웰빙(well-being)개념은 보는 시각에 따라 다르겠지만 88올림픽을 치른 한국 정부는 엘리트 체육에서 생활체육으로 바뀌는 세계적 추세에 맞춰 80년대 말에서 90년대까지 무질서하게 만연해 있는 일반체육시설들을 정리 정비하고 생활체육의 보급에 나서기 시작하였다.

세계보건기구(WHO)에서는 건강하고 행복한 삶에 대하여 "육체적인 질병은 물론 정신적, 사회적으로도 질병이 없는 상태"라고 규정하고 있으며, 바로 이러한 상태가 웰빙일 것이다. 그리고 최근에는 이러한 상태에 더하여서 영적인 건강을 추가해서 해석하는 경향이 생겼다. 따라서 현대에 출현한 웰빙에 대하여 요약하면 육체적, 정신적,

---

133) 김량희, "웰빙사회에서 요가의 의미 탐구", 10-11.

사회적, 영적으로 조화를 이뤄 행복하고 아름다운 삶을 추구하는 삶의 유형이나 문화를 뜻한다.[134)

4) 웰빙과 요가

웰빙이 문화코드로 자리 잡아가는 현 시점에서 하루에도 5000명 이상씩 요가를 새로 시작한다는 통계에 의해 웰빙과 요가가 어떤 관계에 있는 것이 아닌가 하는 짐작을 충분히 해 볼 수 있을 것이다. 현 시점에서 웰빙이 부각된 이유는 복잡한 산업적 삶이 드러나는 근대 이후 시대적 상황의 위기를 극복하고자 어려움들에 대항하고 그것을 이겨내려는 특별한 집단들의 태동에 있었고 그들의 주장이나 삶의 방식에 의해서 일어난 운동과 삶이 웰빙을 강조하게 된 것이다. 그리고 개성이 강한 그들이 등장하면서 상업 마케팅이나 상품들이 거기에 가세하여 웰빙의 개념이 더욱 부각된 것이다. 또한 웰빙족들이 선호한 것들 안에 요가가 있었다. 그 이유는 결국 웰빙은 신체적, 정신적, 사회적, 영적 건강을 추구하는 삶의 방식이며 그러한 건강한 삶을 위해 심신의 정화, 깨달음, 평화, 자연 친화적 자세, 느긋함, 나눔, 생명존중 등이 그 안에 내재되어 있는 것이다. 이에 대해 요가는 심신의 안정, 잠재의식의 표출, 의식의 집중 그리고 새로운 인격체로의 발돋움 등을 줄 수 있다고 사람들이 생각한 것이다. 결론적으로 요가는 인간존재의 근본적 변화 가능성을 제시하고 있으며 이러한 변화는 모든 사람들에게 가능하다는 것을 확신시킨다. 이렇듯이 요가를 통한 삶의 다양한 요소들의 개선 가능성과 자기발전적인 효과들은 근본적

---

134) Ibid., 10.

으로 복지를 추구하고 행복한 삶을 지향하는 웰빙의 내면적인 요소를 신체적, 정신적, 정서적인 것뿐만 아니라 외부적인 요소로서 인정되는 사회적인 면들을 충족하고 있다고 느끼는 것이다. 또한 이러한 개선 가능성들은 좀 더 개성적이면서 자연 친화적이고 건강한 삶을 유지하려는 문화에 반드시 필요한 요소인 것이다. 그리고 요가는 인간의 신체와 정신 사이에 상호의존적인 관계가 있음을 인식하고 절대 자유를 얻기 위한 실천수행에 그런 상호의존적 관계를 적용한 수행법으로써 신체와 정신의 유기적인 관계를 통한 절대자유의 획득이라고 하는 요가의 사명은 웰빙이라는 삶의 코드를 선도해 갈만한 것으로 보이는 것이다. 결국은 웰빙의 요소인 심신의 정화, 깨달음, 평화, 자연 친화, 느림, 나눔, 생명존중이라는 웰빙의 요소들을 요가 수련자들을 통해 발견해낼 수 있었으며 그것은 웰빙 사회에서 요가를 수련하는 것 자체가 바로 웰빙의 삶을 살고 있는 것으로 간주되고 있는 것이 사실이다.[135)]

Ⅲ. 크리스천요가의 유행

위에서 언급한 이러한 요가는 기독교에서도 조금씩 차용되고 있다. 미국의 기독교계는 '크리스천요가(Christianyoga)'라 하며 요가 유행이 이루어지고 있다. 그리고 한국 기독교계에서도 점차 차용하는 것이 늘어나고 있다. 특히 크리스천들에게도 웰빙 시스템으로 요가를 하는

---

135) 김량희, "웰빙사회에서 요가의 의미 탐구", 52 – 55.

경우가 점점 증가하는 추세이다. "그리스도인을 위한 NT[136]요가"를 쓴 이의영은 다음과 같이 말하고 있다.[137]

몇 해 전 필자는 뉴질랜드에서 뜻밖의 굉장한 경험을 하게 된다. 전 국민의 80%가 기독교 문화권인 나라에서 인도 정신문화에 바탕을 둔 요가를 하고 있는 것 아닌가. 그것도 교회 안에서 말이다. 평소 기독교 영성과 정신, 그들에게 요가와 같은 영적 전통이 어떻게 서구 사회에 뿌리 내렸는지에 대해 지대한 관심이 있었기 때문에 요가 세미나를 끝까지 참석하였다. 세미나에 참석한 그들은 일제히 육체는 존재를 통합하는 신의 선물이자 도구이며, 현대 서양 문화권에서는 이미 예전부터 육체에 대한 관심이 높았음을 강조하였다. 성직자에서부터 평신도에 이르기까지 다수의 그리스도인들이 오늘날, 신이 인간의 몸으로 오셨다는 그리스도적 신념을 실천하면서 살아가고 있다. 삶을 더욱 열정적이고 충실하게 하기 위해 요가에 빠져든 그들은 단순히 맹목적으로 따라 하는 것이 아닌 요가를 그저 몸과 정신을 절제시키고 하나님과 하나 되기 위한 영성의 성장 목적으로 실천하고 있었다. 그들의 이러한 신념은 인간의 몸이 그리스도가 우리에게 주신 소중한 은총이라는 점을 강조한다. 육체로 표현되는, 즉 몸으로 행해지는 기도의식이라 할 수 있는 요가와 그리스도적 입장은 지금까지도 수많은 의견이 분분하다. 하지만 그리스도가 우리에게 신이 인간을 사랑하는 방법으로서, 성령이 그의 어린 육체 그 자체를 보여주고 나눠 주신 것처럼 우리는 육체가 바로 신성한 몸의 성전이라고 말할 수 있을 것이다. 그리스도적 몸과 정신은 우리들을 하나로 통합하여 우리의 존재 속에 신이 살아계심을 보여준다. 사실 필자는 그때의 뉴질랜드 교회의 방문을 통해 초월적인 하나님 존재의 실재성의 믿음과 내 자신 안의 개념으로서의 하나님 사이의 경계를 좁힐 수 있었다. 그 뒤로 예수님은 늘 내 안에 거하신 것을 느끼며 살고 있다. 현재 요가원 원장으로서 요가 보급을 통해 체험하고 느낀 것, 그리고 20여 년간 수집해온 관련 자료를 바탕으로 책을 출간해 나가기로 결정하였다. 요가를 강의하면서 외국뿐만 아니라 국내에서도 각 단체 및 대학생 연맹

---

136) NT는 Natural Therapy의 약자이다.

137) 이의영, 『그리스도인을 위한 NT요가』(서울: 하남출판사, 2006), 6-7.

영성 세미나에 참석할 기회도 있었다. 하지만 늘 필자가 느끼는 애석한 점은 그리스도인들의 의식의 전환이었다. 사실 인도의 전통사상에 근원을 둔 요가를 국내의 그리스도인들에게 소개하는 것은 매우 위험한 모험이자 발상일 수도 있다. 하지만 '난 교회에 나가지만 요가는 운동으로 그냥 할 뿐이야.'라고 뒷걸음질 치며 말하는 사람들을 위해 필자는 더욱더 그들에게 제대로 적립된 정확한 요가의 중요성과 필요성을 언젠가는 소개하고 싶었다. 필자는 뉴질랜드에서 경험했던 서구인들의 깊은 직관력과 통찰력을 바탕으로 오늘날 그리스도 교인들에게 좀 더 친근하게 다가갈 수 있는 요가의 과학적인 생리학과 영적인 실천을 본서를 통해 강조하고 싶다.

사람들이 건강을 위하여 요가를 하는 것뿐만 아니라, 적극적으로 요가를 수용해야 한다고 주장하고 있는 것이다. 그리고 요가가 성경적이라는 주장까지 서슴없이 하고 있다. 뿐만 아니라 목회자들조차도 요가를 적극적으로 수용하고 있다. 그 예로서 한 기독교목회자 모임에서는 이 크리스천요가를 적극적으로 도입하여 사용하고 있다. 감리교 농촌선교목회자회는 매해마다 연초에 수련회를 개최하고 있는 데 이 수련회에 크리스천요가를 도입하여 적극적으로 활용하고 있다. 이렇게 목회자모임에서조차도 크리스천요가를 도입하여 사용하고 있다. 크리스천요가 강사인 권기화는 인도에서 직접 요가를 배운 사람이다. 동영상에 소개된 것을 보면 요가 자세를 하면서 주기도문을 외우면서 동작 하나하나를 반복하는 것을 볼 수 있다.[138] 포터스하우스 교회 T. D. 제익스 목사는 다음과 같이 말한다.

요가는 하나님의 말씀과 그분의 실존을 개별적으로 명상하는 조용한 터전으로 볼 수도 있다. 기독교인들에게 성경, 하나님 말씀을

---

138) 이에 대한 일정표는 부록 1.을 참조하시오.
농목-감리교농촌선교목회자회, http://cafe.daum.net/nongmok

묵상하고 생각하고, 긍정적인 확신을 가지라. 요가는 자신의 신조와
타협함이 없이 신체건강 개발을 위해 할 수 있다고 생각한다.[139]

요가를 통해 하나님을 묵상하고 건강한 신체를 만들 수 있는 장을
열 수 있다는 것이다. 성장 지향적이고 경쟁적인 현대 사회에서 스트
레스 관리와 건강에 대해 관심이 몰리고 있다. 빠르게 변하는 사회에
맞춰야 하는 현대인들에게 스트레스와 압박감으로부터 벗어나 마음
의 평화를 주고, 몸의 건강까지 찾아주는 데 요가만큼 좋은 것이 없
다는 것이다. 요가의 인기 요인은 이뿐 아니다. 요가는 유행을 선도하
는 '트렌드 세터'(trend setter)들을 위한 '잘 사는 법'(well-being)의 하나
다. 패션 잡지의 한 관계자는 한 일간지와 인터뷰에서 "육체적인 강
인함을 추구하는 헬스와 달리 요가는 정신 수양에도 관심을 쏟는다
는 측면에서 패션 피플들에게 좀 더 상류층의 문화인 듯한 후광 효과
를 준 것 같다."고 소개한 바 있다. 미국에선 '요가는 스타, 엘리트, 전
문직 종사자들의 취미'라는 인식까지 생겨났다. 날씬하고 아름다운
몸매, 유행을 앞서는 삶의 형태, 여유롭고 감각 있는 정신세계를 상징
하는 요가에 대한 열풍은 한동안 계속될 조짐이다.[140] 일간지 '워싱
턴포스트'(2004년 8월 29일자)에 따르면 미국에서 요가를 하는 사람
은 1998년 570만 명 정도였다가 2004년엔 1500만 명 정도로 추산된다
고 한다. 그러니 지금은 보나마나 2천만에 육박하거나 거뜬히 웃돌
것으로 보인다. 덩달아서 '크리스천 요기'들 수도 만만치 않을 것으로
보인다. 또. 월마트나 타겟(target) 사 등 굴지의 백화점 체인들이 팔아

---

139) 크리스찬 투데이 2007년 4월 26일자
140) 이태영, 『요가 철학』(서울: 여래, 2003), 5 – 7.

먹는 요가 관련 상품 - 비디오/도서/장비 등이 엄청난데, 2004년 당시 월마트사 웹사이트에 오른 품목이 990종, 타겟(Target)은 4,235종이었다고 한다. 또 관련 잡지인 '요가저널' 발행부수는 1998년 9만 부에서 2004년 31만 부로 3배 이상 늘어났다.[141]

Ⅳ. 크리스천들이 요가를 하는 이유와 현황

왜 요가는 현대인들에게 거부할 수 없는 매력이 되어 가고 있는 것일까? 한국요가연수원장 이태영 박사는 그의 저서 『요가 철학』에서 "요가의 의미는 마음과 몸을 조절해 자아를 자유롭게 한다는 뜻이며 일반적으로 마음 작용을 억제하는 것"이라고 정의한다. 요가의 다양한 유파 중에서 현대인들에게 유행하고 있는 것은 육체의 동작을 강조하는 하타(Hatha) 요가이다. 미국에선 압도적이며, 국내에서도 70~80%를 차지한다. 이 박사는 하타 요가의 사상적 배경인 탄트리즘에 대해 "육체는 신성이 깃든 궁전이고, 욕망은 우주의 자연스런 섭리라는 사상에 근거해 현세의 몸 그대로 향락을 누리면서 해탈하는 것"이라고 설명한다. 육체를 소중하게 생각하고, 욕망을 억압하지 않기 때문에 하타 요가를 수련하면 육체는 건강해지고 정신은 안정을 찾아 행복해질 수 있다는 것이다. 최근 한국요가교육협회 조사 결과, 아직은 정신 건강보다 다이어트를 위해 요가를 익히는 경우가 5대3 비율로 많다고 한다. 그러나 요가 호흡법에 익숙해지고 동작에 적응하기 시작

---

141) http://truthnlove.tistory.com/178

하면 금세 명상을 통한 정신 수양의 효과가 강조됨을 알아차리게 된다.

영문 '구글' 탐색을 해 보면 "크리스천들을 위한 요가"에 관한 등록건수가 약 58만 6천 건, "기독교회와 요가"에 대한 언급이 51만 2천 건 이상이나 뜬다. 그중 다수가 요가는 "성경적"이라거나 심지어 예수님이 "요가 수행자였다"고 주장하고 있다. 남아프리카공화국의 '위니 영'(96세)이라는 가톨릭 영성훈련가는 1975년 요가훈련원을 별도로 열어 운영하고 있다. 그는 "하나님과 인간을 연결시켜 주는 아주 유용한 도구"라고 주장한다. 그리고 '크리스천을 위한 요가'라는 책을 쓰면서, 요가 자체를 힌두교와 동일시할 필요는 없다고 말했다. 이에 대해 남아공 가톨릭교회의 한 신부는 "요가가 기독교인의 마음을 잠잠하게 하고 평온한 경지로 이끌 수 있다면 신자로 하여금 그리스도와 더 친밀하게 만들어 주는 도구가 될 수 있을 것"이라고 '위니 영'을 지지했다.[142] 한국에서 YMCA 서초지회에서 요가강습을 하며, 개신교 여성수도 공동체인 한국디아코니아자매회(원장, 김정란)에서는 장시간 묵상, 기도 영성수련을 하면서 수련증진을 위해 요가를 사용하기도 한다. 한국 디아코니아 자매회에서는 "장시간의 기도와 영성훈련에 들어가기 위한 몸 풀기 차원의 체조수준"이라고 말했다. "명상을 위한 요가가 아닌 기도를 위한 요가로써 수준이 전혀 다르다."고 강조했다.

각 교회에서도 지역 선교 및 지역 주민들을 위한 목적으로 요가를 이용하기도 한다. 강남교회가 운영하고 있는 강남 문화아카데미는 청소년 현악단을 비롯해 국악과 실용악기교실, 앙상블, 취미교실, 건강

---

142) 매일 선교 소식(http://www.peppermintcandy.com) 2008년 4월 13일자

교실 등을 운영하고 있다. 그리고 요가 교실도 운영하면서 큰 인기를 얻고 있으며, 교회가 문화를 통해 지역을 섬기는 데 앞장서야 한다고 말하고 있다.[143]

국민일보 쿠키뉴스의 '미션 Poll' 설문조사[144] 결과가 있다. "요가에 대해 어떻게 생각하십니까?"의 질문에 349명이 참여하여, '힌두이즘이 반영된 것이므로 하지 말아야 한다'의 답변이 48.7%(170표)로 가장 많았고, '몸에 좋은 운동이므로 적극 장려한다' 29.8%(104표), '수양의 단계로 깊이 들어가지 않으면 상관없다' 19.8%(69표), 기타가 1.7%(6표) 순으로 결과가 나왔다. 부정적인 평가로 종교적 색채인 힌두이즘이 반영되어 하지 말아야 한다는 의견이 48.7%(170표)이고, 긍정적인 평가로 몸에 좋기 때문에 장려하거나, 수양의 단계만 들어가지 않으면 괜찮다는 의견이 49.6%(173표)로 서로 엇갈린 견해들이다. 이러한 결과로 알 수 있듯이 요가의 문제가 해결되어야 할 이유가 있는 것이다. 기독교인들은 이러한 엇갈린 주장 안에서 갈등하고, 혼란스러워하며, 그 해결책을 찾고 있다.

V. 혼합주의적 영성으로서의 크리스천요가

크리스천요가(Christianyoga)는 종교혼합주의적 영성의 상황가운데 나온 것이다. 최근 미국인들 사이에서 여러 종교의 특성을 취사선택한 혼합 신앙을 갖는 경향이 증가하고 있는 것으로 나타났다. '종교

---

143) CBS 크리스천노컷뉴스(www.christiannocut.co.kr) 2008년 10월 7일자
144) 국민일보 쿠키뉴스 미션 Poll 설문조사 http://www.kukinews.com

와 공공 생활에 관한 퓨 포럼'은 최근 미국 성인 2천 3백 명을 대상으로 종교 생활에 관해 설문 조사를 실시하였다. 조사 결과에 따르면 미국인들의 65%가량은 뉴에이지나 동양의 종교적 사고를 개방적으로 수용하고 있었다. 이 중에는 스스로를 개신교인과 가톨릭 신자로 밝힌 기독교인들도 상당수 포함되어 있었다. 이러한 경향은 자연 현상에서 영적인 에너지를 느끼거나(26%), 점성술을 신봉하고(25%), 환생을 믿거나(24%), 요가를 영적인 활동으로 여기는 것(23%) 등으로 나타났다. 또 한 종교만 헌신적으로 믿는 경향도 감소하고 있어 조사에 응한 미국인의 72% 가량이 적어도 1년에 한 번은 종교 의식을 경험하는 가운데 이 중 35%가 다양한 종교 의식에 자유롭게 참석하는 것으로 나타났다. 이는 기독교인들의 경우도 마찬가지로, 최소 1주일에 한 번 교회에 가는 교인들 중 28%가 출석 교회를 정하지 않고 여러 교회에 나가고 있는 것으로 조사됐다. 버락 오바마 대통령이 '홈 처치(home-church)'가 없이 침례교나 감리교 교회 등을 오가는 것이 대표적 사례다. 미국의 대표적 보수 신학자인 남침례교신학교 앨버트 몰러 총장은 이러한 현상에 대해 "이는 교회 강단에서 일어나고 있는 실패를 보여 준다."며 "무엇이 예수 그리스도를 통한 구원이라는 기독교의 진리에 반하는 것인지 제대로 전달하지 못한 것"이라고 지적했다. 실제로 2008년 퓨 포럼의 조사 결과에서는 기독교인의 70%는 "구원의 길이 다른 종교에도 있다."고 믿고 있으며, 68%는 "종교적 가르침을 해석하는 방법에는 여러 가지가 있다."고 답하기도 했다.[145] 미국 선교사들의 주도로 선교가 시작됐고, 또 미국교회의 영

145) 월터 마틴, 『뉴에이지 이단운동』, 박영호 역(서울: 기독교문서선교회, 1992), 99.

향을 아직까지도 절대적으로 받고 있는 한국교회에 이 같은 조사 결과는 시사하는 바가 매우 크다고 할 수 있다. 미국교회의 좋지 않은 모습들이 한국교회에도 시차를 두고 상당부분 동일하게 일어나고 있다는 점을 감안할 때, 이 같은 현상들이 한국교회에 일어나지 말라는 보장이 없기 때문이다. 실제 이미 종교 다원주의적이고 혼합주의적인 신앙의 모습들이 한국교회 내에 일부 나타나 우려를 사고 있기도 하다. 무당과 점집을 찾는 이들 대다수가 기독교인이요, 기독교인 수험생들조차 부적을 지니고 다니는 일이 많다는 점 등이 그 같은 예다.[146] 이렇게 미국의 교회가 종교혼합주의가 성행하게 된 결정적인 계기가 바로 뉴에이지 운동이다.

---

146) http://www.christiantoday.co.kr/view.htm?id=205898

4장

크리스천요가에 대한
복음주의 선교신학적 비판

이제 이러한 종교혼합으로서의 크리스천요가에 대해 살펴보고 비판해보고자 한다. 왜 크리스천들은 요가를 해서는 안 되는지 그 이유를 복음주의 선교신학적 관점에서 비판하고자 한다. 먼저 복음주의 선교신학이 무엇인지부터 살펴보고자 한다. 그리고 난 후 크리스천요가에 대해 복음주의 선교신학적 관점에서 종교혼합으로서의 크리스천요가에 대해 비판할 것이다.

I. 복음주의 선교신학

크리스천요가에 대한 비판을 복음주의 선교신학적 관점에서 하고자 한다. 먼저 이를 위해 복음주의 선교신학이 무엇인가에 대해 살펴보고자 한다. 그리고 복음주의 선교신학의 핵심이라 할 수 있는 로잔 언약과 이구아수 선언문, 마지막으로 가장 최근에 열린 케이프타운 선언문의 내용을 살펴볼 것이다.

1. 복음주의 선교신학의 정의

복음주의 운동은 전통적인 복음주의 신앙을 견지한다는 의미뿐만 아니라 역사적인 의미에서의 신앙사조를 일컬어 사용하는 넓은 의미를 담고 있다. 복음주의가 하나의 기독교 운동으로 자리 매김을 한 것은 20세기 후반의 현상이지만 복음주의의 어원은 종교개혁시대까지 거슬러 올라간다. 복음주의는 독일에서 루터 교인들과 개혁주의자들을 포괄적으로 일컬었던 개념이었다. 처음에는 반 개혁주의자들이 종교개혁주의자들을 루터파 교도(Lutheraner) 또는 마틴파 교도(Martianer)라고 칭했으나 1521년 루터가 복음주의자(Evangelisch)라고 고쳐 불렀다.[147] 종교개혁주의자들은 복음주의를 성경의 절대 권위를 인정하고 믿음으로만 의롭다함을 받는다는 칭의론의 가르침을 기독교의 근본원리로 받아들인다는 의미에서 사용하였다. 종교개혁가들이 생명처럼 소중하게 여긴 두 원리, 즉 성경이 영감된 하나님의 말씀이라는 대원칙과 죄인이 그리스도의 보혈로 말미암아 믿음으로 의로워진다는 이 원리는 기독교 신앙의 근간이 되었다. 이것은 계몽주의 시대 경건주의자들과 청교도들에 의해 계승되고 발전되어 개신교 신앙의 초석으로

---

147) 복음주의를 뜻하는 Evangelicalism은 구원의 메시지를 의미하는 복음(euangelismos)에서 유래하였다. 그러나 이 말은 종교개혁시대까지는 널리 사용되지 않았다. 박용규, 『한국교회를 깨운 복음주의 운동』(서울: 두란노, 1998), 28.

자리 잡게 되었다. 따라서 복음주의 또는 복음주의 운동이란 복음 (Gospel)을 천명하는 입장이나 운동이라고 할 수 있다. 즉 죄로 말미암아 죽을 수밖에 없는 인간들을 구원하시기 위해 하나님께서 독생자 예수그리스도를 세상에 보내셔서 십자가 위에서 대속의 제물로 죽게 하심을 믿음으로 받아들일 때 구원을 얻는다는 복된 소식을 전하는 입장이나 운동을 뜻한다고 할 수 있다.[148]

19세기의 위대한 교회사가인 필립샤프는 복음주의자들은, 객관적으로는 성경의 권위를 평가절하하는 성경비평가들과는 달리 성경의 권위를 인정하고, 주관적으로는 로마 가톨릭의 신앙과 선행의 점진적인 교리에 반대하여 믿음으로 말미암아 의롭다함을 받는다는 칭의론을 받아들이며, 사회적으로는 신부를 중보자로 두는 가톨릭의 고해성사에 반대하여 만인제사장 원리를 받아들이는 자들이라고 말한다.[149]

버넌 그라운즈(Vernon Grounds)가 설명했듯이, 복음주의는 간단히 말해 개신교 정통신앙으로 대속적 속죄, 이신칭의, 성경의 권위(결점 없는 하나님의 말씀), 인간의 타락, 복음 전도를 강조한다. "그러므로 이는 피 흘리신 십자가와 빈 무덤, 구속의 복음에서 벗어나는 종교적 일탈에 대한 항거, 예수그리스도 안에 있는 하나님의 은혜에 대한 증거에서 솟아나는 역사적 신앙을 20세기에 이어받은 개신교 정통신앙의 본질이다."

복음주의자들은 개신교 정통신앙의 계승에서 정체성을 느끼므로, 주류 교단이 받아들이는 이단 신앙과 근본주의의 몽매주의, 문화적

---

148) 박재현, "복음주의 선교신학과 로잔운동의 발전에 관한 연구"(한일장신대학교 한일신학대학원 석사학위논문, 2005), 5.

149) Phillip Schaff, Creeds of Christendom(New York and London: Harper and Brothers, 1877), 206.

격리, 분리주의 사이의 중간 길을 발견했다. 초기 복음주의는 결코 단조롭지 않았지만, 그 본질적 핵심정체성은 굳게 확립되었다. 최근 단호한 복음주의자들의 핵심정체성은 18~19세기에 등장했던 이전의 복음주의 전통을 계승했다. 영국 복음주의자인 베빙턴은 복음주의 운동을 전체적으로 살피면서, 복음주의의 핵심 확신을 회개주의, 행동주의, 성경주의, 십자가 중심주의라고 파악했다. 그런 신학적 확신을 자의식을 가지고 포용하는 것이 복음주의 정체성의 본질이라고 확신했다.[150] 이러한 영혼구원에 대한 관심은 20세기 중반까지도 복음사업의 중심적 위치를 차지해왔다. 그 결과 복음은 거의 땅 끝까지 전파되었다. 생명을 구원하는 구원사업을 선교의 최우선 순위에 두어야 한다고 믿는 사람들의 선교관을 복음주의 선교신학이라고 말한다.[151]

2. 로잔언약

복음주의 선교신학의 핵심인 로잔언약의 배경과 내용에 대해 살펴보고자 한다.

1) 로잔언약의 배경

선교신학의 역사적 흐름에 비추어 볼 때, 19세기 말부터 20세기 초기에 들어서면서 전통적인 기독교는 적어도 네 가지 심각한 문제에 봉착하게 되었다. 첫째는 역사비평학자들이 성경의 권위와 영감설에 대하여 문제를 제기하기 시작하였다. 둘째, 종교다원주의와 같은 학

---

150) 존 암스트롱, 『다가오는 복음주의의 위기』, 김기찬 옮김(서울: 생명의 말씀사, 1998), 34 - 35.
151) 이광순, 이용원 공저, 『선교학 개론』(서울: 한국장로교출판사, 1996), 186.

문의 방법들이 다른 종교들을 포용한다는 차원에서 성경의 진실성에 대하여 회의를 갖게 되었다. 셋째, 소위 "사회복음"이라는 것이 출현하게 됨으로써 하나님의 나라가 영적 변화보다는 사회개혁을 통해 이루어질 수 있다고 믿었다. 넷째, 종교학과 심리학을 비교하며 연구하는 새로운 학자들이 기독교의 진리와 유일성을 부인하기 시작했다.

이런 시대적 분위기에 편승하여 1961년 "국제선교협의회"(International Missionary Council)와 "세계교회협의회"(World Council of Churches)가 통합되었고 에큐메니칼 운동을 주도해 갔던 것이다. 특히 1968년 WCC 웁살라 대회에서 "하나님의 선교의 목적은 평화(shalom)의 건립에 있다."고 선언함으로써 개인적인 구원을 위한 전도가 상실되었고, 선교 또한 정의 사회 구현을 위한 투쟁에 참여하는 것이라고 하여 선교를 인본주의화 시켜버렸다.

그 뒤를 이어 1973년 WCC 방콕대회에서 "오늘날의 구원"(Salvation Today)이란 주제를 갖고 구원의 의미를 현재적 의미를 강조하는 "지금 여기에"(here and now)에 국한시키면서 사회적 정의에 초점을 맞추었다.

이 두 대회는 복음주의 선교신학자들에게 큰 반향을 일으켜, 1974년 스위스 로잔에서 150개 나라에서 2,473명이 참석한 가운데 "세계복음화를 위한 국제 대회"(International Congress on World Evangelization)가 빌리 그래함(Billy Graham)과 존 스토트(John Stott)의 주도 아래 개최되었다. 복음주의 선교신학의 기초를 집대성한 대회라고 말할 수 있을 것이다.[152]

---

152) 정흥호, "이구아수 선언문을 통해서 본 복음주의 선교신학의 방향", 『복음과 선교』, Vol.Ⅷ(천안: 도서출판 혜본, 2006), 202-203.

"로잔언약"153)은 한마디로 비기독교 세계에 대한 복음전도에 초점을 맞추고 있다. "믿고, 순종하고, 선포하고, 모든 민족을 제자 삼으라."는 명령을 강조하면서 아직 끝나지 않은 복음전도의 과업을 다시 확인하고자 했던 것이다. 복음전도의 결과로 그리스도께 대한 순종, 교회 안에서의 연합, 세상을 향한 책임 있는 섬김이 있어야 함을 강조하기도 했다.

여기서 복음주의 선교신학자들은 나름대로 에큐메니칼 선교신학154)의 왜곡된 선교의 방향을 지적하고 아직도 세계에 많은 예수를 믿지 않는 자들을 향한 복음전도의 긴박성을 인식하면서 전략적 차원에서 방향성을 제시하려고 하였다. 이에 관련하여 신학적 문제와 연관이 되어 하나님, 성경, 그리스도, 복음, 교회, 선교, 성령, 그리스도의 재림 등등의 문제를 거론하게 되었던 것이다.

이 선언문에 들어 있는 모든 내용은 "온 세계의 복음화를 위하여"라는 중심주제와 연관이 되어 있다. "로잔언약"은 에큐메니칼 선교신학에서 전통적인 구원의 의미를 잘못 이해하고 그로 인하여 복음전도를 인본주의화 시켜버린 잘못된 선교신학을 수정하고 복음주의적 입장에서 선교의 방향을 정립하고자 했다는 데에 그 의의를 찾을 수 있다.

로잔대회155)의 선언문을 통해서 성경의 권위, 그리스도의 유일성,

---

153) 이 언약은 1974년 7월 16일부터 25일까지 스위스 로잔에서 모였던 세계 복음화 국제대회의 대표 3,700여 명(150여 국가로부터 모였음)이 합의하고 서명한 것이다. 이 글의 초안은 세계적인 복음주의자 존 스토트가 작성하였다.

154) 전통적 선교신학은 교회의 본질에서 선교가 자연적으로 나오는 교회 중심의 선교관을 내세우는 반면, 에큐메니칼 선교신학에서는 교회의 사명에 역점을 두므로 기능주의적 교회관으로 나아갔다. 따라서 에큐메니칼 선교신학은 선교의 현장에서 구령사업이 아닌 현존의 인간화, 억압에서의 해방운동로 대치하게끔 만들었으며, 교회의 구조도 수직적인 차원이 아닌 수평적인 차원으로 만들었다. 전호진, "현대선교에 나타난 교회론", 『성경과 신학』, 제7권, 한국복음주의 선교신학회(서울: 기독교문사, 1989), 412 – 414,

155) 한세대학교의 선교학 교수인 조귀삼은 1974년의 로잔대회가 복음주의 선교관 정립에 결정적인

전도의 필요성을 강조하면서 복음전도는 사회적 책임과 제자화 및 교회의 갱신과 분리해서 생각할 수 없다는 것을 나타내고자 하였다.

2) 로잔언약의 내용

로잔언약은 '하나님의 목적'에 관한 교리에서 시작해서 '그리스도 재림'에 관한 교리에 이르기까지 15개 항으로 광범위하게 신학을 다루고 있는 것이다. 그러나 이 신학은 전통적인 복음주의적 신학의 토대 위에서 시작하되, 세계 복음화라는 관심과 오늘의 선교라는 콘텍스트(context)에서 다루어졌다. 아니 이 "과업에 새롭게 헌신하려는 자세"에서 이루어졌다.

로잔언약은 성서가 영감되었으며 하나님의 기록된 말씀으로 권위와 능력이 있음을 확인한다. 이것이 로잔 신학의 근거이다. 따라서 로잔 선교 신학은 하나님이요 구주로서의 예수 그리스도의 유일성과 구원의 복음의 유일성을 전제한다. 또 구원은 하나님과의 화해이며, 이는 하나님의 은혜로 인하여 믿음으로써만 얻어진다는 이신득의(Justification by faith) 교리를 확인했다. 그러므로 교회가 전파하는 구원은 예수 그리스도로 말미암아 죄에서 용서받고 성령의 자유케 하시는 선물을 받는 것이다. 이렇게 함으로 사회, 정치적 참여로 인한 인간화에서 하나님의 구속 사업이 체험되는 듯 말하는 WCC의 '방콕 73'의 입장을 배제한다. 또한 '그리스도의 유일성과 보편성'을 확인함으로 자유주의자들의 혼합주의나 만인구원론(universalism)을 배격한다. 로잔언약은 다음과 같이 선언한다.[156]

역할을 하였다고 평가한다. 조귀삼, 『사도바울의 선교신학』(안양: 세계다문화미디어, 2009), 220-223.
156) http://www.lausanne.org/covenant

죄를 인하여 모든 사람이 멸망하고 있지만, 하나님은 모든 사람을 사랑하시어 모두가 회개하여 구원받기를 원하신다. 그럼에도 불구하고 그리스도를 거절하는 자는 스스로 정죄함으로써 하나님으로부터 영원히 떠나게 된다.

구원의 유일한 방법은 구원의 이름 예수그리스도를 믿는 믿음으로 자신의 죄를 회개할 때에 구원을 받을 수 있는 것임을 복음주의 선교신학은 분명히 천명하고 있다. 그리고 중요한 것은 이러한 구원의 이름이 유일하다는 것이다. 그러나 만약 이러한 신앙에서 떠나 종교혼합을 주장한다면 스스로 구원에서 떠나 정죄 받을 수밖에 없다는 것이다. 오직 예수그리스도를 믿음으로 구원받는 복음주의의 관점은 오늘날 종교다원주의 혹은 종교혼합주의에 물들어 있는 이 시대 가운데 중요한 지침이 되는 것이다.

3. 이구아수 선언문

1999년도에 있었던 이구아수회의의 선언문의 배경과 그 내용을 살펴보고자 한다.

1) 이구아수 선언문의 배경

21세기가 시작되기 전, 새로운 천 년 기를 맞이하게 될 역사적 전환점에서 복음주의 선교학계에서는 나름대로 변화하는 세계와 선교신학의 흐름에 대한 반응을 보여야 할 필요를 느끼게 되었다. 복음주의 선교신학계 내부에서도 물론 포스트모더니즘의 세계관 속에서 문화적 다양성을 인정하게 되었으며, 정보 기술 문명의 급속한 발전과 더불어 복음전파의 속도는 그 어느 때보다도 빠르게 전개되었다. 이에 따른 선교신학의 변화도 다양하게 전개되었다. 소위 종교적 포용주의(Inclusivism)나 종교다원주의(Religious Pluralism)는 복음주의 선교신학에 도전적인 신학으로 인식된 상태였다. 그리고 1974년 로잔언약(The Lausanne covenant)과 1989년 마닐라 선언(The Manila Manifesto)을 통해 복음주의 선교신학이 선포된 이후, "지상대위임"(The Great Commission)에 순종하여 새천년의 복음주의적 글로벌 선교신학을 내놓아야할 시기가 되었던 것이다. 이 목적을 위해 이구아수 협의회를 갖게 된 것이다. 따라서 세계복음주의연맹(World Evangelical Alliance) 선교위원회는 이에 대한 결집된 선교적 견해를 표명해야 하는 시대적 당위성을 인식하여, 1999년 10월 브라질 이구아수 선교협의회에서 선언문을 발표하게 되었다. 세계복음주의연맹 선교위원회 총무인 윌리엄 테일러는 이구아수 대회의 목적을 다음의 여섯 가지로 설명하고 있다. 첫째, 교회와 선교를 포함한 현대세계사에서 근본적인 세계적, 문화적 변화들을 조심스럽게 평가하고 그에 대한 반성과 고찰을 해야 한다는 요청이 있었다. 둘째, 성경적인 관점에서 세계화된 복음주의 선교학의 핵심적인 내용들을 구체화하고 성령께서 기독교의 중심에서 역사하심을 보여주어야 한다. 셋째, 교회 혹은 선교 공동체와 효과적으로 의사소통을 하여 국제적이고 복음주의적인 선교학을 형성해야 한다. 넷째, 성경적으로나 문화적으로 적합한 글로벌 선교학의 근거를 형성할 수 있도록 협력해야 한다. 다섯째, 네트워크를 통해 교회와 문화와 사역을 중재하여 세계화된 선교학의 형성과정을 중재해야 한다. 여섯째, 20세기 후반에 나타난 선교운동에 영향을 끼친 강조점과 동향들을 비판하고 평가해야 한다.[157)

이러한 취지로 열린 이구아수 대회는 "이구아수 선언문"을 발표하였다. 이것은 가장 최근의 복음주의 선교신학자들의 협의를 통한 선언문이기에 복음주의 선교신학의 방향성을 제시하는 아주 중요한 내용이다.

2) 이구아수 선언문의 내용

이 대회의 가장 핵심적인 주제들은 네 가지로 요약되어질 수 있다. 첫째, 삼위일체 중심의 성경적 선교신학, 둘째, 다원적 현실에 대한 선교적 대안, 셋째, 복음주의 선교신학에 대한 평가, 그리고 넷째, 영적전쟁과 성경적 세계관의 문제 등이다. 복음주의 선교신학에서 다음 세기에 필요로 제시되어진 것은 선교신학의 성경적 기초가 새롭게 연구되어질 필요가 절실하다는 것이다. 물론 복음주의의 특성 자체가 성경을 떠나서 존재할 수 없기 때문에 막연하게 사람들은 복음주의 선교신학은 당연히 성경에 근거하였다고 보지만 실제 심층적인 차원에서 성경적 기초가 취약함이 지적되었다. 특별히 성경적 삼위일체론에 근거한 선교신학의 재정립이 중요한 이슈로 제시되었다.

다음으로는 포스트모더니즘이 오늘날 기독교에 주는 가장 커다란 도전으로서 다원주의 혹은 다원론적 접근에 대한 문제들이 주요 과제로 등장하였다. 이를 위해서는 종교신학에 대한 복음주의적 견해가 분명하게 제시되어야 할 것이다. 해석학적 다원론의 문제는 문화에 대한 이해에 따라서 제기되어지고 있는 문제이다. 역시 문화에 대한 이해가 커지면서 윤리적 다원주의는 지금까지의 복음주의의 획일적

---

157) 정홍호, "이구아수 선언을 통해서 본 복음주의 선교신학의 방향", 204-205.

인 윤리관에 커다란 도전이 되고 있다. 가장 커다란 관심을 모은 것은 역시 복음주의 선교신학에 대한 평가 부분이었다. 첫째로는 현재 진행되어지는 선교활동들을 평가하고 정정하기 위해서 성경적 패턴에 새로운 연구를 행하는 것과 둘째로는 서구 제국주의적 개념에서 이루어진 선교 역사에 대하여서 비판적인 저작과 해석을 시도하는 것이다. 세 번째로는 서구교회와 제삼세계 교회가 상호 동반자의 입장에서 미래의 선교를 전 지구적인 차원에서 재구성해 보는 작업이다. 많은 복음주의 선교단체들이 이러한 흐름을 따라가고 있다.

폴 히버트는 최근 선교사역에서 점차 중요한 위치를 차지해 가고 있는 영적전쟁의 개념이 성경적인가라는 독특한 주제를 다루었다. 이는 선교계에서 시기적으로 중요한 주제였다. 결론적으로 히버트는 최근 주장되어지는 영적전쟁의 개념이 성경적 세계관에 근거하지 못하였고 오히려 비기독교적 세계관에서 유래되었다는 것을 지적하였다. 이는 경계하여야 할 문제라는 것이 결론이다.[158]

4. 제3차 로잔대회

가장 최근에 있었던 제3차 로잔대회의 주제와 내용에 대해 살펴보고자 한다.

1) 제3차 로잔대회의 주제

최근에 복음주의 제3차 로잔대회가 남아프리카 공화국의 케이프타

---

158) 160여 명의 복음주의 학자들이 모여서 겸손과 용납의 정신으로 어려운 난제들을 함께 평가하여보고 방향성을 제시한 선언문 작성에 성공한 것은 복음주의 선교신학 역사의 한 장을 장식할 만한 충분한 가치가 있는 작업이었다고 평가하여야 한다. http://www.wmtc.or.kr/data/wmtc/wmtc_19/19_c.htm

운에서 열렸다. 2010년 10월 16일부터 25일까지 10일 동안 남아프리카 공화국 케이프타운(Cape Town)에서 열렸던 제3차 로잔대회는 이런 의미에서 지구촌 복음주의 공동체의 방향과 선교 양태 그리고 교회의 연합과 협력을 도모하는 세기적 모임이었다.

오늘날 교회는 '다양성이 강조되는 포스트모더니즘 시대에 복음의 유일성을 어떻게 유지할 것인가'라는 고민에 빠져 있다. 우리 주변에 복음의 순수성을 무너뜨리려는 세속주의(secularity)의 도전이 무척 강하게 일어나고 있기 때문이다. 교회는 '다양성'을 요구하는 목소리에 '하나'의 진리(복음)를 가르치고 전수해야 할 책임이 있다. 이것은 지난달 남아공 케이프타운에서 열린 제3차 로잔대회에서도 마찬가지였다. 이번 3차 로잔대회에서 핫이슈 중의 하나가 바로 '도그마와 다양성'(dogma and diversity)이란 주제였다. 포스트모더니즘 시대에 직면한 교회가 복음의 유일성을 어떻게 유지하는지가 최대 관심사였다.

안타까운 것은 유럽교회가 세속주의와 부딪히면서 두 가지 면에서 큰 실수를 한 것이다.

첫째, '타협'(compromise)이다. 유럽교회의 가장 큰 실수라면 자유주의 신학과 타협한 것이다. 사실 자유주의 신학은 선교나 초자연주의를 부정하고 있다. 기독교 절대주의를 거부하고 종교적 상대주의를 주장한 에른스트 트뢸츠(Ernst Troeltsch)는 "영감된 성경에서 영원한 교리를 발견할 수 없다."며 복음의 유일성을 거부하였다.

둘째, '철회'(withdrawal)이다. 유럽교회는 경건주의와 카리스마적 신학을 철회한 실수를 범하였다. 그렇다 보니 17, 18세기의 경건주의 운동이나 모라비안 교도들과 같이 뜨거운 신앙이나 선교에 대한 열정이 사라져 버렸다. 구스타브슨은 "유럽은 복음의 순수성을 잃어버린

첫 번째 지역"이라며 경건주의 운동을 회복할 것을 촉구하였다.159)

2) 제3차 로잔대회 '케이프타운 서약'

제3차 로잔대회서 논의된 '케이프타운 서약(The Cape Town Commit-ment)'의 서문과 제1부가 공개됐다. 로잔운동 사이트를 통해 공개된 케이프타운 서약은 '신앙의 선언과 행동에의 요청(A Declaration of Belief and a Call to Action)'이란 부제로 발표됐다.

서문은 오늘날 우리가 살고 있는 세계의 정황을 세계화, 디지털 혁명, 경제적·정치적 균형 변화, 빈곤, 전쟁, 질병, 생태 위기, 기후 변화 등 바뀌어가는 것을 짚었으며 동시에 여전히 하나님의 심판 아래 놓여 있는 죄악 된 인간이라는 바뀌지 않는 것을 말하며 변하는 것과 불변의 것의 공존을 말했다. 1974년 제1차 대회의 '로잔언약(The Lausanne Covenant)'과 1989년 제2차 대회의 '마닐라 선언문(The Manila Manifesto)' 등 두 문서의 중요성을 강조한 서문은 격변하고 있는 오늘날 세계에 복음의 영원한 진리를 전파하고, 복음의 뜻을 성취하는 일에 있어 두 문서가 근거가 되어야 한다고 했다.160)

---

159) 다문화 사회에서 성장한 4명의 발제자들, 테리 스미스(Terry Smith), 로버트 칼버트(Robert Calvert), 스테판 구스타브슨(Stefan Gustavsson), 아테프 겐디(Atef Gendy)는 각기 다른 주제를 가지고 발표하였지만 공통주제는 '복음주의적 진리는 다원주의 사회에서 효과적으로 세속주의와 맞서 싸울 수 있는가?'였다. 응답은 '그렇다'이다. 세 번째 발제자로 나선 구스타브슨은 유럽에서 세속주의 과정을 설명하기 위해 기독교와 인본주의를 비교하였다. 그는 "기독교가 예수 그리스도를 통해 시작하여 300년경에 로마제국을 통해 전 세계로 확산되었고 1500년경에 종교개혁을 맞이하더니 1800년경에 영적부흥을 경험하였다가 1900년 이후부터 교회는 강하게 성장하였다. 하지만 이와 달리 포르투갈에서 발전한 인본주의(Humanism)는 1400년경에 르네상스로 발전하여 1700년경에 계몽주의로, 2000년부터 세속주의로 발전하여 교회를 심히 어지럽히고 있다."고 주장하였다. 유럽에서의 세속주의는 근대 과학에서부터 출발하였다. 세속주의의 특징은 '인간이 모든 것을 측정한다.'는 점이다. 그렇다 보니 세속주의는 신(神)이 필요 없음을 강조하고 있다. 필자가 작년 여름 영국을 방문하였을 때 버스에 쓰인 글귀를 잊을 수 없는데, 그것은 "신은 없다. 인생을 즐겨라"(There is no God, enjoy your life!)였다. 전형적인 세속주의 문구이다. 유럽사회에서 세속주의가 확대되어 가는 한 면을 볼 수 있는 것이라고 이 대회에 참가한 안희열은 밝히고 있다. http://www.christiantoday.co.kr/view.htm?id=241979

한편, 제1부에는 로잔운동이 근거하고 있는 복음주의 신앙의 기초가 10가지 항목으로 표현됐다.[161]

첫째, 우리는 하나님이 우리를 먼저 사랑하셨기에 사랑한다(WE LOVE BECAUSE GOD FIRST LOVED US). 서약은 "하나님의 백성들의 선교는 하나님에 대한, 그리고 하나님이 사랑하시는 모든 이에 대한 우리의 사랑으로부터 비롯된다."고 밝히고 있다. 또한 우리가 하나님을 사랑하는 것은 하나님께서 먼저 은혜로 우리를 먼저 사랑하셨으며, 우리가 믿음으로 그 은혜에 응답하였기 때문이라는 점을 분명히 하고 있다.

둘째, 우리는 살아계신 하나님을 사랑한다(WE LOVE THE LIVING GOD). 성경에 나타나시는 하나님은 유일하시며, 영원하시며, 살아계신 하나님임을 서약은 강조한다. 이 살아계신 하나님은 "창조주이시자, 통치자이시며, 심판자이시자, 또한 세상의 구원자"이시다. 따라서 우리가 할 일은 "하나님의 창조 안에 우리가 있음을 감사하며, 당신의 통치하심에 순종하며, 그 정의로우심을 기뻐하며, 우리를 위해 행하신 구원을 찬양하는 것"이라고 서약은 말하고 있다.

셋째, 우리는 성부 하나님을 사랑한다(WE LOVE GOD THE FATHER). 우리는 하나님의 아들이신 예수 그리스도를 통해서 아버지 하나님을 알게 됐다고 서약은 밝힌다. 예수님에게 순종함으로써 우리의 하나님에 대한 사랑이 증명됐으며, 이는 하나님이 우리 안에 거하시는 통로가 되어 상호적인 사랑의 주고받음을 가능케 했다. 성부 하나님과의

---

160) Cape Town 2010, The Cape Town Commitment: A Declaration of Belief and A Call to Action(South Hamilton: The Third Lausanne Movement, 2010), 4–5.

161) Cape Town 2010, The Cape Town Commitment: A Declaration of Belief and A Call to Action 7–23.

친밀한 관계는 깊은 성경적 기반을 갖고 있다고 서약은 설명한다.

넷째, 우리는 성자 하나님을 사랑한다(WE LOVE GOD THE SON).

하나님은 이스라엘에 하나님만을 섬기고 사랑하라 하셨다. 이는 우리에게도 마찬가지이며, 우리에게 이는 예수 그리스도가 오직 구세주임을 믿는 것을 의미한다고 서약은 강조한다. "예수 그리스도는 하나님과 같은 권능으로 당신이 창조하신 이 세상을 통치하시며, 역사를 지배하시며, 모든 열방을 심판하시며, 하나님께로 돌아오는 모든 이를 구원하시는" 하나님이시다.

다섯째, 우리는 성령 하나님을 사랑한다(WE LOVE GOD THE HOLY SPIRIT). 서약은 또한 삼위일체의 연합 안에서 성령 하나님을 사랑함을 밝히며, 성경의 증거 없는 우리의 믿음, 기도, 선교는 인간의 노력에 지나지 않음을 경고하고 있다. "성령의 열매 없이 우리의 삶은 복음의 아름다움을 반영할 수 없다."고 서약은 확신하고 있다.

여섯째, 우리는 하나님의 말씀을 사랑한다(WE LOVE GOD'S WORD).

한편, 서약은 구약과 신약으로 이뤄진 성경이 영감에 의해 쓰인 하나님의 말씀임을 믿으며, 유일하고 절대적인 권위를 가진 말씀임을 믿는다고 천명하고 있다. 또한 성경은 마지막으로 쓰인 하나님의 말씀이며 인간의 생각으로 더하거나 뺄 수 없음을 선언하고 있다.

일곱째, 우리는 하나님이 창조하신 세상을 사랑한다(WE LOVE GOD'S WORLD). 하나님이 만드신 이 세상과 세상의 모든 것을 사랑하며, 하나님의 다스리심을 기쁘게 즐겨야 한다고 서약은 밝힌다. 서술에 가장 많은 부분이 할애된 이 항목은 이번 문서에서 특별히 눈여겨 볼만한 점으로, 환경 문제를 본격적으로 하나님의 선교의 영역으로 포함시키고 있다. 서약은 "세상을 위한 하나님의 사랑과 열정을 나누는 것"이 우리의 책무임을 일깨우고 있다.

여덟째, 우리는 하나님의 복음을 사랑한다(WE LOVE THE GOSPEL OF GOD). 예수님의 제자들인 우리는 복음의 사람들이며, 복음은 우리의 정체성을 이루고 있다고 서약은 말한다. 그것은 바로 예수 그리스도를 통한 구원이라는 복음 안에서의 은혜이며, 이 복음의 은혜를 땅끝까지 전하기 위한 열정이다.

아홉째, 우리는 하나님의 백성들을 사랑한다(WE LOVE THE PEOPLE OF GOD). 우리는 하나님이 사랑하사 택하시고 부르시고 구원하신 하나님의 사람들이다. 하나님께서 우리를 사랑하셨음을 기억하고 우리는 서로를 사랑해야 한다고 서약은 강조한다. 또한 이는 바람직한 선택 정도가 아닌 반드시 따라야 할 하나님의 명령이요, 우리가 복음에 순종한다는 증거가 된다고 서약은 밝힌다.

열째, 우리는 하나님의 선교를 사랑한다(WE LOVE THE MISSION OF GOD). 서약은 끝으로 세계 선교는 "하나님과 성경, 교회 그리고 인간의 역사와 미래에 대한 우리의 핵심 되는 이해"라고 설명하며, 세계 선교에 헌신해야 할 우리의 책임을 촉구하고 있다. 성경은 하나님의 선교는 모든 것을 연합시키고 화해시키는 것임을 말하고 있으며, 하나님께서 죄와 악으로 인해 분열된 세상을 새로운 피조물로 창조하신다는 점을 말하고 있다. 서약은 이 같은 성경의 가르침에 드러난 대로 하나님께서 주신 약속을 믿는다는 점을 천명했다.

II. 종교혼합인 크리스천요가

이제 위에서 살펴본 복음주의 선교신학의 관점에서 크리스천요가를 비판해 보고자 한다. 위에서 요가가 무엇인지에 대해 살펴보았다. 그리고 이를 비판할 도구인 복음주의 선교신학에 대해 살펴보았다. 이제 이를 근거로 하여 크리스천요가에 대해 비판해보고자 한다.

1. 힌두교 자체로서의 요가

많은 사람들이 요가를 하는 가장 중요한 이유는 요가가 종교가 아니라고 생각하기 때문이다. 요가 자체는 종교가 아니고 단순히 운동이라는 것이다. 미국의 한 유명한 사이트에서 '요가는 종교인가?'에 대해 이렇게 말하고 있다.

> '요가가 종교인가?'에 대한 질문을 하기 위해서는 영적인 것과 종교의 차이가 무엇인지를 살펴보는 것이 도움이 될 것이다. 종교 조직에 참여하는 자들은 자신의 교파의 신성이나 오랫동안 형성되어진 의식의 시스템을 통한 예배에 동의한다. 그들이 도덕적인 규범으로 따르는 그들의 신성한 텍스트를 예배 모임에 참석하여서 읽을 수 있다. 이러한 일은 주로 그 종교의 권위에 의해 안수되어진 종교 지도자에 의해 인도되어진다. 반대로, 우리 자신과 우주에서 우리의 위치를 이해하기 위한 탐구로 영성을 정의할 수 있다. 그들의 영성을 위한 통로로서 종교를 열고 많이 사용하지만, 영성은 또한 종교의 범위 밖에 있을 수 있다. 즉, 영적인 훈련은 종교에 있어서 필수적이지만, 종교는 영적인 연습에 필수적이지 않다. 요가는 먼저 배운 스승에게서 배운다는 점에서 종교와 공통점이 있기는 하지만 요가 자체가 종교는 아니다. 일부 요가 동작이 우주적인 정신을 위해 명상을 장려하고 심지어는 신에 의해 불리어질 수

있다. 본질적인 것에 대해서는 하나님이 해석을 열어두고 있다. 일부는 힌두교와 요가의 관계에 대해, 특히 요가의 언어가 힌두교 사전에서 빌려 쓰고 있기 때문에 혼란스러워하고 있다. 요가와 힌두교는 고대 인도에서 발생하였지만, 그들은 별개의 모습으로 요가는 (특히 하타(hatha) 요가, 요가 자세의 연구) 원산지의 땅 밖으로 확산했다. 요가는 영적인 행동일 수 있지만, 그것은 종교가 아니다. 그것은 숭배로 하나님의 본질을 지시하지 않기 때문이다.[162]

위와 같이 말하는 사람들은 요가에 대해 잘못 이해하고 있는 것이다. 요가는 단순한 건강증진이나 마음의 수양을 위한 수련법이 아니라 힌두교 그 자체이다. 요가를 하는 사람들의 외침 특히 기타에서는 이렇게 말하고 있다.

인류의 역사를 통해서, 인류가 스스로 자신의 문제를 근본적으로 해결한 예는 드물다. 그저 임시로 문제를 해결하기에 급급했기 때문에, 문제의 뿌리는 다시 싹을 틔우고 자라나서 갈등을 지속시켰다. 힘으로 해결하는 것은 임시방편이자 악순환을 유발할 뿐이다. 궁극적인 해결은 오직 종교적인 차원의 지혜로서만 가능하다. 이것이 요가다.[163]

요가는 분명 힌두교인 것이다. 인도의 철학과 종교에서는 업의 속박을 끊고 윤회로부터 해탈하는 것이 첫째의 목적이 되었으나 <기타>는 이 해탈에 이르는 길을 하나로 한정하지 않고 사람의 성격이나 역량에 따라 몇 개의 길을 제시한다. 영혼과 육체의 관계를 올바르게 인식하는 지식 및 푸루샤(purusa, 순수정신)에 대한 인식에 바탕을 두는 '즈나나 요가(jnana-yoga, 지식의 길)', 그리고 행위의 결과를

---

162) http://yoga.about.com/od/typesofyoga/a/christianyoga.htm
163) 정태혁, 『법구경과 바가바드기타』, 16.

생각하지 않고 자기 의무로서 수행하는 '카르마 요가(karma-yoga, 행위의 길)', 신에 대한 열렬한 헌신과 절대적 귀의에 바탕을 둔 '박티 요가(bhakti-yoga, 헌신의 길)' 등이다. 이 세 가지 길은 어느 것이든 '해탈에 이르는 길'이기 때문에 물론 힌두교의 교의에서는 내면적으로 관계를 가지고 있다. 요가는 <카타카 우파니샤드>에서 '정신작용의 제어와 통일'이라는 뜻으로 사용된 이래 '실천수행－해탈'에 관한 교의에 반드시 등장하는 말의 하나가 되었다. <기타>에서도 요가는 '실천', '수련', '수행'을 나타내는 말로 사용되어, 각 장의 끝 부분의 제목에서는 <기타> 자체를 요가 논서(yoga-sastra)라고 부른다. 여기서 말하는 실천이란 하나의 목적에 이르는 방법이고 길(도, marga)이다. 그래서 즈나나 요가는 지식의 수련, 카르마 요가는 의무적인 행위의 실천, 박티 요가는 신애의 실천이다. 동시에 각각 '지식의 길', '행위의 길', '신애의 길'이라 할 수 있다. 힌두교에서는 인간이 신과 하나가 되는 것을 이상으로 제시한다. 이때 인간은 절대자가 되므로, 우리는 가장 뛰어난 존재로서 당당히 살아가는 자부심을 얻을 수 있다는 것이다. 신과 내가 하나라는 자각을 얻은 사람에게는 죽음도 없고 괴로움도 없으며 죄도 없다는 것이다. 따라서 그는 지극히 행복한 삶을 누린다는 것이다. 신은 생사가 없고 선악이 없는 완전한 초월자이기 때문이다. 또한 그에게는 인간으로서의 고통과 더러움도 없으니, 이러한 세계를 해탈이라고 말한다.[164] <기타>에서는 이 같은 요가 관법을 체계적으로 해탈에 이르는 수단으로 말하고 있다. 해탈에 이

---

164) 인도종교에서 요가란 보통 호흡을 조절하고 어떤 하나의 대상에 정신을 집중하기 위한 '좌법(좌법)', '관법(관법)'을 뜻한다. 특히 이 요가는 요가학파에서 조직되었다. 정태혁, 『법구경과 바가바드기타』, 673.

르는 길로서 '감각기관을 제어하는 것'을 주장하는 것이다. 또 카르마 요가나 박티 요가에도 필요한 심적 태도, 정신 수양을 뜻하는 것도 있다. 요가의 관법을 실습함으로써 여러 가지 신통력을 얻게 된다는 점에서 요가를 신의 불가사의한 힘, 곧 마야(maya)와 같이 보는 것이다. 그러므로 요가는 힌두교 그 자체이다. 요가는 종교행위이기 때문에 금지한다는 명령이 모슬렘 권에서 확산되고 있다. 특히 최근 말레이시아에서는 요가는 종교행위이기 때문에 모슬렘에 요가 금지령을 선포하였다. 2008년 11월 27일 로이터발 동아닷컴 기사 내용의 일부는 다음과 같다.

> 몸과 마음을 함께 수련할 수 있다는 이유로 요가는 전 세계적으로 인기가 있습니다. 그런데 말레이시아의 이슬람 신자들은 더 이상 요가를 할 수 없게 됐습니다. 이 나라 최고 이슬람 기구의 결정 때문입니다. 요가가 힌두교의 기도 동작을 취하고 신과의 합일을 추구한다는 점에서 불경스럽다는 것이 그들이 내세운 금지 이유입니다. 법적 구속력은 없다지만 이 나라 전체 인구 중 60% 이상이 모슬렘이기에 이번 결정의 파급력은 매우 클 것으로 보입니다.[165]

요가의 파급력이 크기 때문에 이미 모슬렘 권에서는 요가를 금지하는 법안들이 나오고 있다. 그 이유는 요가는 힌두교 그 자체이기 때문이다. 전설한 바와 같이 요가는 하나의 심신단련이 아니라 해탈에 이르는 힌두교의 수련방법이다. 다시 말하자면 우리를 힌두교의 핵심으로 인도하는 네 가지가 존재한다. 그것은 카르마(karma), 마야(maya), 니르바나(nirvana), 그리고 요가(yoga)이다. 후기 베다 시대로부터 힌두교가 추구해 왔던 것은 무엇보다도 이 네 가지 개념[166]에 관

---

165) http://media.daum.net/foreign/topic/view.html?cateid=1075&newsid=20081127182508074&p=reuters

한 것이었다. 그것은 첫째, 우주적인 인과(因果)의 법칙이 인간과 우주를 연결시키며 인간에게 무한히 되풀이되는 전생(轉生)을 선고하는 카르마(karma)의 법칙, 둘째, 질서 정연한 우주체계를 발생시키고 유지하는 불가사의한 과정, 그러한 진전(進展) 속에서 존재의 "영원한 회귀"를 명하는 근본적인 무지 혹은 무명(無明, avidya)에 끝없이 인간으로 하여금 착각 속으로 빠져들게 하는 마야(maya)의 법칙, 셋째로 마야에 의해서 얽혀지고 카르마에 의해서 조건 지어진 인간의 경험세계 너머에 있는 진정한 실재의 경지인 니르바나(nirvana)의 세계 그리고 마지막으로 진정한 존재를 획득하는 수단, 해탈을 얻는 효과적인 기법, 이러한 것들로 구성되는 요가(yoga)가 그것이다. 힌두교에서 진리 자체는 중요하지 않은 것으로 간주된다. 즉 진리는 그 세상을 구원하는 기능으로만 소중해진다는 것이다. 즉 인도의 현자들이 추구하는 목표는 지혜의 소유가 아니라 지혜를 통해서 진정한 해방, 절대적인 자유를 획득하는 데 있다. 이것이 바로 요가인 것이다.

이와 같이 요가는 단순한 운동이나 자세가 아니라 힌두교에서 말하는 영원한 윤회로부터 벗어나 해탈하기 위한 수행법인 것이다. 그러므로 요가는 힌두교 그 자체이다. 요가를 한다는 것은 단순한 운동을 한다는 것이 아니라 힌두교를 수행하는 것이다. 그러므로 크리스천들이 요가를 한다는 것은 힌두교를 믿는다는 것이므로 요가를 한다는 것은 종교혼합이 되는 것이다. 크리스천요가라는 것은 다름 아닌 구약적 개념으로 보면 '여호와바알'이 되는 것이고 신약적으로 보면 '예수구루'가 되는 것이다.

---

166) M. Eliade, 『요가』, 11-12.

2. 구약의 종교혼합의 예

이스라엘의 종교적 관습의 일부는 이웃 백성들에게 본뜬 것인데 옷 스타일, 보석류, 언어사용, 건축술 등과 마찬가지로 종교적 관습들도 가나안, 팔레스틴, 페니키아 사람들에게서 차용한 것이었다. 이스라엘 사람들은 자신들의 여호와 숭배에 대한 본질적인 정체성마저 간과한 채 이웃 국가 특히 가나안의 바알 숭배를 무비판적으로 흡수하게 되었고, 이에 따라 이스라엘의 종교적 형태는 혼합적인 양상을 지닐 수밖에 없었다.[167]

호세아 시대에 이스라엘에 만연되어 있던 사회적인 부도덕과 부패 등은 종교적인 면에서의 긍정적인 모습 또한 기대할 수 없게끔 한다. 그러나 이스라엘 백성들은 종교적인 면에서는 열심인 사람들이었다. 종교의식에는 많은 사람들이 참석하였다(암9:1). 이들은 대규모 종교 집회를 열어 흥미로운 순서와 감동적인 음악을 베풀었고, 부유한 자들은 종교적인 신전으로 모여들어 더 큰 물질적인 축복을 보장받기 위한 수단으로 값비싼 선물과 희생제물을 바쳤다.[168] 또한 그들은 두려움 없이 미래를 맞이했다. 왜냐하면 자기들이 하나님의 은혜의 대상이라고 확신했기 때문이었다. 그러나 호세아는 이러한 종교적 열심이 하나의 형식주의에 지나지 않는다는 점을 발견했고, 무엇보다 그 뒤에 숨겨져 있는 가나안 제의와의 혼합이라는 이스라엘 종교의 타락을 볼 수 있었다. 남북왕조의 분열 이후 여로보암은 남유다의 예루살렘 성전을 대신하기 위해 두 금송아지를 만들어 벧엘과 단에 세웠

---

167) 박해일, "호세아서에 나타난 반바알리즘에 대한 연구"(목원대학교 대학원 석사학위논문, 2002), 32.
168) Charles F. Pfeiffer, Old Testament History(Michigan: Baker Book House, 1987), 328.

다. 또 여러 산당들을 지었는데 국가가 먼저 이교에 대해 개장하니 지방은 당연히 이교문화 중 산당 제의를 드리게 되었다. 이처럼 이스라엘 백성들은 여호와를 섬기면서도 많은 지방 산당에서 바알을 섬겼다. 여러 나무들 아래에서 점치는 행위도 하였다. 이는 가나안 정복 이후 가나안 사람들이 믿고 있던 농경의 신들과의 혼합주의가 나타난 것이다.[169)]

주전 8세기경의 것으로 추정되는 쿤딜렛 아즈루드[170)] 축복문은 1975~1976년 이스라엘의 고고학자인 메셀이 텔 아비브 대학을 위해 발굴 작업에 참여하던 중에 맨 처음 발견한 것이다. 그는 쿤딜렛 아즈루드 지역을 발굴하는 중에 매우 특징적인 축복문을 담고 있는 두 항아리를 발견하였고 그 내용을 책으로 출판하였다. 이 축복문은 여러 면에서 학계의 주목을 끌었다. 첫 번째는 '사마리아의 여호와'라는 표현이다. 두 번째는 '여호와의 아세라'라는 표현이다. 이것은 우리에게 두 가지의 중요한 사실을 가르쳐 준다. 그 하나는 결과적으로 북왕국의 여호와 신앙이 아세라를 배우자로 갖는 혼합종교의 양상을 띠고 있다는 사실이다. 또 다른 하나는 북왕국의 혼합주의적인 여호와 신앙이 남왕국에 속한 쿤딜렛 아즈루드 지역에까지 영향을 미치고 있다는 사실이다. 쿤딜렛 아즈루드지역은 이스라엘의 성소가 있던 지역으로 추정된다. 여러 신들의 이름을 사용한 축복문이 자주 나타나는 것으로 보아 아마도 쿤딜렛 아즈루드는 순례자들이나 여행객들

---

169) 박해일, "호세아서에 나타난 반바알리즘에 대한 연구", 32-34.

170) 쿤딜렛 아즈루드지역은 가데스바네아로부터 남쪽으로 40여 마일 떨어진 동부 시나이 사막 지역에 속해 있으며 사막여행의 교차로로서 남왕국 유다의 최남단에 있는 전진 기지였던 것으로 보인다. 유정섭, "구약에 기록된 바다의 다층적 의미연구"(아세아연합신학대학교 대학원 박사학위 논문, 2007), 373.

이 엘이나 바알, 아세라, 여호와 등에게 안전하고 성공적인 여행을 기원하면서 제사를 드린 곳인 듯하다. 따라서 이 지역의 혼합주의는 당연히 북왕국의 이스라엘에서 유행하던 것들을 그대로 반영한 것이라고 보아야 할 것이다.[171] 이는 오늘날의 한국의 상황과 많이 유사한 점이 있다. 먼저는 미국이라는 나라로부터 크리스천요가가 들어 왔다는 것이다. 미국의 종교혼합의 현상은 이미 심각한 상황을 넘어서고 있다. 미국의 한 신학대학원에서는 이슬람교의 이맘을 배출해내고 있고, 우리나라의 연세대학교 신학대학원에서도 모슬렘이 이슬람교에 대한 강의를 하고 있다.[172] 미국이 하면 모든 것을 다 따라 할 수 있다는 것인지 참으로 안타깝다. 미국에서 시작된 크리스천요가는 웰빙의 바람을 타고 요가가 한국에 들어오면서 한국의 교회들은 아무런 대책도 없이 요가를 받아들이고 있는 것이다. 이것은 심각한 영적 혼합을 가져오는 것이다. 이러한 종교혼합은 곧 한국교회 더 나아가 한국의 미래도 어둡게 만드는 요인이 될 수 있음을 구약의 역사적 사건을 통해 알 수 있는 것이다.

3. 신약의 종교혼합에 대한 바울의 충고

약 이천 년 전 골로새 지역에 세워진 회심공동체는 당시의 신비주의와 영지주의적 요소, 천사숭배, 유대율법적 형식주의, 혼합주의 사

---

171) 유정섭, "구약에 기록된 바다의 다층적 의미연구", 371–380.

172) 미국의 하트포드신학대학원은 이미 1990년대부터 모슬렘을 교수진에 채용하기 시작했다. 더 나아가 급기야는 신학대학원에서 이슬람교의 사제인 이맘을 배출해내는 엄청난 사건을 일으켰다. 그런데 이것은 미국만의 일이 아니다. 여기에 고무되어서인지 우리나라의 연세대학교 신학대학원에서도 "꾸란과 이슬람"을 가르치고 있는 교수가 모슬렘이다.
http://cafe.naver.com/newsyoun.cafe?iframe_url=/ArticleRead.nhn%3Farticleid=988

상 등 이단사설(邪說)의 침입으로 급속한 퇴락의 위기를 맞고 있었다. 이러한 상황에서 사도 바울은 성도들의 이탈을 방지하여 공동체를 유지 보존하며 회심 당시의 원래의 모습으로 되돌리려고 노력하였다. 골로새교회는 대부분 이방인들로 구성된 교회였으며, 이단 사설이 슬며시 침입함에 따라, 성도들은 점차 변절하면서 공동체를 이탈하려는 현상이 발생하였다. 성도들은 소그룹단위로도 자신들의 입장 내지 상황에서 이단에 대한 상이한 반응들을 나타내었으며, 이러한 차이들은 공동체 내에서 심각한 갈등과 부조화를 초래하였다. 더불어 윤리적 방종과 방탕의 경향들이 표출되었으며, 이는 골로새교회의 정체성과 안정을 위협하는 요인으로 작용하였다. 이러한 위협에 맞서서, 바울은 골로새 공동체의 도덕성과 정체성을 회복하고자 공동체 구성원들에게 "음란과 부정(不淨) 등 땅에 있는 지체(肢體)를 죽이고 오직 하나님의 형상을 좇으라(골3:1-11)"는 메시지로 성도들이 그리스도의 복음에서 벗어나는 것을 방지하려고 노력하였다. 무엇보다 크리스천의 윤리를 성령 안에서 생활하는 것으로 이해하고, 성령의 통제 아래서 살며 종말론적 윤리 생활을 강조하였다.(골1:13-4:6)[173] 오늘날도 마찬가지이다. 우리는 바울의 외침을 다시 한 번 더 새겨야 할 것이다. 웰빙의 시대와 더불어 이 땅의 것을 너무 사모하는 이 시대의 크리스천들에게 울리는 경종일 것이다. "그러므로 너희가 그리스도와 함께 다시 살리심을 받았으면 위의 것을 찾으라. 거기는 그리스도께서 하나님 우편에 앉아 계시느니라. 위의 것을 생각하고 땅의 것을 생각하지 말라."(골3:1-2) 오직 우리를 구원하신 그리스도만 생각하자. 이

---

173) 정광수, "골로새 회심공동체의 보존을 위한 바울의 노력"(서울기독대학교 대학원 박사학위논문, 2008), 155-158.

땅의 좋은 것이 아니라 오직 하나님의 나라를 생각하자. 그리고 회심의 자리로 돌아가자. 그리하여 종교혼합주의에서 벗어나 올바른 신앙을 회복할 수 있을 것이다.

4. 인도 신학자들의 종교혼합주의적 주장

WCC(세계교회협의회) 내의 종교다원주의 혹은 종교혼합주의 신학을 주도한 사람들은 주로 인도의 신학자들이다. 대표적인 인물들로는 데바난단(P. D. Devanandan), 사마르타(St. Samartha), 토마스(M. M. Thomas), 인도 가톨릭 신부 파니카(R. Panikkar) 등이 있다. 데바난단은 타 종교들을 성령의 사역에 의한 응답이라고 주장하였다. 그는 살아계신 그리스도를 신힌두교 속에서 보았다고 하며, 힌두교와 타 종교들의 재부흥발전을 바로 성령의 사역에 의한 응답이라고 하였다. 사마르타는 인류연합을 위해 종교다원주의를 주장하며, 기독교 진리의 유일성을 폐지하는 대신 "존재"론 중심의 진리개념을 제시하고, 기독론을 확장시키며, 포괄적 성령론을 만들자고 제안했다. 사마르타는 "예수그리스도의 주권과 종교적 다원사회"라는 논문에서 종교적 다원주의를 주장하며, 타 종교들을 기독교보다 열등하지 않다고 주장하면서, 그는 역사적 교회가 예수그리스도를 신격화하고 개인숭배에 빠질 위험에 처한 반면, 만유의 주이신 하나님은 거의 강조하지 않았다. 예수그리스도만 특별하지 않다는 말과 타 종교들이 기독교보다 열등하지 않다는 그의 말은 인간들의 신성을 주장하는 힌두교의 범신론적 특성에 기초하고 있다. 토마스는 대화는 개종이 아니라 "기독교적 힌두"가 되게 하는 것이라고 하며, "그리스도 중심적인 혼합주의"를 주장하였다. 토마스에게는 기독교냐 타 종교냐를 물어야 할 이유가 없다. 종교냐 무종교냐도 중요하지 않다. 그는 모든 종교와 이념들에 대해 자유롭게 열려 있고, 예수그리스도의 인간성에 기초한 종교혼합주의를 추구하였다. 파니카도 "힌두교 속에 계신 그리스도"를 주장했다. 기독교와 힌두교 사이의 접촉점을 "그리스도"에게서 발견하려고 한 그는 바울이 아덴에서 "알지 못하는 신"에게 예배하는 그리스도인에게 그 신을 알게 해 주겠다고 한 설교에서 힌트를 얻어 "힌두교 속에 있는 알지 못하는 그리스도"라는 책을 쓰게 되었다. 그의 사상은 기독교의 하나님이 이방종교 속에도 역사하시는 동일한 하나님이며 사람들이 이러한 것을 인정하든 안 하든 상관없이 그곳에서 하나님은 계시기 때문에 하나님은 불신자의 하나님도 된다는 것이다. 그리스도 역시 마찬가지로 힌두가 비록 알지 못해도 힌두교 안에서 현재하고 계시다는 사상이다. 현재적 기독교의 물은 힌두교의 강물과 합하여 더 큰 강이 되어 미래의 백성을 해갈해 줄 것이라고 하였다.[174]

이와 같이 WCC 내에서 종교다원주의를 위해서 활약한 이러한 신학자들은 모두 인도와 힌두교 문화권에서 배출된 신학자들이다. 이것이 힌두교가 기독교에 미치는 영향이 얼마나 큰가를 보여주고 있는 것이다. 그 결과 힌두교의 다원주의적, 포괄주의적 혼합주의적 사상이 WCC를 통해 전 세계 교회에 확산되고 있는 이때에 크리스천요가가 만들어졌고 점차 더 인기를 얻고 있는 것이다. 오늘날 우리가 살아가고 있는 21세기는 한편으로 포스트모더니즘과 같은 철저히 다원주의적이고 상대적인 교리들이 교회 내부에 병존할 것이며, 다른 한

---

174) 이동주, "21세기 이단의 교리적 특징", 『선교와 신학』, vol-no.3(서울: 아세아연합신학대학교, 1999), 67 – 73.

편으로는 영적인 혼합주의 운동과 아울러 종교통합운동이 더 가속화
될 것이다. 이것에 대한 단적인 예가 바로 크리스천요가인 것이다.

5. 종교혼합에 대한 복음주의 선교신학적 비판

복음주의 선교신학은 단호하게 종교 혼합에 대해 비판한다. 로잔
언약은 다음과 같이 천명한다.

> 우리는 또한 여하한 형태의 혼합주의와 그리스도께서 어떤 종교
> 나 어떤 이데올로기를 통해서도 똑같이 말씀하신다는 뜻에서 진행
> 된 대화는 그리스도와 복음을 손상시키므로 이를 거부한다.[175]

이렇게 복음주의 선교신학은 단호히 종교혼합주의를 비판한다. 그
리고 어떠한 경우에도 이를 용납하지 않는다. 최초의 복음주의 선교
학자로 일컬어지는 구스타프 바르넥은 이렇게 말하였다. "기독교는
다른 종교와 나란히 할 수 있는 하나의 종교가 아니라 절대적 종교임
을 주장한다."[176] 그리고 "그리스도는 신과 인간 사이의 유일한 중보
자"이시며 그를 믿음으로만 죄인들이 의롭게 된다.[177] 바르넥은 동시
에 힌두교와 브라만 개혁자들이 기독교 선교를 거부하면서 예수그리
스도를 "서양적 그리스도"로 격하시키면서 "동양적 그리스도"를 경
배 대상으로 하는 것을 강하게 비난한다.[178]

---

175) http://www.lausanne.org/covenant "3. 그리스도의 유일성과 보편성"(the uniqueness and universality of
   Christ) 중의 일부.

176) Gustav Warneck, Evangelische Missionslehre: Ein missionstheretischer Versuch, Erste Abteilung(Gotha:
   Friedrich Andreas Berthes, 1897), 92

177) Ibid., 93.

178) Ibid., 104-105.

오늘날의 복음주의 선교신학도 마찬가지이다. 그리고 종교혼합을 위한 타 종교와의 어떠한 '대화프로그램'도 거부한다. 타 종교와의 대화를 통해 종교혼합을 넘어서서 오히려 기독교가 타 종교에 잠식되어져서는 안 된다. 대화와 선교 간의 차이점은 근본적인 것이다. 선교의 목적인 복음의 선포가 크리스천으로서도 좋은 크리스천이 되게 하고, 힌두교 교인으로 더 좋은 힌두교 교인이 되게 할 때에 성취된다고 말할 때, 그것은 대화의 목적 중의 하나를 묘사하는 것이지 확실히 선교의 목적을 묘사하는 것은 아니다. 기독교가 본질적으로 대화적인 성질을 재발견한 것은 참된 것이다. 그러나 이 재발견은 그의 근본적으로 선교적인 성질을 희생하는 것이 되어서는 안 된다. 오늘날 세계의 주요 모든 교단들과 교파들은 이러한 기독교의 내재적인 선교 본질을 인정한다. 교회는 "길이요 진리요 생명이신 그리스도(요 14:6)"를 실패 없이 선포해야할 의무가 있는 것이다.[179]

위에서 인용한 것처럼 로잔언약이 나오게 된 배경 속에서도 이미 종교혼합주의적인 요소 때문에 이를 거부하기 위하여 로잔대회가 열리게 되었고 로잔언약이 나오게 된 것이다. 이구아수 선언문에서도 이 부분에 대한 강조가 다시 한 번 더 나오게 된다.

> 종교 다원주의는 종교 공동체들 사이에서 관용과 이해를 증진시키기 위해 노력하면서도 구세주로서 예수 그리스도의 유일성을 굳게 붙잡도록 도전한다. 우리는 종교적 진리 주장들을 상대화시킴으로써 조화를 추구할 수 없다.[180]

---

179) David J. Bosch, TRANSFORMING MISSION(New York: Orbis Books, 1991), 487.

180) 이구아수 선언문 "5. 다원주의"의 일부. http://www.gmtc.or.kr

종교다원주의는 종교적 상대주의를 주장하므로 우리 기독교는 이것을 거부할 수밖에 없는 것이다. 더 나아가 종교다원주의에 대한 강력한 경고와 함께 다짐을 하고 있으며, 또한 혼합주의에 대한 경고를 하고 있다. "우리는 혼합주의와 비성경적인 요소들을 경계하면서 영적인 갈등에 대한 성경적인 이해와 실제적인 처리 능력을 증진할 것을 다짐한다."[181]

이와 같이 복음주의 선교신학은 단호히 종교혼합에 대해 경고한다.

로잔세계복음화위원회의 월로우뱅크 협의회 보고서[182]도 "오늘의 세계에서 가장 은밀하게 진행되는 혼합주의의 양상은 개인적인 용서를 말하는 복음을 부와 권력을 향하는 세상 적이고 악마적이기까지 한 태도와 혼합시키는 일"이라고 비판하였다. 세계복음주의 협의회는 '종교혼합'에 대한 내용의 글에서 왜 종교다원주의 내지는 혼합주의를 반대하는지에 대한 이유를 분명히 제시하고 있다.[183]

세계복음주의협의회는 종교다원주의 내지는 종교혼합주의를 다음과 같은 이유로 거부한다. "우리는 모든 종교가 동등하게 정당하고, 동등하게 진리라는 다원주의의 주장에 대하여 다음의 몇 가지 이유로 반대한다. 첫째, 다원주의는 신관이 추상적이어서 영적능력이 결여되고 성경과는 일치하지 않는다. 둘째, 다원론자들은 특수한 신관을 제시하는데, 이 특수 신관은 기독교나 힌두교로부터 은밀하게 차용한 것이다. 다원론은 예수에 대한 신약과 신앙고백의 진리들을 단순한 신화로 해석하여 역사적이고 사실적인 기초가 결여된다. 셋째, 다원주의는 기독교 신앙과 예수그리스도의 예배를

---

181) 이구아수 선언문 "6. 영적 갈등"의 일부. http://www.gmtc.or.kr
182) 월로우뱅크 보고서란 1978년 캐나다의 월로우뱅크에서 열린 복음과 문화에 대한 복음주의 진영의 로잔 신학협의회의 내용이다. 김성태, 『현대선교학총론』(서울: 이레서원, 2001), 514.
183) 한국기독교교회협의회, "혼합주의", 『에큐메니칼 운동과 신학사전 II』(서울: 에큐메니칼선교훈련원, 2002), 1527.

우상으로 말한다. 넷째, 일부 다원주의는 예수그리스도와 인격적 하나님의 중심성을 거부할 뿐 아니라 모호하고 추상적인 '궁극적 실재'의 중심성마저도 부정한다. 이러한 형태의 다원주의는 인간 '구원'을 모든 종교의 핵심적 규범으로 놓고, 인간 자신을 모든 의미와 가치의 결정적인 중심으로 만든다. 이러한 다원주의는 자아중심적이고, 근본적으로 힌두교나 뉴에이지 철학과 같은 단원론적인 종교와 비슷하다. 다섯째, 다원주의도 겸손을 가장하여 기존 종교적 전통에 대하여 무례하며 공격적이어서, 역시 교리적 배타주의가 될 수 있다. 여섯째, 다원주의는 목회적으로 혹은 전도적으로 교회의 성도들을 섬기는 데, 또는 모든 인종과 민족과 사람들에게 예수그리스도를 전파하는 데 전혀 도움이 되지 않는다.

우리가 왜 종교혼합주의를 반대하는지 조목조목 주장하고 있는 것이다. 그리고 로잔 3차 대회의 개최 이유도 바로 여기에 있었다. 오늘날 교회는 '다양성이 강조되는 포스트모더니즘 시대에 복음의 유일성을 어떻게 유지할 것인가'라는 고민에 빠져 있기 때문이다. 우리 주변에 복음의 순수성을 무너뜨리려는 세속주의(secularity)의 도전이 무척 강하게 일어나고 있기 때문이다. 교회는 '다양성'을 요구하는 목소리에 '하나'의 진리(복음)를 가르치고 전수해야 할 책임이 있다. 이것은 남아공 케이프타운에서 열린 제3차 로잔대회에서도 마찬가지였다. 이번 제3차 로잔대회에서 핫이슈 중의 하나가 바로 '도그마와 다양성'(dogma and diversity)이란 주제였다. 포스트모더니즘 시대에 직면한 교회가 복음의 유일성을 어떻게 유지하는지가 최대 관심사였다. 그리고 이렇게 천명하였다.

> 둘째, 우리는 살아계신 하나님을 사랑한다(WE LOVE THE LIVING GOD). 성경에 나타나시는 하나님은 유일하시며, 영원하시며, 살아계신 하나님임을 서약은 강조한다. 이 살아계신 하나님은 "창조주

이시자, 통치자이시며, 심판자이시자, 또한 세상의 구원자"이시다. 따라서 우리가 할 일은 "하나님의 창조 안에 우리가 있음을 감사하며, 당신의 통치하심에 순종하며, 그 정의로우심을 기뻐하며, 우리를 위해 행하신 구원을 찬양하는 것"이라고 서약은 말하고 있다.[184]

우리는 오직 성경에 계시되어진 하나님은 유일하심을 믿는다. 그리고 우리를 구원하시기 위해 행하신 일들을 찬양하는 존재로 지음 받았음을 믿는다. 그러므로 우리는 종교혼합의 한 형태인 크리스천요가를 해서는 안 되는 것이다.

6. 종교 혼합에 대한 비판적 상황화

기독교 선교는 그리스도의 복음을 각각의 다른 문화적 상황 속에서 의미 있게(meaningfully) 전하는 것을 요구한다. 이렇게 하기 위해서는 두 가지 전제가 필요하다. 하나는 복음은 언제나 어디서나 동일한 복음이라는 전제이며, 또 다른 하나는 문화는 다양하다는 전제이다. 만약 첫 번째 전제가 무너질 경우에는 종교적 혼합주의(religious syncretism)에 빠질 수밖에 없으며, 두 번째 전제가 무너질 경우에는 민족우월주의(ethnocentrism)에 빠질 수밖에 없을 것이다. 종교적 혼합주의(religious syncretism[185])란 '기독교 신앙의 본질과 타 종교 신앙의 본질이 혼합되어 둘이 아니면 적어도 그 어느 한 종교 신앙의 본질이 변질되거나

---

184) Cape Town 2010, The Cape Town Commitment: A Declaration of Belief and A Call to Action 8 – 9

185) 혼합주의(syncretism)라는 말은 그리스어에서 연유되었다. 그리스의 크레테에 있는 두 개의 도시가 제 삼의 세력에 대항하기 위해 연합했다는 데서 유래가 되었다. 지금도 병용할 수 없는 원칙이나 원리들을 혼용하거나 합쳐보려는 의도를 가리키는 것으로 사용된다. 종교적으로는 서로 상반되는 신앙과 교리를 무비판적으로 수용하려는 주장을 일컫고 있다. 정흥호, 『복음과 상황화』 (서울: 기독교 문서선교회, 2004), 168.

그 정체성을 상실하는 현상'을 의미한다. 이와 같은 현상은 주로 여러 선교지에서 일어났다. 그러나 오늘날에는 다문화 사회 속에서 종교다원주의 현상이 발생하여 전 세계적으로 유행하고 있음을 보게된다. 그 단적인 예 중의 하나가 바로 크리스천요가인 것이다. 한편, 민족우월주의란 선교사를 파송한 민족의 문화만이 우월하고 선교사를 받은 민족의 문화는 열등하다는 의식 속에서 선교사 중심으로 선교하는 것을 의미한다.[186] 이 같은 현상은 주로 서구 선교사들 안에서 일어난다. 그러나 효과적인 선교를 위해서 우리는 이 두 가지 극단적 위험을 피해야만 한다. 즉, 무비판적 상황화도 아니고 상황화의 거부도 아닌 제3의 상황화 즉 비판적 상황화(critical contextualization)가 필요한 것이다.

비판적 상황화의 개념은 폴 히버트(Paul G. Hiebert)에 의해서 발전되었다. 히버트는 종교적 혼합주의 및 민족우월주의에 대한 대안으로서 비판적 상황화를 세 가지로 제시한다.[187] 첫째, 비판적 상황화는 성서를 신앙과 삶의 표준으로서 심각하게 취급한다. 즉 성서가 문화를 판단하는 잣대의 역할을 해야 한다. 둘째, 비판적 상황화는 하나님의 인도하심을 따라 살아가는 신자들의 삶 가운데서 성령의 역사를 인정한다. 셋째, 비판적 상황화는 교회로 하여금 해석학적 공동체의 역할을 감당하도록 한다. 교회는 성서 해석의 오류를 방지하도록 할 뿐만 아니라 성서적 진리를 그들의 삶 속에 적용하기 위해 노력한다. 그러므로 비판적 상황화는 성령의 인도를 받는 자유와 성서를 떠나

---

186) 찰스 H. 크래프트, 『기독교 문화인류학』, 안영권·이대현 공역(서울: 기독교 문서선교회, 2005), 157-163.

187) 폴 히버트, 『선교와 문화인류학』. 김동화·이종도·이현모·정흥호 옮김(서울: 죠이선교회출판부, 2004), 261-270.

지 않는 제한 속에서 무비판적상황화와 상황화의 거부 사이에서 균형을 유지하려고 한다. 뿐만 아니라 복음과 문화 사이에서도 균형을 유지하려고 한다. 따라서 비판적 상황화는 다양한 문화적 형태를 매체로 하여 동일한 복음을 효과적으로 전하여 회심을 불러일으키고 사회를 변화시키는 것을 촉구하는 것이다. 상황화에 임하는 크리스천들은 무엇보다도 성령의 인도하심에 의지해야 하며 성경의 지식을 성령의 인도에 따라 문화적 이해를 전제로 표현하도록 시도해야 하는 것이다. 이런 패러다임을 가질 때 세계관, 언어형태, 행위 패턴, 전달매체, 사회구조 등과 같은 모든 사회 현상들을 포함해서 문화적, 종교적 현상 속에서 상황화를 행할 수 있는 참여 능력을 갖게 되는 것이다. 비판적 상황화에서 논의된 문제들은 끊임없이 점검되고 평가되어야 한다. 각 개인이 되었든지 공동체가 되었든지 크리스천들이 행하고 있는 것이 성경적 믿음에서 비롯된 것인지에 대한 평가가 있어야만 한다. 한 개인이든지 어떤 하나의 문화권이 되었든지 과거에 경험해 보았던 상황화 과정의 방법론이나 신학적 명제들을 살펴봄으로써 자신들이 살아가고 있는 사회와 문화 속에서 올바로 표현되고 있는지를 평가해 보아야 한다. 바른 상황화를 위해서는 비판적인 관점에서 이전에 행하였던 민속적 신앙이나 관습을 살펴보아야 한다. 이와 관련하여 성경적인 가르침을 연구하고 옛것과 비교 평가한 후 자신들의 공동체 안에서 새롭게 상황화된 적용이 있게 되도록 적극적인 실천의지가 있어야 한다. 이것은 성령의 인도하심을 따라 견제와 균형이라는 관계성 안에서 교회 간의 대화와 협력을 필요로 한다.[188]

---

188) 윤석호, "영적전쟁: 가계에 흐르는 저주론"에 대한 선교문화인류학적 비판"(아세아연합신학대학원 박사학위논문, 2005), 206.

비판적 상황화는 사도행전 4:12 "다른 이로서는 구원을 얻을 수 없나니 천하 인간에 구원을 얻을 만한 다른 이름을 우리에게 주신 일이 없음이니라"의 말씀을 붙잡으면서도 고린도전서 9:22b "여러 사람에게 내가 여러 모양이 된 것은 아무쪼록 몇몇 사람들을 구원코자 함이니"라는 말씀을 실천하는 것이다. 다른 사람들의 문화를 파괴하지 않고 오히려 그 문화적 형태를 이용하면서 성서적 진리 즉 길이요 진리요 생명이신 예수 그리스도(요14:6)를 전파하는 것이 비판적 상황화의 핵심이다. 따라서 우리는 요가를 분명한 비판적 상황화의 모습으로 바라보아야 한다. 따라서 크리스천들이 요가를 받아들일 수는 없는 것이다.

7. 종교혼합인 요가에 대한 제언

요가는 분명 힌두교 그 자체이다. 따라서 크리스천이 요가를 한다는 것은 심각한 종교혼합[189]에 빠지게 되는 것이다. 우리로 하여금 힌두교로 인도하고 있다. 크리스천들이 요가를 할 때 그리스도께로 인도되어지는 것이 아니라 오히려 미혹하는 영에 빠지게 되는 것이다. 이것은 구약의 예를 통하여, 또한 신약의 예를 통하여 발견할 수 있다. 또한 더 나아가 복음주의 선교신학이 우려하고 강조하는 혼합

---

189) 사실 이러한 힌두교적 혼합주의는 3억 3천의 힌두교 신들 가운데서 3대 신 중의 하나인 비쉬누(Vishnu)를 열렬히 섬기는 모친의 영향을 따라 간디 또한 모든 종교들의 근본은 같고 진실하며 가치가 동등하다고 보았다. 그는 힌두교 경전인 바가바드기타(Bhagavad-Gita)와 성경 사이에는 아무런 차이점이 없다고 하며, 오히려 성경에 있는 것은 기타에 다 들어 있다고 하였다. 그러므로 그는 훌륭한 힌두교인이란 훌륭한 기독교인이나 마찬가지라고 설명하게 된 것이다. 또한 인도의 신학자 토마스(M. M. 토마스)는 '그리스도 중심적 혼합주의' 혹은 '그리스도와 관련된 혼합주의'를 주장하였다. 이러한 영향이 오늘날의 크리스천요가를 발생시키고 확장되는 데 결정적인 역할을 하였다. 이동주, 『현대선교신학』(서울: 기독교문서선교회, 1998), 15-16.

주의에 대한 경계를 무시하는 것이다. 우리는 냉철하게 요가를 비판적 상황화를 통하여 살펴보아야 한다. 웰빙의 바람을 타고 건강에 좋다면 무엇이라도 받아들일 수 있는 것인가? 이에 대해 교회가 분명한 방향성을 제시해 주어야 한다. 구약의 예를 통해 종교혼합주의와 관련된 치유 내러티브들은 질병과 치유가 종교혼합주의와 연관이 있다는 것이다. 이스라엘의 치유개념은 개인의 질병 치유라는 작은 개념보다 총체적인 하나님과의 관계회복의 치유를 의미한다. 이러한 점에서 질병은 그 원인이 되는 종교혼합주의 신앙을 제거하지 않고는 근본적으로 치유될 수 없는 것이다. 그리고 큰 맥락에서 보면 죄악에 대한 심판도 하나님의 치유로 볼 수 있다. 왜냐하면 심판을 통해 하나님과의 관계가 회복될 수 있기 때문이다. 근본적인 치유는 질병에서 치유 개념을 넘어 하나님과의 총체적인 관계회복을 의미하기 때문이다.[190] 크리스천요가는 분명 종교혼합임을 강조하여 결코 크리스천들이 하지 않도록 제시해 주어야 한다.

Ⅲ. 힌두교의 선교전략 중 하나인 요가

우리는 앞서 요가가 힌두교 자체임을 알아보았다. 따라서 크리스천들은 종교혼합인 크리스천요가를 해서는 안 된다고 주장하였다. 이에 더하여 요가가 힌두교의 선교전략 중 하나임을 밝히고자 한다. 힌두교의 세계화에 요가가 있음을 밝히고자 한다.

---

190) 주은평, "열왕기서의 치유 내러티브에 나타난 질병과 종교혼합주의 고찰"(아세아연합신학대학교 대학원 박사학위논문, 2009), 288.

1. 힌두교의 세계화

힌두교는 언제부터 세계화되기 시작했는가? 힌두교는 그 역사가 오래되었음에도 불구하고 세계화되지는 않았다. 타 종교에 비해 지역적인 종교로 남아 있었다. 그러다가 19세기 말에 일어난 인도 내의 종교운동으로부터 세계화가 촉진되기 시작했다. 19세기에 인도사회는 영국의 식민 지배를 받고 있는 사회였다. 17세기 무굴제국이 쇠퇴의 길을 걸으면서 서서히 혼란스러운 모습이 나타났던 인도사회는 18세기를 거쳐 19세기에 이르러 완전히 서양열강의 지배를 받는 상황이 되었다. 이민족의 지배를 받게 되면서 그들과 함께 들어온 새로운 모습의 문화는 인도사회에 적지 않은 문화적 충격을 가져다주었다. 따라서 당시의 인도사회는 정치적, 사회적, 문화적으로 매우 혼란스러운 양상을 보여주고 있었다. 이처럼 혼란스러운 와중에 새로운 종교 및 사회개혁운동이 활발하게 일어나게 되었다. 그것은 힌두교 전통에서만 발생한 것이 아니라, 규모나 영향력의 차이는 있으나 이슬람교나 조로아스터교 그리고 시크교 등 인도 내의 거의 모든 종교에 걸쳐서 나타난 현상이었다. 특히 힌두교 전통에서 그러한 움직임이 활발히 진행되었으며, 이는 정치적, 사회적으로 많은 영향을 끼쳤다.[191]

이때 일어난 중요한 세 가지 운동으로는 '브라흐마 사마지'[192], '아

---

191) 이에 관련된 국내 연구논문은 고홍근, 『인도민족주의의 전개와 힌두이즘의 역할』, 한국외국어대학교 정치학박사학위논문, 1983년이 있고, 조길태, 『19세기 인도종교개혁운동의 성격』 등이 있다.

192) 19세기 초까지 인도에 근무했던 영국의 총독들은 인도의 제례 관습들에 대해서 아무런 조치도 취하지 않았다. 1828년 벤팅크 총독은 수티와 터그족들의 행위를 금지시켰는데, 이것을 적극적으로 지지한 것은 물론, 이러한 결정이 나오도록 계몽운동을 편 것이 라자 람모한 로이(Raja Rammohun Roy 1772 - 1833)와 그가 창설하고 이끈 브라흐마 사마지(Brahma Samaj, 진정한 하나의 신을 숭배하는 자들의 모임을 의미함)였다. 람 모한의 브라흐마 사마지는 1828년 8월 20일 브라흐마 사브하(Brahma Sabha) 즉 브라만 협회란 이름으로 캘커타에서 첫 모임을 가지면서 시작

리아 사마지'[193) 그리고 '라마크리슈나 미션' 등이 있다.

첫째, 현대의 최초 개혁운동은 근대 인도의 아버지라 불리 우는 람 모한 로이(Ram Mohan Roy, 1772~1823)에 의해 시작되었다. 그는 동서 양의 종교와 사상에 대한 폭넓은 섭렵을 통해 모든 종교에서 신앙되는 신은 동일하다고 확신하게 되었다. 그는 고전 복귀운동과 더불어 '브라마 협회'(Brahma Samiji)를 조직하고, 카스트 간의 융합, 과부의 분신자살폐지, 재혼의 허용 등 힌두교와 사회의 개혁을 시도했다.[194)

둘째, 다야난다 사라스와티(Swami Dayananda Saraswati, 1824~1883)에 의해 주도된 개혁운동이 있다. 그는 람 모한 로이와는 달리 유럽 문화와의 접촉 없이 독자적으로 베다로의 복귀를 주장했고, '아리아 협회'(Arya Samiji)를 조직했다. 그는 우상숭배, 카스트제도, 화신, 유아 결혼들을 공격하면서 신분이나 국적에 관계없이 모든 사람에게 개방된 일신론적인 형태의 힌두교 보편주의를 주장했다. 그는 많은 학교와 대학을 설립했으며, 인도 민족주의를 격려하는 데 큰 역할을 했다. 아리아 사미지는 카스트 계급 안에 있는 모든 힌두인 들을 동등하게 대해주므로 모슬렘이나 기독교인들을 재개종 시켰는데, 북부인도에서는 이 운동이 기독교의 성장을 저지시키는 요인이 되기도 했다.[195)

되었다. 사마지의 창립 의도는 '모든 종교들의 유일한 신을 진실로 숭배하는 사람들의 모임'이었다. 람 모한은 이 운동을 통해서 힌두교도들의 사람과 종교를 근본적으로 바꾸려 하였다. Walker, Benjamin, Hindu world, Ⅰ, Ⅱ, London: George allen & Unwin Ltd, 1968), 311.

193) 아리아 사마지의 창립자인 다야난다 사라스와티(Dayananda Saraswati, 1824－1883)는 1824년 서인도의 구자라트 주의 탕카라라는 작은 마을에서 태어났다. 다야난다는 기독교와 이슬람을 근절시키고 인도인들을 베다의 본래정신으로 되돌리기 위해 아리아 사마지를 설립하였지만, 사마지의 운동이 미처 자리를 잡기도 전에 세상을 떠났다. 그에게 있어서 "힌두교와 그 기초를 이루는 베다는 영원하고 오류가 없으며 신성하기 때문에 베다에 기초한 종교여야만 진정한 모든 사람의 종교였다. 따라서 모든 다른 종교는 불완전하고 베다에 근거한 힌두교만이 진정한 종교이다. 그러므로 다른 종교의 확산을 막고, 다른 종교의 신도들을 힌두교로 개종시키는 것이 아리아 사마지의 의무였다. Chand, Tara, History of the Freedom Movement in India, vol.2(New Dehli, 1967), 422.

194) 『브리태니커 25』, 689.

셋째, 라마크리슈나(Sri Ramakrishna Paramahamsa, 1836~1886)에 의해 주도된 개혁운동이 있다. 그는 서구적 교육에 접해보지 못한 인물이었지만, 폭넓은 종교적 편력과 신비체험을 통해, 모든 종교는 동일한 목표로 가는 다른 길이라는 결론에 도달했다. 그의 제자 비베카난다(Swami Vivekananda, 1863~1902)는 '라마크리슈나 선교회'(Ramakrishna Mission)를 설립했고, 스승의 가르침을 펴고자 국제적 무대에서 활동하면서 사회봉사활동도 전개했다.[196]

특히 힌두교가 세계화되는 데 가장 앞장선 라마크리슈나 미션은 힌두교가 세계적인 종교로 발전하는 데 결정적인 역할을 하였다. 이것을 토대로 요가가 서양에 보급되는 데 결정적인 역할을 하였다.

2. 라마크리슈나 미션

라마크리슈나 미션은 라마크리슈나로부터 시작된다. 그리고 그의 제자인 비베카난다가 라마크리슈나 미션을 캘커타에 세웠다. 이것을 통해 전 세계에 힌두교와 특히 요가를 전파하게 된다.

1) 라마크리슈나

라마크리슈나 파라마한사(Ramakrishna Paramahansa)[197]는 서부 벵골

---

195) 브루스 니콜스, 『상황화: 복음과 문화의 신학』, 김성욱 역(서울: 생명의 말씀사, 1992). 240.

196) 『브리태니커 25』, 689.

197) 라마크리슈나의 원래 이름은 가다다르(Gadadhar)인데, 그 이름은 비쉬누신의 별칭으로 '곤봉을 소유한 자'를 뜻한다. 이 이름은 그의 부친이 비쉬누신의 성지인 가야(Gaya)로 순례여행을 떠났을 때, 꿈속에서 비쉬누신이 나타나 말하기를 자신이 아들로 화신(avatar)할 것이라고 하여 붙여진 이름이다. 윤용복, "19세기 인도종교운동: 힌두교전통을 중심으로"(서울대학교 종교학과 박사학위논문, 2002), 90.

의 후글리(Hoogly) 지역의 카마르푸카르라는 마을에서 1836년 2월 18
일에 다섯 형제 가운데 넷째로 태어났다. 가난한 브라만 가문에서 태
어나 정식 학교교육은 거의 받지 못했다. 평생 벵골어의 거친 방언으
로 말했으며 영어도 산스크리트도 몰랐다. 7세 때부터 신에 심취했고
신비로운 황홀경에 빠지기도 했다.[198] 라마크리슈나는 정욕과 돈의
유혹에 맞서 싸웠다. 그는 사람이 영적(靈的)인 깨달음을 얻기 어려운
것은 이 2가지 악(惡) 때문이라고 믿었다. 금(金)에 대한 그의 반감은
시간이 지날수록 심해져서 알레르기 반응을 일으킬 정도였다고 하며,
마침내 어떤 종류의 금속도 만질 수 없게 되었다. 그는 모든 인위적
인 사회계급을 거부했으므로 카스트 제도도 자연 배척되었다. 1856년
형인 람쿠마르가 죽었다. 형이 죽자 형이 맡았던 칼리 신전의 사제
직책을 맡게 되었다. 이때 그의 나이는 20살이었다. 창조와 파괴의 여
신 칼리를 신의 최고 현현(顯現)으로 보았던 그는 캘커타 칼리 사원의
승려가 되자 칼리를 '거룩한 어머니'로 부르며 예배했다. 칼리 신전의
사제를 맡고 나서 라마크리슈나는 전체적인 구도가 바뀌게 되었다.
이전까지는 막연하게 신에 대한 깨달음을 추구하던 것이 이제는 스
스로 신을 바라보고 몸으로 느끼기를 원하였다. 칼리에게 계시를 달
라고 탄원하는 동안 몇 시간이고 계속 울었고 전신이 타는 듯한 뜨거
운 기운을 느꼈다. 칼리 여신을 한 번 몸으로 체험하고 나서 그는 칼
리와 뗄 수 없는 상태가 되었다. 신과의 만남이 없는 세계는 라마크
리슈나에게 죽은 상태와 같은 것이 되게 되었다.[199] 친척들은 1859년

---

[198] 시바신의 축제가 한창이던 어느 날 그는 성스러운 연극에서 시바신의 역을 맡아 하고 있었다. 그
런데 그는 자신도 모르게 극중에서 역을 맡아 하고 있던 시바신에게 사로잡히게 되었다. 그는 신
적인 능력에 사로잡혀 스스로를 잃어버렸으며, 의식을 잃고 죽은 것처럼 보였다고 한다. Rolland,
Romain, 『라마크리슈나』, 박임 · 박종택 옮김(서울: 정신세계사, 1988), 26.

의 결혼으로 그가 안정을 이루기를 바랐으나 사원으로 돌아가자마자 다시 신들림이 나타났다. 그는 12년간의 고행을 시작했고 사마디(samādhi, 자기 유도에 의한 영적 황홀경)의 온갖 상태를 맛보았다. 라마크리슈나는 브라만 계급의 한 방랑여인의 도움으로 요가와 탄트라의 의식을 익혔다. 그는 '쉬리 크리슈나'의 환영에서 절정을 이루게 되는 비쉬누파(派)의 의식에도 통달했다.

1864년 말 또 한 사람의 스승이 라마크리슈나를 찾아오게 된다. 그는 40년간이나 수행을 하고, 깨달음을 얻은 후 방랑생활을 하고 있었던 토타푸리(Tota-puri)였다. 그는 라마크리슈나를 보자마자 그가 베단타의 가르침을 받아들일 수 있다고 판단하였다. 수도사인 토타푸리를 만나면서 진정한 산니아신(sannyāsin, 고행자)으로 입문했고 불이일원론(不二一元論)을 배웠다. 라마크리슈나는 이내 사람이 영원한 브라만과 일체가 되는 '니르비칼파 사마디'에 도달했으며 이때 '라마크리슈나'라는 이름을 얻었다.[200]

1866년 이슬람의 길을 따르면서 마호메트의 환영을 접했다고 전하며 그 후 그리스도교를 연구했을 때는 예수도 보았다고 한다. 라마크리슈나는 이 연구와 환영들로부터 모든 종교는 본질적으로 같으며 모두가 옳다는 결론에 도달했다.

> 나는 모든 종교들−힌두교, 이슬람, 기독교−을 실천해 보았다. 그리고 나는 또한 힌두교의 여러 가지 종파들의 길을 따라가 보았다. 모든 종교가 길은 다르지만, 그들이 가고 있는 방향은 모두 같은 신이라는 사실을 깨달았다. 당신들도 한번 여러 종교를 시험 삼

---

199) 윤용복, "19세기 인도종교운동: 힌두교전통을 중심으로", 92−96.

200) Ibid., 97−98.

아 믿어보고, 모든 다른 길들을 가로질러 가 보아야 한다. (중략) 그
러나 그들은 크리슈나라고 불리는 신이 또한 시바로 불리고, 근본
적 에너지이며, 예수이고, 알라 그리고 천 개의 이름을 가진 동일
한 라마임을 결코 생각할 줄 모른다.[201]

이러한 그의 계시는 전 세계에 알려지게 되었다. 캘커타에 있는 그
의 집 부근에는 수많은 군중들이 그의 말을 듣기 위해 운집했다. 그
는 명성에도 불구하고 기본적으로 평범한 사람으로 머물렀다. 글을
쓴 적은 없지만 사후 여러 권의 어록이 제자들에 의해 출간되었다.
라마크리슈나는 모든 것에서 그리고 모든 사람에게서 신을 보았다.
모든 길은 같은 목표로 향한다고 그는 믿었다. 라마크리슈나는 다음
과 같이 말한다.

물웅덩이에는 온갖 가트(ghat, 물길)가 있다. 힌두교도는 그 액체
를 떠와서 '잘'이라고 부른다. 이슬람교도는 그 액체를 떠와서는
'파니'라고 부른다. 그리스도교도는 그 액체를 '워터'라고 부른다. 그
러나 그것은 모두 같은 물질이며 본질적으로 아무 차이가 없다.[202]

그의 이름으로 된 교단이 캘커타를 본부로 전 세계에 전도사를 파
견한다.[203] 가장 주목할 만한 제자인 비베카난다는 1893년 힌두교 대
표로 시카고에서 열린 세계종교회의에 참석했다.

---

201) Nikhilananda, Swami, Trans, The Gospel of Sri Ramakrishna(New York: Ramakrishna-Vivekananda
Center, 1992), 35.

202) Nikhilananda, Swami, Trans, The Gospel of Sri Ramakrishna, 36.

203) 라마크리슈나 자신은 '브라흐마 사마지'나 '아리아 사마지'처럼 어떤 조직을 세우지 않았다. 또한
체계적인 교의나 신조 등도 만들지 않았다. 물론 자신의 사상을 계속해서 전해줄 후계자로 비베
카난다를 택하였지만 구체적인 조직이나 신조 등을 내세우지는 않았다. 윤용복, "19세기 인도종
교운동: 힌두교전통을 중심으로", 100.

2) 비베카난다(Vivekananda)

사르마(D. S. Sarma)가 "사도 바울이 그리스도의 복음을 위해 했던 것과 비슷하게 스와미 비베카난다(Swami Vivekananda) 역시 라마크리슈나(Rama Krishna)의 복음을 위해 일을 했다."[204]고 말한 것은 옳은 말이다. 비베카난다의 스승 라마크리슈나의 가르침을 대중적으로 만들고 다른 사람들을 섬기는 라마크리슈나 미션을 알리기 시작했던 사람도 비베카난다이다.

비베카난다는 캘커타에서 1863년에 태어났다. 그의 부모는 그에게 나렌드라낫뜨 닷따(Narendranath Datta)라는 이름을 지어 주었다. 그는 크샤트리야 카스트에 속해 있었다.[205] 대학생으로서 17세의 나이에 나렌드라는 라마크리슈나의 영향을 받았다. 그는 승마, 수영, 복싱, 그리고 레슬링을 즐기며 행복해했다. 그는 철학과 시에 예민한 학생이었다. 그는 서양 철학의 모든 체계들을 공부했다. 그가 좋아했던 영국 시인은 워즈워스(Wordsworth)와 셸리(Shelly)였다. 그의 대학 교장인 윌리엄 헤이스팅스(William Hastings)는 나렌이 천재이며 그의 삶 속에서 족적을 남길 것이라고 말했다. 나렌이 라마크리슈나를 만나기 전 그는 사드하란 브라흐마 사마즈(Sadharan Brahma Samaj)의 회원이었다. 그러나 그는 종교적 경험을 열망했기에 이 회원이 된 것에 대해 만족하지 못했다. 그는 많은 종교 지도자들에게 그들이 신을 보았는지를 물었지만 어떤 사람도 그에게 확신을 가지고 대답하지 못했다. 그는 라마크리슈나에 대해 듣고서 그에게 가서 동일한 질문을 했다. 라마크리슈나는 그가 신을 경험했다고 확신 있게 대답했다. 그래서 나렌

---

204) D. S. Sarma, Renascent Hinduism(Bombay: Bharatiya Vidya Bhavan, 1966)
205) 윤용복, "19세기 인도종교운동: 힌두교전통을 중심으로", 100.

은 대략 6년 동안 라마크리슈나의 제자가 되었다. 라마크리슈나가 죽기 전 나렌은 돌이킬 수 없는 입신의 경지 니르비칼파 사마디(Nirvikalpa Samadhi) 상태에 도달했다.[206] 그리고 그는 정상적인 의식 상태로 돌아왔다. 라마크리슈나의 사후에 나렌의 즉각적인 작업은 라마크리슈나 제자들의 그룹을 함께 보존하는 것이었다. 그들은 세상을 포기하고 사니야신(Sanyasin)이 되어 라마크리슈나 결사(집단)의 중심이 되어 켈커타와 닷쉬네쉬와르(dakshineshwar) 사이 중간쯤에 있는 바랑고라(barangora)에서 그들의 겸손한 수도원을 세웠다. 그 사니야신(sanyasin)들은 새로운 이름을 취했다. 그러므로 나렌드라 낫뜨 닷따는 스와미 비베카난다(Swami Vivekananda)가 되었다.[207] 1888년에 비베카난다는 방랑 수도승으로써 그의 삶을 시작했다. 1891년에 그는 홀로 코모린 갑에 도달하기까지 중부, 서부, 남부인도를 두루 도보로 걸어서 여행했다. 이 여정을 통해 그는 인도를 발견했다. 그는 자신이 인도를 위해 봉사하되 특별히 가난한 자들을 섬기는 데 자신을 바쳤다. 그는 애국자 수도승으로 변화되었다. 그는 그의 삶에 위대한 사명이 있다는 것을 깨달았다.[208] 그를 사모하는 자들 중 얼마가 미국 시카고에서 벌어지는 첫 번째 종교의회에 참석하도록 자금을 마련해 주었다. 그는 1893년 5월 31일에 봄베이에서 배를 타고 출발했다. 비베카난다는 종교의회에 참석하려고 모였던 7천 명의 사람들에게 깊은 영향을 끼쳤다. 그는 이렇게 말하였다. "세계종교는 모두 절대적인 진리를 밝히려고 하는 것이기 때문에 상호 간에 협조해야 한다."[209] 여기에

---

206) 이은구, 『힌두교의 이해』, 115.

207) 윤용복, "19세기 인도종교운동: 힌두교전통을 중심으로", 101.

208) Ibid., 102.

뉴욕 헤럴드는 다음과 같이 썼다. "그는 의심할 여지없이 종교 의회에서 가장 위대한 인물이다. 그의 강의를 들은 후 우리들은 그의 학식 있는 나라에 선교사를 보내는 것이 얼마나 어리석은 것인가를 느낀다." 비베카난다는 그때에 겨우 30세였다. 그는 미국인들에게 힌두교에 대해 연설했을 뿐만 아니라 다양한 박애주의 활동을 위해, 그리고 그가 여러 장소에서 강의하므로 아주 열심히 일하기 위해 모금 활동을 했다. 그는 인도에서 활동하는 미국 선교사들을 대단히 비판했다. 일정 기간 동안 비베카난다는 강의 사무소를 위해 일했다. 그때 그는 다양한 곳에서 힌두교에 대해 강의하기 위해 브루클린 인종 협회(Brooklyn Ethnical Association)의 초대를 수락했다. 이 시기가 그가 라자 요가(Raja Yoga)라는 그의 책에 있는 내용을 구술했던 때였다. 그는 또한 그의 제자가 되고 또 하리다시(Haridasi)라는 힌두 이름을 붙인 미스 왈다(Miss Walda)를 위해 파탄잘리(Patanjali)의 요가수트라(Yoga Sutra)를 번역했다. 1895년에 그는 간단히 파리를 방문했다가 또한 그가 석 달을 머물렀던 영국으로 건너갔다. 마가렛 노벨이 그의 제자가 되었고 그리고 니베딧따라는 새로운 이름을 취하는 일들이 있었다. 그녀는 "내가 그를 보았던 것과 같은 그 주인(The Master as I saw him)"이라는 책을 썼다. 영국에서 많은 제자들을 만든 후에 비베카난다는 많은 개개의 청중들에게 많은 강의를 했던 미국으로 돌아갔다. 그의 제자들 중의 하나인 굿윈(Goodwin)은 카르마 요가(Karma Yoga), 박티 요가(Bhakti Yoga) 그리고 즈나나 요가(Jnana Yoga)에 대한 스와미의 강의들을 편집했다. 하버드 대학의 철학 학부는 베단타를 강의하도록

---

209) 이은구, 『힌두교의 이해』, 116-117.

비베카난다를 초대했다. 그 당국자들은 비베카난다가 아주 인상 깊었기에 물론 그가 수용할 수 없었던 사니야신으로서 하버드에서 동양철학에 대한 교수권을 그에게 제공했다.[210] 1896년에 비베카난다는 그가 부재중에도 그 일이 계속되도록 베단타를 가르치고 그 원리들을 적용하기 위한 목표로 뉴욕의 베단타 협회를 조직했다.[211] 그는 서구의 학문과 조직을 가르치려고 그의 미국인 제자들 중 몇을 인도로 데리고 왔다. 그는 그의 형제 수도승들 중 얼마를 영국으로 데리고 가서 거기서 그의 강의를 계속했다. 그가 건강을 잃기 시작했을 때 그는 베단타를 가르치기 위해 인도인 제자들 중에 하나를 미국으로 보냈다. 1897년에 동양학자들 중에 가장 위대한 연로한 막스 뮐러(Max Muller) 교수를 만났던 영국으로 돌아갔다. 결과적으로 막스 뮐러는 "스리 라마크리슈나의 삶과 어록들(The Life and Sayings of Sri Ramakrishna)"이라고 제목 붙여진 라마크리슈나에 대한 책을 썼다. 이 시기에 또한 비베카난다는 세비어(Sevier) 부부와 같은 그런 탁월한 사람들을 새로운 제자들의 그룹에 추가했다. 그들은 인도로 와서 히말라야에 있는 마야바띠(Mayavati)에서 아드바이타 아쉬람(Advaita Ashram)을 설립했다.[212] 비베카난다의 영국 친구들은 그를 유럽의 많은 장소들로 데려갔다. 유럽에서 굉장한 사건은 그가 독일 베단타 학자인 폴 듀센과 방문할 수 있었던 것이었다. 그리고 그는 영국에서 계속 강의를 하려고 돌아갔다. 그가 건강을 잃기 시작했을 때 그는 미국에서 그의 일을 계속하도록 사라다난다를 임명했다. 마침내 비베카난다는

---

210) 윤용복, "19세기 인도종교운동 - 힌두교전통을 중심으로", 101.

211) 이은구, 『힌두교의 이해』, 117 - 118.

212) Sri Ramakrishna and Spiritual Renaissance, The Cultural Heritage of India, vol. 4 : H. Bhattacharyya ed., Ramakrishna Mission Institute of Culture, 1962

대략 4년을 인도를 떠났다가 돌아왔다. 굉장한 리셉션이 그를 위해 열렸다. 그의 전기 작가들은 그의 승리적 귀환이 현대 인도 역사에서 굉장한 사건이었다고 말한다. 사람들은 그를 영예롭게 하려고 연합했다. 그들은 서양에서 그의 성취를 자랑스러워했다. 사르마(D. S. Sarma)는 힌두 르네상스가 자의식이 강한 청춘기가 되었다고 말한다. 비베카난다는 힌두들이 철학과 종교에서 최고라는 것을 확신했다. 그는 인도인들이 또한 서양에서 좋은 것들을 취해야만 한다고 말했다.[213] 비베카난다는 대중들을 가르치기로 결심했고 진리들은 우파니샤드와 푸라나에 포함되어있다고 생각했다.

> 나라(국가)가 원하는 것은 인간이 죄인으로 태어났다고 가르치는 약한 종교가 아니라 인간 영혼이 고유하게 가지고 있는 신성(神性)에 기초된 힘의 종교였다. 모든 약함은 독과 같이 거부되어야만 한다. 베단타는 힘을 가르치고 그것은 가난한 자들과 우리 땅의 짓밟힌 자들에게 가르쳐야만 하는 힘의 복음이다.[214]

비베카난다는 세일론에서 히말라야까지 여행했다. 그는 여행에서 돌아오면서 줄곧 강의를 했다. 모든 곳에서 그는 현대 인도의 마하라자(위대한 왕)로서 받아들여졌고 힌두 조직들은 그를 자랑스러워했다. 그 여행 후 그는 인도를 쇄신하기 위한 계획을 실행하려고 그의 서양과 인도의 제자들을 훈련하는데 집중했다. 그는 그의 서양 제자 자신들이 인도 사람들과 완전히 동일시하도록 권고했다. 인도 수도승들은

---

213) 비베카난다는 서양에서 네 가지 것에서 감명을 받았다. 첫째로 그들이 메시지를 위해 가졌던 굉장한 관심을 갖는다는 것과, 둘째로 서구 사회에 조화되는 여자들의 문화, 자유와 존경이었으며, 셋째로 조직의 힘이었는데, 그는 그것이 사회 진보를 위해 필수적이라고 이해했다. 그리고 마지막으로 서구에서의 물질적 번영이었다.

214) Sri Ramakrishna and Spiritual Renaissance, The Cultural Heritage of India, vol.4.

절제의 관념과 봉사의 관념을 겸하도록 그리고 오직 개인 구원만을 생각하는 것을 멈추도록 조언받았다. 그때까지 그들은 오직 개인구원에만 관심을 가졌었기 때문에 이것은 그들에게 혁명적인 사상이었다. 비베카난다의 견해들이 서구적이며 라마크리슈나의 가르침과 양립할 수 없다는 반대들 역시 있었다. 그러나 비베카난다는 모든 사람들을 향한 라마크리슈나의 사랑과 부드러움을 다시 생각나게 함으로 그들의 모든 반대를 부서 버릴 수 있었다. 라마크리슈나는 그 자신을 닫아 버리지 않았지만 다른 자들에게 계몽을 가져오려고 열심히 일했다. 비베카난다는 그들의 의무가 인도를 쇄신하는 일이라는 것을 그들이 생각하게 했다. 그러므로 라마크리슈나 미션[215]이 1897년에 조직되었다. 이는 19세기에 일어난 인도종교개혁운동 중에서 최대 교단으로 세계적인 활동을 하게 되었다.[216] 그가 그의 동료 수도승들을 개인적인 것에서부터 국가를 위한 사상적 봉사를 향하도록 개심시킨 것은 진정으로 비베카난다를 위한 승리였다. 어느 날, 그는 칼리의 환상을 보았고 그 응답으로 '어머니인 칼리(Kali the Mother)'라는 시를 썼다. 비베카난다는 1898년에 벨루르(Belur)로 돌아갔다. 1899년의 시초에 벨루르 맷쓰(Belur Math)가 수도승들의 영구한 본부가 되었다. 아드바이타 아쉬람 또한 마야왓띠, 알모르에서 1899년에 설립되었다. 비베카난다는 서쪽에서 그 일이 어떻게 진행되고 있는지 보기 원하여 1899년 6월에 영국을 방문했다. 2주일 후 그는 미국으로 갔다. 이때 그의 활동의 중심지는 그가 강의를 하고 라자 요가와 명상을 위한 수

---

215) 라마크리슈나 선교는 다음과 같은 정기적인 활동들을 한다. ⓐ 기근과 재앙, 구조, ⓑ 고아원들, ⓒ 학교들과 대학들, ⓓ 병원들, ⓔ 맷뜨들(인도에서 84, 인도 밖에서 31), ⓕ 영어로 쓰인 두 잡지, 브라흐마 바딘과 깨어난 인디아, ⓖ 우보다단이라고 불리는 벵갈리로 쓰인 월간 잡지

216) 이은구, 『힌두교의 이해』, 115.

업들을 개최했던 캘리포니아에 있는 샌프란시스코였다. 산타클라라 지방에서 샨띠아쉬람이 설립되었다. 새로운 베단타 센터들이 샌프란시스코, 오클랜드, 알메다에서 설립되었다. 그는 뉴욕으로 가서 첫 번 방문으로 설립되었던 베단타 협회의 진행과정을 보는 것을 기뻐했다. 그는 일요일마다 공공 강연과 토요일의 바가바드기타 클래스를 엄청난 열정으로 개최했다.[217] 후에 비베카난다는 파리에 있는 의회에서 연설하도록 초대받았다. 파리에서 석 달을 보낸 후에 그는 비엔나, 콘스탄틴노플, 아테네 그리고 이집트를 방문했다. 그는 1900년 12월 9일에 벨루르로 돌아갔다. 2주 후에 그는 다카, 구아하티, 쉴롱 그리고 다른 장소들을 1901년 3, 4월에 강연과 인터뷰를 하면서 방문했다. 그는 당뇨병과 천식으로 고통을 받고 있었다. 그가 벨루르로 돌아갔을 때 그 수도승들은 부다가야와 베나레스를 방문하는 것을 제외하고서 그를 쉬게 했다. 그의 생애의 마지막 해 동안 그는 벨루르에 있는 몬티쏘리 주택에서 사는 단순한 사니야시였다. 그는 그 맷뜨의 훈육을 유지했으나 그의 형제 수도승들을 부드럽게 사랑하였다. 그는 1902년 7월 4일 밤에 평화롭게 잠들었다. 비베카난다가 죽었을 때 그는 겨우 39세였다.[218] 라마 초우다리 박사는 비베카난다의 철학에 새로운 이름을 지어 주었다. 그것은 그가 신성의 충만함이 사람에게 내재한다고 말하고 있기 때문에 마나바드바이다바다(인본주의적 일원론)라고

---

217) 비베카난다에게는 모든 종교들은 근본적으로 동일한 진리를 추구하고 증언하며 각 개인이나 각 민족은 높든 낮든 자신에게 적합한 형태와 단계의 길을 따르는 것이지 타인이나 타민족의 종교를 비방하거나 개종시키려고 해서는 안 된다는 것이다. 사실 힌두교 자체가 이와 같은 종교적 다양성과 융통성을 가장 잘 보여주는 종교로서 비베카난다는 바로 이와 같은 힌두교적 전통을 세계 종교들 간의 평화에 크게 공헌할 수 있는 길로 보고 적극적으로 힌두교를 전파하려 했다. 조범연, "인도 상황신학의 비판적 연구"(아세아연합신학대학교 대학원 박사학위논문, 2005), 91.

218) 윤용복, "19세기 인도종교운동 – 힌두교전통을 중심으로", 102.

한다. 그는 인간(아트만-Atman) 속에 있는 실재의 현존이 브라만과 차이가 없다는 것 때문에 사람의 봉사를 가르친다. 비베카난다가 말했다. "나는 세상의 모든 가난한 사람들 속에 위치해 있는 나라야나……다리드라 나라야나의 숭배자이다……. 신에 도달하는 최고의 길은 사람을 섬기는 것이다." 라마낫뜨에서 그는 말했다. "가난한 자들, 병든 자들 그리고 나약한 자들과 시바를 숭배하라." 마드라스에서 그는 언급했다. "우리가 원하는 것은 사람이 만드는 종교이다. …… 우리가 원하는 것은 두루 사람을 만드는 교육이다. 우리가 원하는 것은 사람을 만드는 이론이다." 그는 말하러 갔다. "우리가 숭배해야만 하는 첫 번째 신들은 우리 자신들의 나라의 백성들이다."[219] 비베카난다는 보통 세상을 포기했던 즈나나 요가 수행자가 되는 것을 심사숙고했으나 또한 카르마 요가 수행자가 되는 것도 숙고했다. 그의 전 생애는 우리가 이미 주목했던 것처럼 활동들은 행동 철학에 바쳐졌다. 그는 바가바드기타가 가르친 것과 같이 카르마 요가를 실천했다. 그는 "나는 행동을 사랑한다. 내가 행동으로 살고 죽게 하라."고 말하곤 했다. 그의 비전은 대중들을 위한 활동적 봉사의 삶에 자신들을 바치는 수도승들을 만드는 것이었다. 그러므로 라마크리슈나 미션은 박애주의적, 자비로운, 종교적인 그리고 교육적인 선교사 활동을 수행하도록 조직되었다. 또한 비베카난다는 사회주의자로 불리어지는 첫 번째 인도인이 되었다. 인도 국가의 질문에 대한 그의 주요 강연 문안들은 인도 대중들의 향상 운동이었다. 그는 대중들을 자나 나라야나(대중들의 형상 속에 있는 신)라고 불렀다. 그의 기여는 활동들을 만들어 가는 국가 안에

---

219) 이은구, 『힌두교의 이해』, 117.

있었다. 그는 말하기를 "인도의 토양은 나의 가장 높은 하늘이다. 인
도의 선은 나의 선이다."

사르마(D. S. Sarma)는 라마크리슈나 운동을 다음과 같이 평가한다.

> 스리라마크리슈나 운동을 즉각적으로 선도하는 세 가지 종교적
> 인 운동들은 차라리 빈곤하였고 힌두의 위대한 역사적 종교들의
> 부적당한 대표들이었다. 브라흐마 사마즈의 종교는 성격에 있어서
> 힌두보다 더 많이 기독교에 단순한 절충주의였다. 아리야 사마즈의
> 종교는 힌두교의 후기 발전을 무시했던 단순한 베다 철학이었다.
> 오컬트 현상 그리고 비전을 전수받은 가르침들 그리고 그 철학의
> 티벳인 주인들과 함께하는 신지학회의 종교는 그럴듯한 힌두교의
> 한 종류로서 대부분의 힌두들에 의해 높이 올려 보였다. 다른 한편
> 비베카난다가 위대한 사도였다는 네 번째 종교적인 운동은 의심할
> 여지없이 충만할 뿐만 아니라 또한 힌두교의 믿을만한 표현이다.[220]

사람들은 이 운동을 평가하는 데 있어서 사르마(D. S. Sarma)가 옳다
는 것을 인정해야만 한다. 비록 비베카난다가 서방으로부터 많은 것을
배웠지만 그는 인도에 있는 기독교 선교사들의 사역을 굉장히 비평했
다. 분명히 그것은 그가 정죄했던 그들의 부정적인 접근방식이었다.

> "나는 죄인이다. 나는 죄인이다."라고 만 말하는 바보는 참으로
> 자신을 속된 마음에 빠뜨린다. 오히려 "나는 신의 이름을 찬미하고
> 있다."고 말하는 것이 낫다. 내가 어떻게 죄인일 수 있는가? 당신에
> 게 그것은 항상 죄악이오! 그것은 기독교의 견해가 아니오? 전에
> 어떤 사람이 내게 성경을 주었다오. 나는 그 한 부분을 들었는데,
> 거기에는 한 가지−반복되는 죄악−로 가득 차 있었다오.[221]

---

220) D. S. Sarma, Renascent Hinduism, 23.

221) Nikhilananda, Swami, Trans, The Gospel of Sri Ramakrishna, 627.

기독교의 가르침을 정면으로 부정하고 있다. 그는 철저한 힌두교
도였던 것이다. 그리고 기독교선교방법을 부정하면서 새롭게 힌두교
를 전 세계에 알리고자 하였다.

3) 미국의 베단타 협회

1898년 결성된 뉴욕베단타협회는 미국 내 라마크리슈나 선교회 지
부 가운데 가장 오래된 것으로 1893년 비베카난다가 시카고 세계종교
회의 참석차 미국을 방문했을 때 이루어진 강론집회가 발전한 것이다.
라마크리슈나 선교회의 활동은 20세기 전반기에 급속히 확장되었다.
1980년대에는 미국 내에만도 13개 지부를 가지고 있었으며 방글라데
시 · 싱가포르 · 피지 · 스리랑카 · 모리셔스 · 프랑스 · 스위스 · 아르헨
티나 · 영국에도 선교 센터가 있었다. 서유럽의 지부들은 사회봉사활동
을 펴지는 않고 라마크리슈나의 가르침을 전파하는 데 전력하고 있다.
인도에서는 약 90개에 달하는 수도원과 선교 센터들이 의료봉사 · 빈
민구제사업 · 교육 · 출판 등 다양한 자선활동을 벌이고 있다.[222] 미국
의 베단타협회의 홈페이지[223]에 들어가 보면 이곳에서 가르치는 내용
이 나와 있다. 기본적으로 이들은 라마크리슈나의 사상을 가르치고 있
다. 물론 비베카난다의 사상 또한 가르치고 있다. 그리고 힌두교의 교
리들에 대해 가르치고 있다. 그런데 이렇게 힌두교의 교리들을 가르칠
때 가장 많이 강조되고 있는 것이 있는데 그것이 바로 요가이다.[224] 이

---

222) http://enc.daum.net/dic100/contents.do?offset=ID5&query1=b05r3242a#ID5

223) http://www.sfvedanta.org/

224) 현재 미국에서 가장 빠르게 확장되고 있는 종교가 바로 힌두교이다. 그 중에서도 요가는 선풍적
인 인기를 얻고 있다. Peter W. Williams, Popular Religion in America(Urbana and Chicago: University
of Illinois press, 1989), 216-218.

곳에서 가장 기본적으로 가르치고 있는 내용들은 '우파니샤드(Upanishad)', '바가바드기타(Bagabad Gita)', '스리 라마크리슈나의 복음(The Gospel of Sri Ramakrishna)', '즈나나 요가(Jnana Yoga)', '박티 요가(Bhakti Yoga)', '라자 요가(Raja Yoga)', '카르마 요가(Karma Yoga)' 등이다.

4) 크리슈나(Krishna)

크리슈나는 비쉬누의 화신이며, 바가바드기타에 나타난 우월적인 신으로 수많은 힌두교도들의 애정을 받고 있다. 크리슈나는 일반적으로 실재 인물이라고 보는데, 이 실재 인물이 인격화되어 비쉬누의 화신으로 숭앙되었다. 크리슈나와 비쉬누가 동일시되는 과정을 살펴보면, 브라만 측이 신흥세력이었던 크리슈나 신앙을 자신의 영역으로 끌어 들이기 위해 베다 이래의 전통적인 신인 비쉬누와 동일시함으로써 크리슈나를 비쉬누 신의 현현으로 주장한 반면에, 크리슈나파 측에서도 자신의 입장을 정통화하려는 움직임의 일환으로 크리슈나를 비쉬누 신과 동일시하게 되었다고 본다.[225]

힌두교도들은 수많은 신들을 두고 있지만, 크리슈나는 새로운 신 개념으로 나타난다. 크리슈나는 자연 속에 들어 있는 하나의 신이라기보다는 자연을 지배하는 하나의 주가 된다. 힌두교도들은 세상의 기원 및 세상을 지배하는 원리에 관한 형이상학적인 추상개념 따위를 일축하고, 세계를 통치하는 크리슈나에서 하나의 인격적인 신을 발견하게 된다.

힌두교도들은 힌두교 조직 속에 여타의 신들을 알고 있지만 크리

---

225) 스가누마 아키라, 『힌두교 입문』, 문을식 역(서울: 도서출판 여래, 1994), 43-45.

슈나에게 특별한 경건심을 내보임으로써 일신교에 가까이 이르게 되었다. 크리슈나는 다른 신들이 쉽사리 성취할 수 없는 몇 가지 일들을 힌두교도를 위해 성사할 수 있다고 본다. 크리슈나는 카르마의 법을 극복할 수 있으며, 개인을 향한 사랑과 은총을 통하며, 또 크리슈나에 대하여 개개인과 사랑어린 순종의 태도를 통하여 윤회의 굴레를 파괴할 수 있기 때문이다.[226] 크리슈나는 세계의 모든 유신론과 범신론을 다 포괄하는 신들 중의 신이며, 창조자이고 통치자이며, 주인으로서 힌두교도들로부터 권세와 영광과 찬송을 차지하고 있다.[227] 힌두교도들이 크리슈나에게 드리는 경건한 예배와 결부해서 어떤 경향성이 있게 되었는데, 그것은 힌두교 종교 내에서 뿐만 아니라 나아가서 선교적인 힌두교라는 명목으로 다른 종교에 대한 도전도 일으켰다는 점이다. 특별히 미국에서는 구루(gurus), 스와미(swamis), 마하리쉬(maharishi)[228]가 인도에서 건너와서 힌두교의 진리를 가르치고 있다. 1965년 스와미 박티베단타 프랍후파타가 뉴욕 시에 왔었고, 그 후 얼마 되지 않아 국제 크리슈나 의식회가 미국 전역에 걸쳐 도시마다 설치되었다. 이 회는 헤어 크리슈나(Hare Krishna)로 더 잘 알려져 있다. 헤어 크리슈나는 미국의 종교적 다원주의 물결을 탄 하나의 선교 운동이 되었다.[229]

미국으로 들어온 또 하나의 힌두교 운동은 초월적 묵상(Transcendental Meditation: T. M.) 이다. 이것은 1965년 마하리쉬 마헤나 요기에 의해

---

226) 브라스웰, 『세계 종교의 이해』, 권혁봉 역(서울: 요단 출판사, 1995). 209-210.

227) 석진호 역해, 『바가바드기타』(서울: 고려원, 1991), 11.

228) 구루, 스와미, 마하리쉬는 선생, 학자란 뜻으로, 인도에서 종교 지도자들에게 쓰이는 존칭어이다.

229) 브라스웰, 『세계 종교의 이해』, 권혁봉 역(서울: 요단 출판사, 1995), 209-211.

미국에 소개되었다. 크리슈나의 이름을 따서 묵상반을 조직해서, 수련자들로 하여금 몸과 마음과 정신을 완전히 신의 임재를 나타낼 수 있는 상태로 훈련시키는데 이것은 요가의 배경에서 나온 것이다.[230] 크리슈나는 인도의 신으로 가장 인격화한 구세주란 칭호를 받는 신이다. 크리슈나가 인간을 위하여 뱀을 퇴치하는 그림을 그린 기념물이 발굴되어 인도의 메시아란 말까지 들은 일이 있다.[231] 이러한 크리슈나 신앙에 기독교 복음이 잘못 들어서면 메시아는 크리슈나와 동일시되고, 창조주 하나님은 그들의 최고신 중의 하나로 간주되어 브라만에 종속되거나 동일시된다.[232]

3. 라마크리슈나 미션에 대한 복음주의 선교신학적 비판

라마크리슈나 미션은 힌두교와 요가를 세상에 널리 전파한 가장 강력한 운동이다. 이에 대해 우리는 어떠한 비판을 하여야 하는가?

복음주의 선교신학은 이렇게 천명한다. "우리는 세계의 창조자이시며 주되신 영원한 한 분 하나님 곧 성부, 성자, 성령에 대한 우리의 신앙을 확인한다."[233]

우리는 한 분 유일하신 하나님을 믿는다. 그리고 우리를 구원하신 예수 그리스도 오직 그 분만이 길이며 진리며 생명이신 것을 믿는다. 그리고 우리와 함께 하시는 성령님을 믿는다. 그러나 요가는 크리슈

---

230) Ibid., 209 - 211.

231) 채필근, 『비교종교론』(서울: 대한기독교서회, 1992), 292.

232) 이동주, 『아시아 종교와 기독교』(서울: 기독교문서선교회, 1998). 147 - 148.

233) 로잔언약 "1. 하나님의 목적(The purpose of God)"의 일부이며 이에 대한 본문 말씀은 사40:28, 마28:19, 엡1:11, 행15:14, 요17:6, 18, 엡4:12, 고전5:10, 롬12:2, 고후4:7이다. http://www.lausanne.org/covenant

나라는 신과 시바신을 믿으며 3억 3천만이나 되는 온갖 잡다한 힌두의 신들을 전하고 있다. 이러한 힌두교의 사상과 구원론을 전하는 요가를 우리는 받아들여서는 안 되는 것이다. 복음주의 선교신학은 더 나아가 성경을 강조한다.

> 우리는 신구약성경이 하나님에 의하여 영감되었음과 그 참됨과 권위를 믿는다. 성경은 그 전체에 있어서 하나님의 유일한 기록된 말씀으로서 그 모든 가르치는 바에 있어서 착오가 없으며, 신앙과 행위에 대하여 유일의 정확 무오한 법칙임을 믿는다. 하나님의 말씀은 또한 그의 구원의 목적을 이루시는 하나님의 능력이다. 성경 말씀은 온 인류를 위한 것이다. 왜냐하면 그리스도와 성경에 나타난 하나님의 계시는 불변하기 때문이다. 그 계시를 통하여 성령은 오늘도 말씀하신다.[234]

그러나 요가는 그들의 요가의 경전과 힌두교의 경전들을 전한다. 물론 크리스천요가를 하는 사람들은 '그러한 경전을 쓰지 않는다.'라고 주장할 수도 있을 것이다. 그러나 요가의 근본 사상 자체가 비성경적임을 우리는 알아야 한다. 그리고 무엇보다 이러한 비성경적 관점에서 나온 요가가 그들의 선교전략 중 하나로 우리에게 다가왔다는 것이다. 요가는 분명 힌두교를 세계에 알리는 데에 가장 중요한 역할을 하고 있는 것이다. 그 단적인 예가 바로 라마크리슈나 미션에서 가르치는 내용들만 보아도 알 수 있는 것이다. 이에 대해 로잔 3차 케이프타운 서약은 선언한다.

---

234) 로잔언약 "2. 성경의 권위와 능력(The authority and power of the Bible)" 일부이며 이에 대한 본문 말씀은 딤후3:16, 벧후1:21, 요10:35, 사55:11, 고전1:21, 롬1:16, 마5:17,, 18, 유3, 엡1:17, 8, 3:10, 18 이다. http://www.lausanne.org/covenant

넷째, 우리는 성자 하나님을 사랑한다(WE LOVE GOD THE SON). 하나님은 이스라엘에 하나님만을 섬기고 사랑하라 하셨다. 이는 우리에게도 마찬가지이며, 우리에게 이는 예수 그리스도가 오직 구세주임을 믿는 것을 의미한다고 서약은 강조한다. "예수 그리스도는 하나님과 같은 권능으로 당신이 창조하신 이 세상을 통치하시며, 역사를 지배하시며, 모든 열방을 심판하시며, 하나님께로 돌아오는 모든 이를 구원하시는" 하나님이시다.[235]

우리는 구원의 유일하신 이름 예수그리스도만을 믿고 따라야 한다. 그리고 역사를 지배하시면 통치하시는 하나님을 믿어야 한다. 힌두교가 서구에 전파되면서 종교혼합현상이 가속화 되었고, 더 나아가 종교다원주의화 되어졌다. 범신론적인 사상이 기독교에 들어와 하나님에 대한 유일신 사상을 잊어버리고 점점 더 그리스도 중심적 다원주의와 신 중심적 다원주의로 변질되게 되었다.

현재 지구촌은 이상한 대조현상을 보이고 있다. 아시아와 아프리카의 많은 국가들은 자기들의 지배종교(dominant religion)를 이데올로기로 변질시켜서 종교적 절대주의 사회를 지향한다.[236] 공산주의가 물러간 자리에 더 무서운 종교적 독재가 등장하고 있다. 여기서 타적 구원관의 기독교선교가 설 자리를 잃어가고 있는 것이다. 반면 서구는 종교다원주의를 부르짖으면서 기독교의 절대성을 포기하고 동양 종교를 환영한다.[237] 특히 힌두교와 힌두교의 첨병인 요가를 선호하게 된 것이다.

그러나 우리는 이와 같이 타 종교의 선교전략에 의해 잠식되는 것

---

235) Cape Town 2010, The Cape Town Commitment: A Declaration of Belief and A Call to Action, 10 - 11.

236) World Report, Daring to dream again, Christianity today, August 2003: 26 - 27

237) 전호진, 『문명충돌 시대의 선교』(서울: 기독교문서선교회, 2003), 223.

이 아니라 우리가 오히려 그들을 예수그리스도께로 인도해야 하는 사명이 있는 것이다.

4. 힌두교의 선교전략인 요가에 대한 제언

위에서 살펴본 바와 같이 요가는 힌두교의 최첨병 역할을 하며 서구 세계에 침투하였고 우리나라에도 들어오게 된 것이다. 요가는 단순히 요가로 끝나지 않고 힌두교와 힌두교의 신이 있는 곳으로 사람들을 인도하고 있는 것이다. 따라서 우리는 단호하게 요가를 배척해야 하고 그 배후에 있는 힌두교 세력에 대해 널리 알려야 한다. 그리고 무엇보다 성경적 관점에서 크리스천들에게 요가를 하지 않도록 가르쳐야 한다.

다시 한 번 더 로잔언약이 우리에게 주는 메시지를 듣자.

> 문화는 항상 성경을 표준으로 해서 검토되고 판단 받아야 한다. 사람은 하나님의 피조물인고로 인간 문화의 어떤 것은 대단히 아름답고 선하다. 그러나 인간의 타락으로 인하여 그 전부가 죄로 물들었고 어떤 것은 악마적이다. 복음은 어떤 문화가 다른 문화보다 우월하다고 전제하지 않는다. 오히려 복음은 모든 문화를 그 자체의 진리와 정의를 표준으로 해서 평가하고 모든 문화에 있어서 도덕적 절대성을 주장한다. 선교는 이제까지 복음과 함께 이질적 문화를 수술하는 일이 너무나 많았다. 그리하여 교회는 왕왕 성경에 매이기보다 문화에 매이는 경우가 많았다.[238]

오늘날에 요가는 하나의 문화적 경향성을 타고 우리에게 들어왔다.

---

238) 로잔언약, "10. 전도와 문화(Evangelism and culture)"의 일부분.
http://www.lausanne.org/covenant

그러나 우리는 분명하게 이것이 어떠한 사상을 담고 있는지 알아야 한다. 힌두교는 비록 믿는 자들에게 마음대로 생각하도록 허용하지만 사회-종교적 관습과 의식의 영역에 있어서 이 둘이 신중하게 행하거나 무시하는 것에 대해서는 매우 비관용적이다. 기독교는 이러한 태도와 결코 타협할 수 없다. 왜냐하면 다음과 같은 두 가지 이유 때문이다. 첫째, 기독교는 선지자적 종교로서의 본성으로 인해 실용주의적 혹은 사회적 종교관을 배제하며, 종교를 일차적으로 그리고 단호하게 그 신앙대상의 객관적 실재와 진리라는 관점에서 인식하기 때문이다. 둘째, 비록 힌두교는 신봉자가 공동체에 의해 요구되는 사회 종교적, 의식적 양상을 배척하지 않는 한 마음대로 생각하도록 허용하지만 그 관습과 의식은 자연주의적 힌두교의 실용주의적, 상대주의적 기질과는 완전히 양립 가능한 반면에 '선지자적' 기독교와는 절대로 양립 불가한 다양한 종교이해(우상숭배, 다신론적 태도 등)를 전제하고 함의한다. 요가의 실천적 표명들이 보이는 바 위대한 종교적, 도덕적 성실성을 아무리 합당하게 인정할지라도 기독교는 이러한 요가와 힌두교의 근본적인 '상대주의적' 태도를 혐오스러운 불성실로 이해할 수밖에 없으며, 힌두교는 기독교의 근본적인 '절대주의적' 태도를 호전적인 배타성으로 간주할 수밖에 없다. 기독교는 많은 비판을 받고 있는 그 배타성을 포기한다면 그것은 기독교의 선지자적 핵심 즉 그 생명과 본질을 부정하는 것이기 때문이다.[239] 무엇보다 우리는 성경으로 돌아가야 한다. 그리고 힌두교의 선교 전략에 맞서 그들을 오히려 선교해야 한다. 올바른 복음주의 선교 신학을 가지고 힌

---

239) 핸드릭 크래머, 『기독교선교와 타 종교』, 392.

두교도들에게 가서 그들을 주님의 제자로 삼는 일을 해야 할 것이다.

Ⅳ. 뉴에이지(New Age)운동 중 하나인 요가

다음으로 비판하고자 하는 것은 요가가 뉴에이지 운동 중의 하나라는 것이다. 왜 우리는 뉴에이지 운동을 배격해야 하는 지 그리고 뉴에이지 운동과 요가가 어떠한 연관성이 있는지 살펴보고 이를 복음주의 선교신학적 관점에서 비판하고자 한다.

1. 뉴에이지(New Age) 운동의 정의

뉴에이지(New Age)[240] 운동이란 한마디로 서양의 세속적인 인본주의와 동양의 고대 신비주의적인 인본주의 운동을 통해서 하나님과 관계없이, 예수그리스도의 구원 없이 인간성의 회복과 참된 평화, 그리고 참된 행복이 실현되는 새로운 시대를 이룩하려는 범세계적인 종교운동을 일컫는 말이다. 특히 현재의 문화적 시스템과 사회적 시스템 그리고 육체적 운동을 통해 기독교에 대항하는 의식개혁운동이다.[241] 이것은 인간의 잠재력 개발을 기초로 하여 이미 종교적인 형태를 띤 운동으로서 매우 혼합적이고 다양한 방법들을 사용하여 인간의 의식세계를 조종하려는 의도를 가지고 있으며, 정치, 경제, 사회,

---

240) 뉴에이지(New Age)는 황금기라고 주장하는 물병자리 시대, 즉 사람이 자신의 능력과 신성을 스스로 깨닫게 되는 시대를 일컫는 말이다.

241) 박종성, "뉴에이지 운동의 태동배경과 뉴에이지 사상이 그리스도인의 생활에 어떤 영향을 끼치는가?"(Logos Christian Graduate School 박사학위 논문, 2000), 9.

교육 등 문화전반에 걸쳐 확산되고 있는 운동으로서 인류의 모든 영역을 통일하고 심지어는 종교까지도 통일하여 하나의 세계를 구축하여 지배하려는 전략이 숨겨져 있는 일종의 종교 운동이다.[242]

2. 뉴에이지 운동의 확산과 영향

오늘날 뉴에이지 운동(New Age Movement)은 이제 미국과 유럽을 뛰어넘어 전 세계로 번져 이제 우리들 앞에까지 확산되어 가고 있으며 그 영역은 문화, 예술, 종교를 총망라한 통합적인 양상을 띠고 있다. 그 중에서 특별히 힌두교에서 부터 출발한 초월명상(T. M.: Transcendental Meditation)은 그리스도인들에게까지 심각한 영향을 끼치고 있다. 이 초월명상이란 힌두교의 경전인 베다에서 기원이 되었으며 1965년 마하리쉬 마헤쉬 요기(Marharish Maheshi Yogi)에 의해 미국에 처음 소개되었다. 이것은 입문 단계에서는 이십분씩 자리에 앉아 긴장을 풀고 두 눈을 감고 명상에 몰입하는 가르침을 받으며 각자는 명상 촉진을 위해 나름대로의 독특한 만트라(Mantra)를 받는다. 여기서 만트라(Mantra)란 산스크리트어로 암호말, 힘을 주는 말로써 주문과 같다. 그리고 자신의 만트라(Mantra)는 남에게 노출시키거나 공개해서는 안되며, 만약 이렇게 했을 때 그 힘을 잃는다고 한다. 명상 활동을 하는 동안에는 이 만트라를 계속 되풀이해야 되는데 그 명상은 무의식의 문을 열어 그 힘을 동원하려는 것이라고 한다.

힌두교의 이상은 내적 평정과 외적 조화를 가능케 하는 삶의 방식

---

242) 김세욱, "성경을 통해 조명해 본 뉴에이지 운동 비판"(안양대학교 신학대학원 석사학위논문, 1997), 3.

을 제시한다. 인간의 삶은 신과 악마 사이의 갈등으로 고통받고 있다. 이러한 내적 갈등은 외적 부조화의 기초이다. 이 갈등을 극복하고 인간성을 회복하는 것이 요가의 목표이다. 힌두교 전통은 요가를 다른 전통들과 대립되는 것으로 보지 않는다. 오히려 요가는 "힌두교 신도가 더 나은 힌두교 신도가 되며 기독교인이 더 나은 기독교인이 되도록 도와주는 것이다."라고 말한다. 요가의 중심 요지는 우리가 모든 이기적 목적에서 완전히 벗어나야 참된 자아가 해방을 얻고 신과 연합할 수 있게 된다는 것이다. 요가를 계속함으로 잠자는 신아에서 벗어나게 되었다고 증언하는 다른 신앙의 사상가들도 있다고 한다.[243]

이러한 초월적(Transcendental) 명상은 비기독교적이며 비성서적이다. 초월이란 삼위일체 하나님의 영역으로서 인간으로서는 도저히 접근할 수 없는 영역인데도 불구하고 이 명상을 통하여 하나님의 영역에까지 들어갈 수 있다고 가르친다. 또한 생각 없이 외우는 만트라(Mantra)는 인간의 의식이 무시되고 오히려 무의식이 자유롭게 활동함으로 우리의 의식과 무의식 전체가 순간순간 성령 하나님의 지배를 받아야 한다는 성경의 가르침에 위배된다. 그럼에도 불구하고 학습의 능률을 위해서, 또는 신체의 건강을 위해서 심지어는 기독교인들까지 이 초월명상을 한다는 것에 대해 그 심각성을 느끼지 않을 수 없다. 찰스 하지가 지적했던 대로 힌두교의 다양성과 철학적인 요소로 인하여 기독교에 도전이 될 것을 예고하였는데 이것이 적중한 셈이다. 그리스도인들은 이 시대에 힌두교가 우리의 삶의 영역에 미치고 있는 이러한 영향들을 이해함으로써 우리들의 영적인 지위인 하나

---

243) 도널드 G. 도오, 존 B. 카먼 공저, 『종교다원주의와 기독교 신앙』, 한승홍 역(서울: 나눔사, 1993), 67-68

님의 자녀 되는 특권을 사탄에게 농락당하지 않도록 해야 할 것이다.

뉴에이지의 영성은 다양한 포장들로 나타난다. 곧 기성의 동양종교 집단들로부터 개인적 명상훈련들까지, 비술(秘術)적 의식들로부터 환생에 대한 공통적 신앙에까지 다양하다. 이런 이국풍의 기묘하게 보이는 신앙들은 20년 전에 서양의 '외형상 그럴듯해 보는 구조' 속을 향해 자신의 길을 다져나갔다. 이 신앙들은 많은 사람들에게 있어 받아들일 만하고 이론의 여지가 없었다. 그러나 이 신앙들은 정통 기독교와 명백하게 대조를 이룬다.[244]

이 새로운 영성이 반드시 고전적 동양종교들(불교, 도교, 힌두교와 이 종교들의 분파들)로의 환원을 말하는 것은 아니다. 오히려 동양과 새로운 이단과 비술적 사상들이 서양의 종교적 사고 속으로 주입됨으로써 잡종영성을 낳았다. 이 영성은 동양종교들의 본질을 취하지만 서양의 유대교와 기독교적 세계관의 일부 요소들을 계속 지니고 있다. 결과는 돌연변이였다. 일체(the One)는 남아 있으면서 특정한 서양 감각들로 표현된다. 하비 콕스(Harvey Cox)[245]의 논평은 적절하다. "동양에서 온 빛에 대해 서양이 다각도로 굴절시킨 마지막 결과는 완전히 새로운 형태이다."

서양 특히 북미의 능률과 즉각적인 결과에 대한 관심이 이 새로운 영성을 형성했다. 현대의 생활방식은 우리의 그럴듯하게 보이는 문화

---

244) 더글라스 R. 그루두이스, 『뉴 에지 운동 정체』, 박영호 역(서울: 기독교문서선교회, 1995), 145–147

245) 하비콕스(Harvey Cox, 1929년–)는 미국 하버드대학교에서 사회윤리학을 강의하는 신학자이다. 펜실베이니아 대학교와 예일 대학교에서 신학을 공부했으며, 하버드대학교에서 철학 박사학위를 받았다. 1962년 1년간 독일 베를린에서 거주하면서 동독 교회와 하버드대학교간의 연락을 받는 일을 하였다. 귀국 후에는 흑인민권운동에 참여했으며, 보스턴 흑인거주 지역에서 살면서 흑인해방과 민권운동을 위한 사회운동을 하였다. 저서로는 『예수, 하버드에 오다』와 『세속도시』가 있는데, 모두 한국어로 번역되고 출판되었다.

의 빠르고 쉬운 변화들(교회, 직업, 배우자 또는 세계관을 바꾸는 것)로 특징 지워지기 때문에 영적 지로로의 헌신도 간소화되고 체계화되어야 했다. 비록 어떤 사람들이 불교의 절이나 뉴에이지 시설에 칩거할지라도 그 새로운 영적 훈련들과 신앙들은 종종 특별히 현대적 생활에 맞게 조정된다.

뉴에이지 내의 어떤 비판가들은 그러한 효과와 실용주의를 비난할지 모른다. 그러나 그 일체가 이 현대적 정신장치에서 종종 안주하는 것이 발견된다. 신비주의자들과 도사들과 현인들의 필사적인 영적 곡예술이 '미국식으로' 무시되어 버리기도 하는 것이다. 하비 콕스는 이 태도를 '입장권으로 얻는 깨달음'이라고 말했다. 뉴에이지는 동양의 신비주의를 특징짓는 세상을 거부함 또는 고행적 접근을 거절한다. 그 대신 뉴에이지는 '깨달음'이 세상긍정 또는 쾌락주의적 생활방식까지도 즐겨 취하면서 세상적 성공과 공존하는 것을 좋아한다. 서양의 낙천주의와 진보에 대한 신념은 이 새로운 영성, 고전적 동양종교들에게는 종종 생소한 것에 충만히 배어 있다.

3. 뉴에이지와 요가의 연관성

뉴에이지와 요가는 그야말로 불가분의 관계가 있다. 뉴에이지를 생활화하는 게 요가이며 곧 뉴에이지 사상을 배우는 도구의 역할을 하고 있기 때문이다. 예를 들어 마하리쉬 마헤쉬 요가 수련자의 초월명상은 능률적 의식과학으로 제시된다. 즉 지시(매일 두 번씩 각각 20분씩 명상하라)에 따르고 결과들을 관찰하라는 것이다. 집단감수성훈련(EST)의 수료자들은 단지 두 번의 집중적 주말세미나 후에 깨달음을 얻었다고 말한다.

우리나라에서의 요가에 대한 인식은 체조나 운동 정도지만 요가의 본고장인 인도나 뉴에이지가 유행하는 미국에서는 전혀 그렇지가 않다. "스피츄리얼 요가", "자신의 생애를 창조할 수 있는 요가", "마음 속에 거룩한 예수를 심어주는 요가" 등 선전문구만 봐도 그것이 무엇을 뜻하는지 대번에 알 수 있을 정도다. '누구나 요가를 수행할 수 있다. 특별난 장비도 옷도 필요 없다. 조그마한 공간과 건강과 행복한 삶에 대한 강한 소망만 있으면 족하다.' 이것은 시바난다 요가센터에서 발행한 요가 입문서 첫머리에 나오는 문구이다.[246]

요가의 신관은 범신론사상이다. '인간이 곧 신이 될 수 있다.'는 신론은 뉴에이지의 인간관을 반영하고 있다. 어떻게 인간이 신이 될 수 있는가? 각자의 안에 있는 신을 어떻게 발견할 수 있는가? 이것에 대한 실천도구로서 요가를 선택하는 것이다. 메릴린 퍼거슨은 요가저널에서 자신 안에 있는 신성을 발견해야 한다고 주장한다.[247] 그야말로 요가는 뉴에이지 사상의 실천도구요, 뉴에이지를 가장 완벽하게 소화해 내는 게 요가임을 알 수 있는데 크리스천은 이것을 흉내 내서는 안 될 것이다. 사상이나 명상 따위는 염두에 두지 말고 체조로서 익히면 되지 않느냐고 말을 하지만 요가는 문화가 아니라 하나의 종교임을 안다면 우리는 이것을 절대적으로 배격해야 할 일이다.

---

246) 사탄과 뉴에이지 - 요가에 대한 헛된 생각 http://cafe.daum.net/6335/

247) 이상구, "뉴에이지 운동에 관한 가톨릭교회 교리적 고찰: 신론교리를 중심으로"(가톨릭대학교 대학원 석사학위논문, 2001), 32.

4. 뉴에이지운동에 대한 복음주의 선교신학적 비판

힌두교는 진리에 대한 기독교의 주장에 도전하고 있는 우주적인 의식(cosmic consciousness)인 뉴에이지 운동에 종교적 근거를 제시하고 있다. 오늘날 기독교는 동양 뉴에이지 신비주의로부터 도전을 받고 있다.[248]

뉴에이지 운동은 반문화 운동이다. 여기의 반문화란 기독교와 기독교문화를 포함하는 것이다. 뉴에이지운동은 하나 됨을 주장하며 화합을 강조한다. 뉴에이지 운동은 모든 종교와 모든 사상과 모든 문화를 끌어 들여 하나로 통합하려고 한다. 그러므로 뉴에이지가 추구하는 화합은 화합이 아니라 혼합이라는 것을 알아야 한다. 또한 뉴에이지운동은 인본주의 운동이다. 인간이 신이라는 구호는 이를 증명하고도 남는다. 뉴에이지 운동가들은 요가를 통하여 인간의식의 혁명을 통해 모든 인간이 신이 될 수 있다고 주장한다.[249] 따라서 뉴에이지 운동에 대한 비판은 우리 교회들이 가장 우선적으로 해야 할 일 중의 하나이다.

복음주의 선교신학은 로잔언약을 통해 이 부분에 대해 이렇게 강조한다.

> 우리는 우리가 악의 권세들과 능력들과의 부단한 영적 싸움에 참여하고 있음을 믿는다. 그것들은 교회를 전복시키고 세계 복음화를 위한 교회의 사역을 좌절시키려고 한다. 우리는 하나님의 전신갑주로 자신을 무장하고 진리와 기도의 영적 무기를 가지고 이 싸움을 싸워야 한다는 것을 안다. 이는 교회 밖에서의 거짓 이데올로

---

248) 브루스 니콜스, 『그리스도의 유일성과 종교다원주의』, 노봉린 옮김(서울: 도서출판 횃불, 1998), 14 - 19.

249) 김세윤, "성경을 통해 조명해 본 뉴에이지 운동 비판", 56 - 57.

기 속에서뿐만 아니라 교회 안에서까지도 성경을 왜곡시키며 사람을 하나님의 자리에 놓는 거짓 복음 속에서 적이 활동하고 있음을 발견하기 때문이다. 우리는 성서적 복음을 수호하기 위하여 깨어 있어야 하며 분별력이 있어야 한다. 우리는 우리 자신이 세속적인 생각과 행위, 즉 세속주의에 면역되어 있지 않다는 사실을 인정한다.[250]

뉴에이지 운동은 기독교를 와해시키기 위한 반기독교 운동에서부터 출발하였다. 그리고 그 도구 중의 하나로 요가를 사용하고 있는 것이다. 범신론적인 사상과 힌두교적인 사상으로 무장된 뉴에이지 운동과 뉴에이지 운동 중 하나인 요가에 대해 우리는 로잔언약이 천명하고 있는 바와 같이 "하나님의 전신갑주를 입고 진리와 기도의 영적 무기를 가지고 이 싸움"에 나서야 한다.

안타까운 것은 유럽교회가 세속주의와 부딪히면서 두 가지 면에서 큰 실수를 한 것이었다. 첫째가 '타협'(compromise)이다. 유럽교회의 가장 큰 실수라면 자유주의 신학과 타협한 것이다. 사실 자유주의 신학은 선교나 초자연주의를 부정하고 있다. 둘째 실수는 '철회'(withdrawal)이다. 유럽교회는 경건주의와 카리스마적 신학을 철회한 실수를 범하였다. 그렇다 보니 17, 18세기의 경건주의 운동이나 모라비안 교도들과 같이 뜨거운 신앙이나 선교에 대한 열정이 사라져 버렸다. [251]

---

250) 로잔언약 중 "12. 영적 싸움(Spiritual Conflict)"의 내용 중 일부이다. 이것에 대한 성경 본문 말씀은, '엡6:12, 고후4:3 - 4, 엡6:11,13 - 18, 고후10:3 - 5, 요일2:18 - 26, 4:1 - 3, 갈1:6 - 9, 고후2:17;4:2, 요17:15'이다. http://www.lausanne.org/covenant

251) 로잔 3차 대회의 세 번째 발제자로 나선 구스타브슨은 유럽에서 세속주의 과정을 설명하기 위해 기독교와 인본주의를 비교하였다. 그는 "기독교가 예수 그리스도를 통해 시작하여 300년경에 로마제국을 통해 전 세계로 확산되었고 1500년경에 종교개혁을 맞이하더니 1800년경에 영적부흥을 경험하였다가 1900년 이후부터 교회는 강하게 성장하였다. 하지만 이와 달리 포르투갈에서 발전한 인본주의(Humanism)는 1400년경에 르네상스로 발전하여 1700년경에 계몽주의로, 2000년부터 세속주의로 발전하여 교회를 심히 어지럽히고 있다."고 주장하였다.
유럽에서의 세속주의는 근대 과학에서부터 출발하였다. 세속주의의 특징은 '인간이 모든 것을 측정한다.'는 점이다. 그렇다 보니 세속주의는 신(神)이 필요 없음을 강조하고 있다. http://www.christiantoday.co.kr/view.htm?id=241979

이러한 잘못을 빨리 시정해야 한다. 그리고 다시는 되풀이해서는 안 된다. 뉴에이지 운동은 분명 거짓 이데올로기이며 성경을 왜곡시키고 있는 악한 영적세력임을 알아야 한다. 그러므로 우리는 뉴에이지 운동에 대해 경각심을 가지고 있어야 하며, 더 나아가 크리스천이 요가를 해서는 안 되는 것이다. 아니 이 요가에 대해, 뉴에이지 운동에 대해 영적전쟁을 선포해야 한다.

5. 뉴에이지 운동에 대한 비판적 제언

크리스천들이 뉴에이지 운동에 의해 영향을 받는 것은 주로 성경의 가르침에 대한 무지와 교리적 지식의 부족 때문이다. 오늘날의 물질주의에 대한 강조로 인해 삶의 모든 영역에 있어서의 주님이신 그리스도에 대한 헌신이 슬프게도 사라지고 있다. 이로 인해 비참한 결과들이 일어난다. 불행하게도 "사람의 영광을 하나님의 영광보다 더" 사랑하는 그리스도인들(요12:43), 세상의 방법들을 기독교 신앙과 통합시키려는 크리스천들(약1:27), 또는 영적 전투의 범위에 대해 무지한 크리스천들(행20:28-34)이 있다. 그들이 타 종교를 적극적으로 받아들이게 되었다. 그들은 타 종교의 문화에서 지식을 배우려고 하든지, 영적인 것을 차용하려고 하든지, 세속적인 쾌락을 즐기려고 하든지 또는 명목상으로 기독교 노선을 따라 일종의 사회개혁을 시도하든지 간에 결과는 그들의 기독교 신앙이 언뜻 보기에는 매력적이나 상반되는 문화에 의해 희석되거나 흡수되는 것이다. 이러한 죄악들은 기독교를 뉴에이지 운동에 개방하였고, 크리스천요가라는 이상한 것이 만들어지게 된 것이다.[252]

성경은 구원이 하나님의 은혜에 전적으로 달려 있다고 명시한다. "너희는 그 은혜에 의하여 믿음으로 말미암아 구원을 받았으니 이것은 너희에게서 난 것이 아니요 하나님의 선물이라 행위에서 난 것이 아니니 이는 누구든지 자랑하지 못하게 함이라."(엡2: 8-9). 더 나아가 우리의 죄를 속죄하기 위한 그리스도의 십자가 죽음은 우리가 구원을 획득할 수도 없고 얻을 자격도 없음을 확실하게 말씀한다. 예수께서 "다 이루었다."(요19:30)고 하셨을 때, 우리의 구원이 십자가에서 이루신 그리스도의 완성된 사역에 전적으로 달려 있음을 천명하신 것이다. 따라서 그리스도의 사역이 불완전하거나 불필요했다고 암시하거나, 하나님께 이르는 다른 길이 있다고 시사하는 어떤 가르침도 따라서는 안 된다. 예수님은 말씀하셨다. "내가 곧 길이요 진리요 생명이니 나로 말미암지 않고는 아버지께로 올 자가 없느니라."(요14:6)

기독교는 인간이 기본적으로 선하다거나 혹은 신성이 있어서 스스로 하늘나라에 갈 수 있다고 말하지 않는다. 우리는 오늘날 다시 한 번 더 복음주의 선교신학으로 무장해야 한다.

> 구원은 그리스도 안에서만 발견된다. 하나님은 창조하신 세계와 인간의 양심 속에서 그를 나타내시지만, 이러한 증거들은 그리스도 안에서 하나님의 계시가 없이는 완전하지 못하다. 이에 상반되는 진리의 주장들에 대항해서 우리는 문화적 장애뿐만 아니라 죄로 인해서 사람들이 그들을 위해 죽으신 그리스도를 보지 못한다는 것을 알기에, 겸손히 그리스도가 유일한 구세주라는 것을 선포한다.[253]

---

252) John Ankerberg and John Weldon, The Facts on the New Age Movement(Harvest House Publishers, 1988), 22.

253) 이구아수 선언문 중 '2. 주 예수 그리스도는 하나님의 유일한 계시이며, 세상의 유일한 구세주이다.'의 내용 중 일부. http://www.gmtc.or.kr

오늘날 일어나고 있는 뉴에이지 사상에 대해 우리는 단호한 태도를 보여야 한다. 무엇보다 인간중심의 사상이 아니라 하나님 중심의 신앙으로 바꾸어야 한다. 오직 구원은 우리의 죄를 위해 죽으신 예수 그리스도의 십자가의 은혜밖에는 없는 것이다.

V. 요가의 자세는 힌두교 신과의 합일(合一)

이제 크리스천들이 요가를 해서는 안 되는 이유로서 요가의 자세들에 대해 살펴보고자 한다. 요가에 있어서 자세들은 어떤 의미를 가지고 있는지를 살펴보고 이러한 자세들을 크리스천들이 왜 따라 해서는 안 되는지를 주장하고자 한다.

1. 요가의 자세들

앞에서 밝힌 바와 같이 요가의 뜻은 신과의 합일을 뜻한다. 산스크리트 문헌에도 빈번히 사용되는 요가의 의미는 개인적 자아와 초월적 자아의 '결합'이라는 뜻이다. 요가(yoga)라고 하는 단어가 처음 나타난 문헌은 『리그베다』이다. 요가는 'yuj'라고 하는 어근에서 파생되었으며, 원말의 의미는 '말을 마차에 매어 놓는다.'라고 할 때 '매다, 묶어놓다, 가두다'를 의미한다. 여기서 '말을 마차에 매어 놓는다.'라는 의미는 마음과 육체를 하나로 하여 신과 인간을 합일한다는 의미를 지닌다.[254] 따라서 요가의 많은 체위는 힌두신과의 합일을 시도하는 것이다. 요가의 자세 중 가부좌자세는 가장 오래된 요가 자세[255]

로 불린다. 이 자세는 이미 모헨조다로의 유적에서도 발견된다.[256)] 지금도 가장 기본적인 자세인 가부좌 자세는 바로 시바자세라고 하여 시바가 최초의 요가 수행자라고 주장한다. 이것은 오늘날 시바와의 합일을 시도하는 것이다. 이 외에도 많은 자세들이 힌두교의 신들을 묘사하고 있다. 코브라자세, 독수리자세, 소얼굴자세, 물고기자세, 메뚜기자세, 나무자세, 영웅자세, 원숭이자세 등등 우리가 요가를 하면 일반적으로 따라 하게 되는 자세들이다. 위에 언급한 모든 것들은 인도의 3억 3천만의 신들 중 하나이다. 따라서 우리가 요가를 한다면 요가의 말의 의미처럼 자연스럽게 이러한 힌두교의 신들과 합일을 이루게 되는 것이다.

오늘날 가장 대중적인 요가가 하타(Hatha) 요가이다. 한 설문조사에서 20~40대 여성들에게 '다이어트로 가장 선호하는 운동이 무엇이냐?'는 질문에 대한 응답으로 1위가 하타 요가였다. 아마도 이 설문조사 응답자 중 많은 수는 크리스천들이었을 것이다.[257)] 그러나 안타

---

254) M. 엘리아드, 『요가 불멸성과 자유』, 정위교 옮김(서울: 고려원, 1998), 35.

255) 인도정부가 요가 관련 지적재산권 보호를 위해 전통 요가 자세에 대한 특허 출원을 추진하고 있다. 연합뉴스에 따르면 힌두스탄 타임스가 7일 인도 정부산하 과학산업연구소(CSIR)는 900여 가지 전통요가 수련 자세에 대한 자료를 수집해 특허출원을 준비 중이라고 보도했다. CSIR은 인도의 요가 고전인 파탄잘리와 힌두 경전 중 바그바드기타(신의 노래) 등에 나오는 전통요가 수련법을 문서와 동영상 등으로 정리해 전통지식도서관(TKDL)에 등록하고 동시에 특허 출원절차도 밟을 예정이다. 이는 유럽과 미국을 비롯한 전 세계 요가 관련 단체들이 전통요가 수련법을 자신들의 독창적인 콘텐츠인 것처럼 포장해 이익을 취하는 상황을 막기 위해서라고 한다. CSIR은 이미 유럽과 미국의 사설단체가 출원한 요가 관련 수련법은 250여 개에 이르며 특허 건수는 수천 건에 이르는 것으로 추정하고 있다. http://www.interview365.com/client/news/view.asp?sidx=5221&ctcd=51

256) 유물 중에서 흥미로운 것은 후대의 힌두교를 연상시키는 동물, 나무, 신화 등이 조각된 수많은 골석(骨石)의 인장과 진흙으로 구워 만든 인장이다. 그 중에서 요가의 원형을 엿볼 수 있는 것은 요가수행의 자세로 앉아 있는 뿔이 난 신상을 조각한 진흙으로 구워 만든 2,000여 개의 인장이다. 특히 한 인장은 고고학자와 역사가들의 관심을 끌고 있다. 이 인장은 낮은 좌대에 앉아 있는 신의 형상으로, 주위에는 코끼리, 호랑이, 무소, 들소가 있고 아래에는 한 쌍의 영양 같은 동물이 있다. 이 신상은 최초의 요가 수행자이고 백수의 왕(pa u-pati)이라는 시바신과 동일한 형상이다. 그래서 이 시바 신상을 근거로 요가의 기원은 적어도 이 문명시대부터라고 추측한다.

257) 옥주현의 요가비디오가 20~40대의 여성들에게 다이어트를 위해 가장 많이 본 비디오로 1위를 차

깝게도 이 하타 요가는 모든 요가가 그러하지만 힌두교 신들과의 합일을 꾀하는 것이다. 하타요가의 최고의 고전인 하타요가프라디피카(hathayogapradipika)의 첫 시작은 이렇게 시작한다.

하타 요가(Hatha-yoga)를 처음으로 제시한 시조(始祖) 시바(Siva) 신(神)께 바친다. 하타 요가(Hatha-yoga)는 지고한 라자 요가(Raja-yoga)로 이르고자 하는 수행자의 훌륭한 계단에 해당한다.[258]

하타 요가는 시바에게 바쳐지는 힌두교인들의 수행방법이다. 시바와의 합일을 이루려는 시도인 것이다. 그러므로 시바에게 바치는 이러한 요가를 한다는 자체가 크리스천들에게는 부끄러운 일일 것이다. 그런데 더 나아가 이 책에는 이렇게 말하고 있다.

하타 요가(Hatha-yoga)는 인생의 번뇌로 고통 중에 빠져 있는 수행자들이 의지할 수 있는 안식처가 되며, 요가의 길을 실천하는 사람들을 받쳐 주는 거북이[259]와 같다.

거북이는 힌두교에 있어서 비쉬누의 화신이다. 거북이 신과 같다는 하타 요가를 크리스천들이 할 수 있겠는가?
요가가 힌두신과의 합일이라는 더욱 결정적인 증거가 있다.

시바 신께서 84가지의 자세들을 주셨다. 나는 그중에서 가장 중

지하였고 더 나아가, 다이어트를 위한 만족도도 1위를 차지하였다.
http://search.naver.com/search.naver?sm=tab_hty&where=nexearch&query

258) 배해수 편역, 『요가비전』, 208.

259) 거북이는 인도의 창조신화에 등장하는 비쉬누신의 열 번째 화신(avatar) 중에서 가장 첫 번째로 신들이 태초의 우유바다를 저을 때 기둥을 받쳐주는 주춧돌의 역할을 담당하고자 거북이로 변신한다. 배해수 편역, 『요가비전』, 209.

요한 네 가지 자세들을 설명할 것이다. 가장 중요한 네 가지의 자세는 달인(達人, Siddha), 연화(蓮花, Padma), 사자(獅子, Simha) 그리고 제왕(帝王, Bhadra)이다.[260]

요가의 신은 시바이다. 그리고 시바가 준 이러한 자세들은 결국 시바를 찬양하는 것이고, 주어진 자세들을 통하여 여러 신들과의 합일을 이루어 나가는 것이다.

요가의 여러 아사나들을 모아놓은 '아사나 백과사전'을 조사해 본 결과 지금 현존하는 자세들의 개수는 737개이고 이 중 다수가 동물들에 대한 것이며 사람과 신들에 대한 것도 많이 있다. 예를 들어 동물에 대한 것은 '사자자세', '원숭이 자세', '코끼리 자세', '코브라자세' 등등 각종 동물들이 여기에 나온다. 아사나의 명칭에 대한 분류 근거를 보면 더욱 명확하게 알 수 있다. 첫째로 '동물계'에 속하는 존재로는 '인간 이상의 존재'가 있고, '인간'이 있고, '인간 이하의 존재'가 있다. 여기서 '인간 이상의 존재'는 다시 '신적인 존재', '반신적인 존재' 그리고 '기타'로 나누어진다. '인간'에 대한 부분은 인간의 각 신체적인 부분들에 대한 자세이다. 그리고 '인간 이하의 존재'는 '동물류', '조류', '곤충류', '파충류' 그리고 '기타'로 구성된다. 그리고 '비동물계'로는 다시 '식물계'와 '일상의 사물' 그리고 '도구', 마지막으로 '병기류' 등이 있다.[261] 여기에서 당연히 가장 많은 자세는 인간 이하의 존재에 해당하는 온갖 종류의 동물, 조류, 곤충류, 파충류 등에 대한 것이다.

---

260) 배해수 편역, 『요가비전』, 216.
261) 배해수 편역, 『요가비전』, 55 – 57.

2. 요가의 자세들에 대한 복음주의 선교신학적 비판

복음주의 선교신학은 이러한 하타 요가의 여러 자세들에 대해 우리들에게 분명한 입장을 보여준다. "우리는 세계의 창조자이시며 주되신 영원한 한 분 하나님 곧 성부, 성자, 성령에 대한 우리의 신앙을 확인한다."[262]

우리는 세상의 많은 우상들을 섬기는 것이 아니라 오직 한 분 삼위일체 하나님만을 섬긴다. 삼위일체에 대한 우리의 신앙을 견고히 해야만 한다. 범신론적이고 다신론적인 힌두교의 사상이 우리 기독교에 들어와 종교혼합을 형성하도록 내버려 주어서는 안 된다.

> 그리스도는 유일하신 신인(神人)으로서 죄인을 위한 유일한 대속물로서 자신을 주시었고, 하나님과 사람 사이의 유일의 중보자이시다. 예수의 이름 외에 우리가 구원받을 다른 이름은 없다. 죄로 인하여 모든 사람이 멸망하고 있다.[263]

특히 요가의 행위를 따라 하다 보면 그 영향을 받게 되는 경우가 종종 있다. 예를 들어 쿤달리니 요가에서 '쿤달리니'는 사력(蛇力), 즉 뱀의 힘을 뜻하며, 힌두교인들은 사람의 꼬리뼈에 뱀이 한 마리 똬리를 틀고 있다고 생각한다. 그래서 구루에게서 쿤달리니 요가와 명상을 배우면, 뱀이 꼬리뼈에서 등뼈를 타고 머리 꼭대기로 치솟는 소위 '쿤달리니 각성'을 체험하게 된다고 주장한다. 그런데 성경에서 뱀은

---

262) 로잔언약의 내용 중 '1. 하나님의 목적(The purpose of God)' 중 일부분이다.
http://www.lausanne.org/covenant

263) 로잔언약의 내용 중 '3. 그리스도의 유일성과 보편성(the uniqueness and universality of Christ)' 중 일부분이다. http://www.lausanne.org/covenant

사단을 상징한다. 쿤달리니 요가 수행자들은 흔히 의기소침, 중증, 정
신장애 등을 겪으며, 악령의 억압, 악령지핌 현상 등의 문제도 발생한
다. 이러한 일은 크리스천들이 요가를 할 때도 그대로 일어난다. 이렇
듯 타 종교의 종교행위를 지속적으로 하게 될 때, 우리의 몸과 마음,
생각은 자연스럽게 그 종교의 사상과 영성 등의 영향에 노출된다.[264]
그러므로 크리스천들은 이러한 행동을 따라 해서는 안 되는 것이다.
오직 우리 몸은 하나님의 성전이기 때문에 거룩함으로 하나님이 기
뻐하시는 거룩한 산제사로 드려야 할 것이다(롬12:1 – 2).

3. 요가의 자세들에 대한 비판적 제언

인간정서의 시작은 행위에서 시작된다.[265] 그리고 몸과 뇌는 서로
합쳐져서 생명을 이룬다. 화학적, 신경적 경로를 통해 완전히 상호작
용을 하는 것이다.[266] 따라서 인간의 사고는 행동과 밀접하게 연관되
어 있다. 우리가 요가를 한다면 우리의 사고 역시 요가의 사상으로부
터 자유로울 수 없는 것이다. 그런데도 만약 당신이 이 글을 읽고 있
으면서도 요가를 할 생각을 한다면 예수님에 대한 기독교에서 멀어
져 있다고 생각하면 될 것이다. 로마서에서 사도 바울은 이러한 사람
들을 향해 외쳤다. "창세로부터 그의 보이지 아니하는 것들 곧 그의
영원하신 능력과 신성이 그가 만드신 만물에 분명히 보여 알려졌나
니 그러므로 그들이 핑계하지 못할지니라. 하나님을 알되 하나님을

---

264) 핸드릭 크래머, 『기독교 선교와 타 종교』, 최정만 역(서울: 기독교문서선교회, 1993), 431.

265) A. Damasio, 『스피노자의 뇌』, 임지원 역(서울: 사이언스북스, 2009), 99.

266) Ibid., 225.

영화롭게도 아니하며 감사하지도 아니하고 오히려 그 생각이 허망하여지며 미련한 마음이 어두워졌나니 스스로 지혜 있다 하나 어리석게 되어 썩어지지 아니하는 하나님의 영광을 썩어질 사람과 새와 짐승과 기어 다니는 동물모양의 우상으로 바꾸었느니라."(롬1:20-23)

우상들을 만들고 그 우상들을 본떠서 만든 요가의 자세들을 우리 크리스천들은 따라 해서는 안 되는 것이다. 성경은 다시 한 번 더 우리들에게 말씀하신다. "너희는 믿지 않는 자와 멍에를 함께 메지 말라 의와 불법이 어찌 함께 하며 빛과 어둠이 어찌 사귀며 그리스도와 벨리알이 어찌 조화되며 믿는 자와 믿지 않는 자가 어찌 상관하며 하나님의 성전과 우상이 어찌 일치가 되리요 우리는 살아계신 하나님의 성전이라."(고후6:14-16)

따라서 우리 크리스천들은 절대로 요가의 자세를 따라 해서는 안 되는 것이다.

5장

크리스천요가에 대한
대안 제시

앞서 크리스천요가에 대해 살펴보고 복음주의적 선교신학의 관점에서 비판해 보았다. 그렇다면 크리스천들이 요가를 하고 있는 데 대한 대안은 없을까? 본인은 두 가지로 제시하고자 한다. 먼저 올바른 영성에 대한 부분이며, 그 다음으로 성경적 웰빙에 대해 살펴보고자 한다.

Ⅰ. 올바른 영성의 확립

올바른 영성을 확립하기 위해 기독교 영성은 무엇이며 성경에 기록되어 있는 혼합주의 영성은 무엇인지에 대해 살펴보고자 한다.

1. 기독교 영성

기독교 영성이라고 할 때 다양한 하나님체험과 더불어 언급되어지는 것은 구체적인 삶과 관련되어 있다는 것이다. 기독교의 영성은 각 개인이나 공동체의 삶과 행위 등 실천의 문제를 포함하는 개념이다.[267] 그러나 여기에 가장 중요하게 생각해야 될 것은 다름 아닌 '그리스도 안에서(In Christ)' 또는 '성령 안에서(In the Spirit)'이다. 이것은 신약성경에서의 기독교 영성에 대한 가장 중요한 개념이다.[268]

월터 프린사이프(Walter Principe)는 영성을 다음과 같이 세 가지 다른 측면에서 이해한다. 첫째는 실재적이고 존재론적인 측면에서의 영성을 뜻한다. 영성이란 예수그리스도의 형제자매요 하나님 아버지의 딸과 아들로서의 삶을 뜻한다는 것이다. 둘째로 실제 존재한 인물들에 대한 가르침을 체계적으로 정리하는 측면이다. 이것은 각각의 가르침에 따라 다양한 교리나 전통이나 학파들이 생겨나는 데 따라서 영성 또한 다양하게 정의될 수 있으며, 신학적 설명뿐 아니라 영적 성장을 위한 실천적 가르침을 위한 구체적 작업 등이 포함된다. 끝으로 학문적인 측면인데 이것은 앞서 밝힌 두 가지 측면을 학자들이 연구하고 정리한 영성을 의미한다. 즉 영성은 단순히 영적, 정신적 측면에서의 체험이 아니라 구체적으로 결과되는 삶과 습관 그리고 이것이 축적되어 드러나는 전통이나 교리 등을 포함하는 개념이다.[269] 실

---

267) 신상원, "기독교 전통 가운데 나타난 영성 식별에 관한 고찰"(호남신학대학교 대학원 석사학위논문, 2005), 6.

268) In Sung Chi, "Holiness and wholeness: Toward a holistic Christian spirituality in the Korean syncretic context"(Theological department of University of Toronto for the degree of Doctor of Theology, 1998), 21.

269) Walter Principe, "Toward Defining Spirituality", in: Kenneth J. Collins, ed., Exploring Christian Spirituality(Grand Rapids, MI: Baker Books, 2000), 47-50.

천적 측면과 관련해서 하워드 라이스(Howard L. Rice)는 "하나님에 대한 우리의 경험에 응하여 우리의 삶을 형성하는 양식"[270]이라고 하였다.

유해룡은 영성을 "실존적이면서도 전인적인 삶을 예수의 영으로 스며들도록 하면 그 결과로서 진지하고 헌신된 기독교적인 삶을 낳게 하는 과정을 포함하는 포괄적인 용어"[271]로 정의하였다. 따라서 기독교 영성이란 하나님과의 인격적이고 친밀한 관계를 전제로 정적이고 수동적인 체험의 차원을 넘어 동적이고 적극적인 삶의 영역까지를 포함하는 개념이다.[272]

2. 오늘날의 잘못된 영성

뉴에이지 영성이 이미 상당수 교회 안에 스며들었고, 복음주의의 방향을 비틀어 놓으려는 시도가 대부분의 신자들도 모르는 사이에 이뤄지고 있다. 많은 미국의 기독교 지도자들이 이제 전례 없이 크리스천들에게 명상기법들을 연마하라는 말을 서슴없이 하고 있다. 유명한 목사들이 요가 워크숍에 참가하고 있다. 뉴에이지라는 용어를 강단에서 설명하는 일은 없지만 영적지도자들과 할리우드 명사들이 믿고 따르는 환상적인 신념체계로 이미 널리 알려져 있다. 많은 기독교 지도자들이 잘못된 것이 없다는 인상을 주고 있는 반면에 뉴에이지, 신비주의 영성은 이미 이해하기 힘들지만 수많은 교회와 청소년 단체 그리고 기독교교육기관의 중심부에 둥지를 틀고 있다.[273]

---

270) Howard L. Rice, 『개혁주의 영성』, 황성철 역(서울: 기독교문서선교회, 1998), 58.

271) 유해룡, 『하나님의 체험과 영성수련』(서울: 장로회 신학대학교 출판부, 1999), 18.

272) 신상원, "기독교 전통 가운데 나타난 영성 식별에 관한 고찰", 7.

『가지 않은 길』의 저자인 스콧 펙은 "미국의 모든 초등학교 5학년 교과목으로 선불교를 가르쳐야 한다."[274]고 말하고 있다. 특히 이머징 교회 운동의 지도자 중의 하나인 브라이언 맥클라렌은 그의 책에서 "나는 제자화가 곧 '기독교라는 종교에의 고착'이라고 믿지 않는다. 사람들이 예수의 제자가 되도록 하려면 불교, 힌두교 혹은 유대교적인 상황에 그대로 남아 있는 것도 많은 경우 바람직할 수 있다."[275]라고 말한다. 기독교와 동양의 영성 사이에는 분명한 경계선이 있었다. 그런데 지금은 이 경계선이 흐려졌다. 자신을 기독교인이라고 하는 사람들이 이처럼 급속하게 성장하는 영적혁명을 거의 자각하지 못하고 있다. 뉴에이지라는 말을 만든 유명한 신비주의 여선지자인 엘리스 베일리는 놀랄만한 주장을 하였다.

> 기독교의 지식인들의 수행과 동양의 형제들의 명상을 연결해주는 많은 구절들을 발견하기란 물론 쉽다. 이 양자는 방법에 있어 똑같은 효능을 증거한다.[276]

이 사람이 말한 기독교 지성인들이란 이미 내재해 있는 신을 본 사람들이란 뜻이다. 신비주의 수행자들을 일깨워 모든 것 안에 있는 신을 보도록 한 것을 뜻한다. 힌두교에서는 이를 사마디(samadhi)라고 한다. 이것이 요가 명상의 최종적인 목표이다. 즉 신은 모든 것 안에 있다는 것이다. 존재하는 모든 것을 통해 힘 혹은 능력이 흘러나온다

---

273) 레이 윤겐, 『신비주의와 손잡은 기독교』, 11 - 12.

274) M. Scott Peck, Further Along the Road Less Traveled(Simon & Schuster Audioworks, 1992)

275) Brian McLaren, A Generous Orthodoxy(Grand Rapids, MI: Zondervan, 2004), 260.

276) Alice Bailey, From Intellect to Intuition(New York, NY: Lucis Publishing Co., 1987), 193.

는 것이다. 특히 윌리엄 존스톤은 이러한 경험이 기독교 안에도 존재
한다고 믿는다. 존스톤은 이렇게 설명한다.

> 그렇지만 내가 마음 놓고 말할 수 있는 것은, 서구의 영성에 당
> 당하게 한 자리를 늘 차지해 온 하나의 사마디가 있다는 것이다.
> 나는 이것이 선에 가장 가까운 것이라고 믿는다. 내가 기독교적인
> 선이라고 부르는 것이 바로 이것이다.[277]

저명한 심리학자인 칼 융은 이 체계가 서양의 요가일 수 있다고 예
견했다.[278] 이것을 표현하는 가장 널리 쓰이는 용어는 범신론이다.
즉 모두가 신이라는 사상이다. 이 용어는 바로 만유 내재신론, 즉 신
이 모든 것 안에 있다는 것이다. 이 세계관이 지닌 신학적인 의미는
몇 가지 이유에서 성경적인 기독교와 정면으로 맞선다. 오로지 한 분
참된 하나님이 존재하시되, 그 분의 정체는 모든 사람 안에 있지 않
다. 하나님의 정체의 충만함은 육체적인 형태로는 오직 예수그리스도
에게만 있다. 따라서 우리는 오직 예수그리스도를 우리 안에 영접할
때에만 하나님의 사랑과 계획을 알고 체험할 수 있다.

오늘날 교회의 성도들이 이러한 것들에 현혹되고 있는 이유는 올
바른 영성을 소유하고 있지 못해서이다. 예수그리스도를 아는 것은
단지 종교생활이 아니다.[279] 주님과의 인격적인 관계이다. 로마서 10
장 2절은 "열심이 있으나 올바른 지식을 따른 것이 아닌" 자들에 대

---

277) William Johnston, Lord, Teach Us to Pray(New York, NY: Harper Collins Publishers, 1991), 54.

278) William Johnston, Lord, Teach Us to Pray, 58.

279) 노윤식은 그의 논문에서 한국의 성도들 중 50% 이상이 샤머니즘적인 체험이나 행동을 하고 있는
것으로 말하고 있다. Younsik Noh, Indigenous christian response to the challenge of contemporary
Korean shamanism within the protestant church of Korea(Asbury Theological Seminary for the Doctor
of Missiology Degree, Wilmore, Kentucky. May 1998), 3-4.

해 말씀한다. "성경은 구원이 하나님의 은혜에 전적으로 달렸다고 명시한다." "너희는 그 은혜에 의하여 믿음으로 말미암아 구원을 받았으니 이것은 너희에게서 난 것이 아니요 하나님의 선물이라 행위에서 난 것이 아니니 이는 누구든지 자랑하지 못하게 하려 함이라."(에베소서2:8-9)고 말씀하신다. 또한 우리의 죄를 속죄하기 위한 그리스도의 십자가 죽음은 우리가 구원을 획득할 수도 없고 얻을 자격도 없음을 굳게 가시화한다. 예수님께서 "다 이루었다."(요19:30)고 하셨을 때, 그분은 우리의 구원이 십자가에서 이루신 그리스도의 완성된 사역에 전적으로 달려 있음을 말씀하신 것이다. 따라서 그리스도의 사역이 불완전하다거나 불필요했다고 암시하거나, 하나님께 이르는 다른 길이 있다고 말하는 어떤 가르침도 따라서는 안 된다. 예수님은 "내가 곧 길이요 진리요 생명이니 나로 말미암지 않고는 아버지께로 올 자가 없느니라."(요14:6)고 말씀하셨다. 그러므로 우리는 이 시대의 잘못된 영성을 분별하고 올바른 영성을 소유해야 한다.

3. 올바른 영성의 제시

초대교회의 영성의 개념은 "성령의 능력 안에서 산다."[280]라는 것이었다.

특별히 우리는 바울의 영성의 개념에 주목해 볼 필요가 있다. 라틴어 'spiritualitas'는 바울 서신에서 프뉴마(πνευμα)와 프뉴마티코스(πνευματικοσ)로 번역된다. 우리가 바울의 신학 가운데 가장 중요하게 보

---

280) Philip Sheldrake, "What Is Spirituality?", in: Kenneth J. Collins, ed., Exploring Christian Spirituality(Grand Rapids, MI: Baker Books, 2000), 24.

아야 할 것은 '영적인 것'이 '육적인 것'이나 '물질적인'(σῶμα)과 대조를 이루기보다는 오히려 '하나님의 영에 반하는 모든 것'(σαρξ)과 대비를 이루고 있다는 것이다. 다시 말해 사도 바울에게 있어서 인간 내면의 영은 하나님의 영에 의해서 명령과 인도와 영향을 받는 총체적인 반면에 육신(σαρξ)은 하나님의 영의 영향력에 반하는 인간 내면의 모든 것을 가리킨다. 따라서 육신은 성령을 거부하는 외적, 물리적 신체뿐 아니라 인간의 정신 의지, 마음 등을 포함하는 포괄적인 의미를 가진다.[281]

사도 바울은 물질적인 것과 비물질적인 것을 대비시키는 것이 아니라 삶의 방식이나 태도를 대조하고 있는데, 여기서 영적인 것은 성령의 영향 아래 있고 하나님의 영이 드러나는 것을 의미한다. 인간 영성의 성경적 기초는 요한복음 4:22-24과 로마서 8장에 근거한다. 먼저 요한복음 4:22-24은 예배의 본질을 영인 아버지와 영인 인간의 만남으로 정의한다. "하나님은 영이시니 예배하는 자가 영과 진리로 예배할 지니라."(요4:24)

또한 이 말씀에서 예배는 내가 하는 것이 아니라 우리가 하는 것이라는 영성의 공동체적 성격을 명확히 한다. 또 성경에서 가장 영에 대한 말씀을 많이 하는 로마서 8장은 더욱 확고한 영성의 기초를 제공한다. "성령님이 친히 우리 영으로 말미암아 우리가 하나님의 자녀인 것을 증거하시나니."(롬8:16) 이 속에서 성령님과 대응하는 존재로서의 우리의 영에 대한 자각과 그 활동은 얼마나 인간이 이 세상에서 가장 중요한 가치인 하나님의 자녀로서의 신분을 확증하는 것이 중

---

281) Thomas Deidun, "Beyond Dualism: Paul on Sex, Sarx and Soma", The Way(July, 1988), 195-205. 신상원, "기독교 전통 가운데 나타난 영성 식별에 관한 고찰", 8에서 재인용.

요한가를 보여준다.[282) 인간은 영적인 존재로 창조되었다. 영은 하나님과 관계하는 자리이다. 그러므로 인간의 영은 하나님과 올바른 관계에 있을 때만 영적일 수 있고 기쁨과 평강의 의로움을 누릴 수 있다(롬14:17).[283) 따라서 엄밀히 말하자면, 하나님과의 관계가 단절되어 영이 죽어 있는 자연인, 타 종교인은 영적이라고 말할 수 없다. 결국 타 종교의 영성 훈련법, 즉 수행법은 인간의 타락으로 인해 야기된 결핍과 갈증을 반영하고 있을 뿐이다. 하나님과의 관계가 깨어진 데서 야기된 결핍과 갈증에 대해 타 종교 영성과 기독교 영성의 차이는 다음과 같이 몇 가지로 설명할 수 있다.[284)

첫째, 범신론적 신비주의로 분류될 수 있는 타 종교에서 추구하는 궁극적 실재와의 합일, 우주와의 합일, 신인(神人)합일, 천인(天人)합일 등은 하나님과의 친밀한 관계가 깨어진 데서 오는 인간의 영적 결핍과 갈증을 반영하고 있다. 요가에서 나타나는 신비적 합일의 체험은 종종 몰아경, 무아경, 황홀경, 삼매경과 같은 변성의식(trance) 상태로 묘사된다. 이러한 범신론적 합일 사상에는 궁극적 실재와 수행자 사이의 정체성의 구분을 상실하는 몰아(沒我)적 상태에서 인간이 곧 궁극적 실재가 되고 신이 되는 신인합일(神人合一)을 경험한다. 그러나 성경적인 '하나 됨'을 설명하기 위해서는 합일이라는 개념보다는 연합이라는 개념이 더욱 적합하다. 연합은 정체성의 상실이 수반되지 않는 상태에서 성령과 연합하고(고전6:17), 성령의 다스림하에서 하나

---

282) 송제근, "공동체성으로 성숙해야 하는 영성", 『기독교와 영성』(서울: 두란노 아카데미, 2010), 158.

283) 하나님의 나라는 먹는 것과 마시는 것이 아니요 오직 성령 안에 있는 의와 평강과 희락이라.(롬 14: 17)

284) 이에 대한 내용은 안점식의 글에서 잘 나타나 있다. 안점식, "기독교의 영적 훈련과 타 종교의 수행법", 『기독교와 영성』(서울: 두란노 아카데미, 2010), 169-176.

님의 의지와 나의 의지가 일치하게 되는 것이다. 성령 충만의 온전한 연합에서는 인간은 하나님이 생각하시는 방식대로 성경적 세계관에 입각해서 생각하게 되고, 하나님이 느끼시는 방식대로 느끼게 되고, 하나님이 하시고 싶은 일을 하기 원하는 방향으로 지정의(知情意)를 사용하게 된다.

둘째, 자기 자신과의 관계가 깨진 데서 야기된 결핍과 갈증에 초점이 맞추어진 것이다. 인간의 타락은 수치감, 두려움, 죄책감, 열등감, 욕구의 좌절과 같은 고통을 가져다주었는데 이 때문에 인간은 내적 고요함과 기쁨, 평안함, 의로움에 대한 갈망을 갖게 된다. 요가는 바로 인간의 마음의 수양, 마음공부, 자아의 파쇄 등에 관심을 가져 왔다. 사람들은 고통이 욕구와 관련되어 있고 욕구의 좌절에서 고통이 발생하는 일반적인 심리 현상을 관측하게 되었다. 모든 종교는 고통받고 있는 자아 문제를 어떻게 처리해야 하는가에 대해서 나름대로 해결방식을 제시하려고 한다. 대체로 범신론적 신비주의적 종교에서는 욕구하는 자아가 저급한 물질세계에 속해 있으므로 육체를 억압하는 금욕주의를 통해서 고통에서 벗어나서 진정한 자아의 해방을 누릴 수 있다고 생각한다. 혹은 힌두교의 좌파에서는 오히려 욕구의 실현을 통해 자아의 해방을 누릴 수 있다는 생각으로까지 나아간다. '나'라고 하는 정체성 자체를 부정함으로써 욕구하는 자아가 받게 되는 고통의 문제를 해결하고자 한다. 이러한 자기 부정은 성경이 말하는 자기 부인과는 다르다. 성경에서 말하는 자기 부인은 성령의 내주(內住)를 전제로 한다. 따라서 자기 부인과 성령 충만은 동전의 앞뒷면이다(갈5:16-17). 성경의 자기 부인은 자기 정체성의 부인이 아니라 자발적으로 성령의 다스림하에 두는 것이다. 이것은 자기 스스로 자기를 다스리는 것을 넘어서 궁극적으로 성령의 다스림하에 자기를 두는 것이다. 여기에 요가의 마음공부가 성경의 다스림과 다른 점이 있다. 크리스천에 대한 성령의 내주하심은 타 종교에서 찾아볼 수 없는 기독교의 독특한 약속이다. 따라서 성경적 의미에서 영적인 사람은 자기를 부인하고 십자가를 지는 사람이고(마16:24) 성령 충만한 사람이다.[285]

일반적으로 인간의 마음에 고통을 불러일으키는 것은 인간관계의 갈등 문제와 통제할 수 없는 환경의 문제 때문이라고 할 수 있다. 요가에서 마음을 다스리는 방식 가운데 대체로 두드러진 세 가지 방식이 관찰된다. 하나는 자신의 내면의 의식과 감정의 변화를 그대로 직면하여 관조하는 훈련이고, 다른 하나는 어떤 물체나 신체의 한 부분 혹은 호흡에 집중하는 훈련이다. 나머지 하나는 자신이 통제할 수 없는 일을 통제하려 하고 있다는 것을 자각함으로써 집착을 끊는 훈련이다. 이러한 것은 주로 마음의 작용을 정지하거나 조작함으로써 마음의 고통을 떨쳐내고 평안함을 불러일으키는 목표로 한다. 이러한 훈련은 일시적으로 효과가 있어 보인다. 그러나 성경적 마음 다스리기는 자신의 마음을 조작하고 통제하는 데 있지 않으며 궁극적으로 관계를 회복하는 데 있다.

성경은 하나님이 창조하신 질서와 원리에 순종함으로써 마음의 고통을 극복하는 길을 제시한다. 우선 인간관계의 갈등 문제에 있어서 성경은 우리의 의식과 관념을 단순히 조작하는 것을 넘어서 올바른 관계의 회복을 촉구한다. 하나님과의 올바른 관계는 통제 불가능한

---

285) 안점식, "기독교의 영적 훈련에 타 종교의 수행법을 차용할 수 있는가?", 『목회와 신학 2004년 3월호』(서울: 두란노 서원, 2004), 108–109.

환경과 예기치 않은 미래의 일에 대한 염려라는 마음의 고통을 해소하는 올바른 방법이다. 성경에서 염려를 극복하는 방법은 단순히 스스로 마음을 조작하는 것을 넘어서 성령께서 우리 마음에 평강을 주장해 주시는 측면이 있다. 하나님과의 올바른 관계의 가장 중요한 측면은 바로 믿음이다. 하나님은 믿음을 의롭게 여기시며(롬 4:5, 9) 믿음 없이는 하나님을 기쁘시게 하지 못한다(히11:6). 믿음만이 의인이 사는 길이고(롬1:17, 히10:38) 하나님은 의인을 붙드시고 요동함을 허락지 아니하신다(시55:22).

셋째, 타인과의 관계의 깨짐에서 오는 결핍과 갈증이다. 소위 사회적 영성이라고 불리는 것이 이 범주에 들 수 있다. 사회적 영성은 참된 영적태도에서 배제될 수 없는 것이다. 하나는 수직적인 것이고 하나는 수평적인 것이다. 수직적인 경건은 "자기를 지켜서 세속에 물들이 않는 거룩"이고, 수평적인 경건은 "고아와 과부를 그 환난 중에 돌아보는 사랑"이다. 거룩이 하나님의 본체적 속성이라면(사6:3, 계4:8) 사랑은 피조물과의 관계적 속성이라고(요일4:16) 할 수 있다. 영이신 하나님의 형상대로 지음 받은 인간도 거룩함과 사랑으로 충만해 있을 때 그를 '영적'이라고 말할 수 있을 것이다. 거룩과 사랑은 경건의 모양을 넘어선 능력이 있는 경건이다(딤후3:5). 그러나 요가적 신비주의는 초월성만 강조할 뿐 역사성은 중요하지 않다. 이 세상은 해탈함으로써 초월해야 할 어떤 곳이기 때문에 이 세상의 사회와 역사에 대한 관심은 결핍될 수밖에 없다. 사회변화와 역사의식 등은 오히려 해탈을 방해하는 집착거리가 될 뿐이다. 그러므로 요가의 신비주의에서는 사회적 영성은 잘 나타나지 않는다.[286]

넷째, 자연과의 관계가 깨짐에서 오는 갈증으로 말미암은 영성이다. 요가에서는 궁극적 실재와 인간 그리고 자연의 삼자간의 관계에 대해서 특별히 초점을 맞춘다. 그러나 성경에서 말하는 만유의 통일은 만물이 각자의 개체성 혹은 정체성을 상실하고 하나가 되는 범신론적 합일주의와는 다르다. 성경적 관점에서 만유의 통일은(엡4:6) 만물을 붙드시고 하나님의 주권적 섭리를 중심으로 만물이 하나로 묶여 있음을 의미한다. 성경적 관점에서 인간과 자연은 공히 피조물이지만 범신론적 신비주의 종교에서 나타나는 것처럼 인간과 자연이 동격인 것은 아니다. 인간은 자연 위에서 자연을 관리하는 직무를 맡았다.

위에서 범신론적 영성 특히 요가의 영성과 기독교의 성경적 영성 사이의 차이점을 제시하였다. 기독교에는 가르침과 교훈이 있다. 그러나 기독교는 가르침과 교훈과 깨달음을 본질로 하는 종교가 아니다. 모든 종교는 가르침과 교훈을 본질로 한다. 그러나 기독교는 대속의 종교이다. 예수님이 오신 것은 가르치고 교훈을 주고 깨달음을 주는 데 궁극적인 목적이 있는 것이 아니라 대속에 있다(마20:28). 대속은 인간의 죄로 인하여 깨어진 관계를 회복함으로 하나님이 원래 의도하신 대로 우주의 질서와 원리로 돌아가는 기반이다. 그러므로 회개 또한 관념과 의식의 차원이 아니라 행위의 수정과 관계의 회복을 위한 순종적 실천을 요구하는 것이다. 성경적인 관점에서 영적인 사람은 이 대속 사역의 반석 위에서 관계를 올바르게 회복한 사람이다. 그리고 무엇보다 올바른 영성은 하나님께서 사명으로 주신 문화명령과 지상명령을 성령의 능력으로 수행하는 사람이다.

---

286) 요가의 종류 중 하나인 박티 요가는 단순히 자비를 행하고 선업의 공덕을 쌓는 일방적인 것이지 타인과의 관계회복이라는 상호적인 영성은 아니다.

4. 기독교 영성교육과 건강

오늘날 많은 크리스천들은 건강을 위해 요가를 한다고 한다. 그러나 올바른 영성교육은 오히려 건강에 더 좋다는 많은 연구들이 있다. 굳이 건강을 위해 요가를 할 필요가 없다는 뜻이다. 오히려 올바른 영성교육이 필요하다는 말이다.

영성교육은 특히 신 뇌(God Spot)를 활성화시킨다고 한다. 신 뇌는 측두엽에 위치하는데, 영성교육에 의한 측두엽의 활성화가 건강에 영향을 주는 것에 대하여 많은 연구가 있다. 헤롤드 코에닉은 "교회에 열심히 나가는 사람들이 일요일마다 골프 치는 사람들보다 더 건강하다."라고 말함으로써 영성과 건강과의 상관관계를 함축해서 말했다. 교회는 고통스러운 상황, 어려운 상황을 이겨내는 기도를 통한 치유를 말하고, 사람들의 삶에서 희망과 의미, 목적을 끌어내 주며 정신건강도 개선시킨다. 그리고 교회에서 만난 사람들끼리 서로 격려하고 기도해 주는 것도 병으로부터 오는 고통과 상실감, 스트레스를 줄여준다. 교회신앙생활과 수명과의 관계도 6년 이상 연구한 결과에 따르면 최소한 1주일에 1회 이상 교회에 다니는 사람들은 6년 후 최종 시점에서 생존할 가능성이 40% 더 높게 나왔다고 한다. 존 템플턴(John Templeton)은 기도는 하나님을 지향하며 인지적으로 이완을 도와주고 명상은 생리적으로 이완을 유도한다고 한다. 크리스천들에게 있어 기도는 영성발달을 위한 실천적 방안의 하나이다. 기도를 통해 크리스천들은 감사와 찬양을 하나님께 드리며 소망하는 것들을 간구하고, 일상의 삶 속에서 생기는 어려운 문제들을 간구하기도 한다. 깊은 묵상기도가 스트레스로 긴장된 근육과 마음을 이완시키는 효과가 있다고 한다. 묵상기도는 자율신경계의 부교감 신경계를 통해 인간의 신체기능을 완화시키고 혈당치를 떨어뜨리는 역할을 한다.[287] 크리스천들은 암의 발생빈도나 암 발생 후의 사망 빈도도 타 종교나 무종교인에 비해 현저히 떨어진다는 조사가 있다.[288] 따라서 영성발달을 통하여 질병을 예방하며 전인건강에 이르는 만큼, 우리 크리스천들은 예배와 성경공부 그리고 찬양과 기도와 전도를 통한 영성발달로 건강한 삶을 살아갈 수가 있을 것이다.

Ⅱ. 성경적 관점에서의 웰빙 제시

요즘 '웰빙'이라는 말이 유행이다. 인터넷 검색 단어 1위로 부상할 정도로 관심도 많다. '웰빙족'이라는 말까지 생겨났다. 한마디로 잘 먹고 잘 사는 부류를 일컫는 말이라고 한다. 이제는 '웰빙산업'이라고 할 정도로 관련 업종이나 직업까지 생겨나는 모양이다. 최근 몇 년 만에 생겨난 붐이다.

문제는 '웰빙'의 진정한 의미는 모른 채 하나의 트렌드로만 받아들이고 있다는 데 있다. 사실 '웰빙'이라는 단어는 아주 성경적인 용어이다.

1. 구약에서의 웰빙

존 윌킨슨(John Wilkinson)이 쓴 『성경과 치유』라는 책을 보면 성경

---

287) 이종웅, "예방의학에 대한 영성 신학적 접근"(아시아연합신학대학교 신학대학원 박사학위논문, 2008), 158 – 159.

288) 이에 대한 자세한 내용은 위의 글, 이종웅, "예방의학에 대한 영성 신학적 접근", 172 – 177을 참조하라.

에서 생명의 완전성과 안녕(well-being)을 가장 잘 묘사하는 단어로 '샬롬(Shalom)'을 들고 있다. 특별히 민수기 6장 26절의 "여호와는 그 얼굴을 내게로 향하여 드시고 평화(Shalom) 주시기를 원하노라."고 축복하는 장면에서 샬롬의 진수를 맛볼 수 있다고 저자는 지적한다.[289]
샬롬의 의미는 무엇인지 몇 가지로 살펴보면 다음과 같다.

1) 장수(長壽)와 평안한 자연사

샬롬은 죽음과 관련하여 무병장수, 그리고 이에 따른 평안한 자연사라는 한 개인의 삶에 있어서의 일면을 보여준다. 그 대표적인 예로 창세기 15:15절을 들 수 있다. 창세기 15장은 하나님께서 아브라함에게 많은 자손과 땅을 주실 것이라는 약속을 그 내용으로 하는 언약체결에 관한 내용이다. 이때 아브라함의 후손들의 미래에 대한 하나님의 말씀이 주어지는데, 그 과정에서 하나님께서는 아브라함에게 너는 장수하다가 평안히(샬롬) 조상에게로 돌아가 장사될 것"(창15:15)이라고 말씀하신다. 이때 '평안히 죽는다'는 것은 장수(長壽)의 의미는 물론 만족한 삶을 누리다가 어떤 질병이나 사고로 인한 죽음이 아닌 평화롭고 편안한 자연사의 의미를 지니고 있다. '평안히(샬롬) 죽는다'는 말은 장수나 편안한 죽음의 의미와 함께 생존 당시에도 걱정이나 근심 없이 행복하고 만족스러운 삶을 영위한다는 의미도 아울러 포함한다. 이는 여선지자 훌다가 요시야에게 전한 하나님의 말씀을 기록하고 있는 열왕기하 22:20절을 통해 알 수 있다. 그 구체적인 내용은 요시야가 "평안히(샬롬) 묘실로 들어가게" 된다는 것과 요시야의

---

289) 존 윌킨슨, 『성경과 치유』, 김태수 옮김(서울: 기독교연합신문사출판부, 2006), 27 - 45.

생전에는 하나님께서 이스라엘 백성들에게 내릴 온갖 재앙을 보지 않을 것이라는 말씀이었다.

이처럼 무병장수와 관련된 샬롬의 의미는 한 개인의 축복받은 상태를 보여주고 있다. 그러나 이러한 생명 혹은 장수로 대표되는 하나님의 축복은 하나님의 말씀, 곧 율법이나 토라의 준수하는 행위, 그리고 이를 통해 생명과 장수를 약속받은 것은 곧, 인간과 하나님과의 관계적 접촉점이 맞닿아 있음을 보여준다. 아울러 생명의 주권자가 하나님이라는 사실 역시 장수의 의미를 지닌 샬롬의 관계적 특징을 보여준다.[290)

2) 질병이 없는 신체적 건강상태

샬롬은 질병이 없는 개개인의 신체상의 건강과 안녕의 상태를 의미하는 말로도 사용된다. 시편 38:3절에서 시편기자는 질병으로 인한 자신의 비참하고도 고통스러운 상태를 다음과 같이 탄식한다. "내 살에는 성한 곳이 없고 내 뼈에는 평안함(샬롬)이 없나이다." 이때 시편기자는 자신의 질병, 곧 샬롬이 없는 상태가 된 이유를 자신의 죄로 인한 하나님의 진노의 결과라고 말하고 있다. 즉, 죄와 그에 대한 징벌이라는 인과적 도식은 하나님과 잔 개인의 관계 속에서 이루어진다. 따라서 개인이 누리는 샬롬은 이러한 관계성을 토대로 하고 있는 것이다.

이사야 38:17절에서도 그 실례를 볼 수 있다. 히스기야가 병이 들어 죽게 되었을 때(왕하20:1, 대하32:24) 그는 하나님께 기도함으로써 병이 나았고 그의 수명이 15년간 연장되었다. 질병으로부터 회복되는

---

290) 김현철, "샬롬의 의미에 관한 연구"(연세대학교 연합신학대학원 석사학위논문, 2005), 30－32.

기도의 응답을 받은 히스기야가 하나님을 찬양하며 지은 노래가 이사야 38:10-20절의 내용이다. 이 가운데 17절에서 하나님께서 히스기야에게 큰 고통을 더하신 것은 그에게 "평안(샬롬)을 주려"고 하셨기 때문이라고 말씀하신다. 이때 사용된 샬롬은 질병의 회복, 신체의 건강을 나타낸다. 하나님은 질병뿐만 아니라 건강도 주시는 분이며, 히스기야의 질병과 건강이라는 특정 상태는 그를 향한 하나님의 계획 가운데 있는 것으로 나타난다. 히스기야가 누리는 샬롬이 그를 향한 하나님의 계획과 관심의 결과물이라는 사실은 이 단어를 하나님과 특정인간간의 상호관계라는 측면에서 볼 수 있도록 해준다.[291]

3) 심리적 안정과 신체적 무고

샬롬은 외부의 물리적 요인으로 인해 신체적으로 해악이나 손상을 입지 않은 안전한 상태를 의미하기도 한다. 예를 들어 유다의 왕 여호사밧이 아람과의 전쟁을 마치고 '샬롬 가운데' 돌아왔다고 할 때(대하19:1), 나라들 간의 전쟁으로 말미암은 환난과 어지러움으로 인해 오고가는 사람들에게 '샬롬이 없었다'고 할 때(대하15:5), 곡식자루에서 요셉의 은잔이 발견되지 않는 사람들은 '샬롬 가운데' 자신들의 집으로 돌아갈 수 있을 것이라고 할 때(창44:17) 샬롬의 의미는 신변의 위협이 없는 안전한 상태를 의미한다. 또한 자신을 '샬롬 가운데' 아버지의 집으로 돌아갈 수 있도록 해달라는 야곱이 하나님께 간구하고 서원할 때(창28:21) 샬롬은 위와 같은 의미를 지닌다. 이에 더하여 샬롬을 주시는 분이 바로 하나님이라는 사실이 전제되어 있다. 즉

---

291) 김현철, "샬롬의 의미에 관한 연구", 33-34.

샬롬을 간구하는 자와 이에 응답하여 샬롬을 주시는 하나님 간의 관계적 차원이 설정되어 있는 것이다. 한편 어떤 이유로 자신의 신변에 위협을 느낀 사람에게 신체적인 안전과 무고를 약속함으로써 심리적인 안정과 만족을 줄 때에도 샬롬이라는 단어가 중요한 역할을 한다. 이 때 샬롬은 인간의 제반 두려움이나 근심, 걱정 등과 같은 심리적 평정 저해 요소가 완전히 일소된 만족 상태를 의미한다. 여기서 말하는 심리적 안정이란 제반 근심, 걱정 등을 유발시키는 물리적인 조건 및 현실적인 상황이 적극적으로 개선된 결과물을 말한다.[292)]

4) 번영과 평안

샬롬은 개인이 물질적 번영이나 안녕과 평안들을 누리고 있는 상황을 의미하는 데에도 사용된다. 예들 들어, 잠언 3:1-2절에서는 아버지의 가르침과 교훈을 잊지 않고 준수한다면, 이에 대한 보상으로 '장수'를 누리는 한편 '샬롬을 더하여 줄 것'이라고 말씀한다. 여기에서 샬롬은 사는 동안의 '번영'(prosperity) 혹은 '안정'(quietness)을 의미한다. 여기에서 말하는 아버지의 가르침이나 교훈은 하나님의 말씀, 곧 토라를 말한다. 토라에 대한 순종의 결과는 장수와 번영, 그리고 행복이다. 인간을 향한 하나님의 뜻이 담긴 순종의 결과는 장수와 번영, 그리고 행복이다. 인간을 향한 하나님의 뜻이 담긴 토라를 준수한다면 그 대가로 샬롬이 주어진다는 가르침은 샬롬이 하나님으로부터 기인한다는 것을 깊이 인식하고 있음을 보여준다. 한 개인이 누리는 샬롬, 곧 번영과 평안과 행복이라는 상태는 언제나 하나님과 대면한

---

292) 김현철 "샬롬의 의미에 관한 연구", 34-37.

일대일 관계로부터 만들어지는 것이다. 하나님을 신뢰하고 토라에 순종하며 선을 행했을 때, 그에게는 삶의 총체적인 행복과 안녕으로서의 샬롬의 현실이 그에 대한 보상으로 주어진다. 그렇기 때문에 한 개인의 삶의 현장 속에서 주어지는 보상의 내용, 혹은 보상의 결과로서의 샬롬은 언제나 조건적이고 유동적인 성격을 지닌다. 조건적이고 유동적이라 함은 보상의 필요조건과 충분조건 사이의 끊임없는 상관관계가 있음을 말해준다. 즉 샬롬의 공여자인 하나님과 그 수혜자인 인간 사이의 관계적 상호 작용 속에서 샬롬이 구체적으로 현실화되는 것이다.[293]

2. 신약에서의 웰빙

구약에서의 웰빙의 대표적인 용어로서 샬롬을 제시하였다. 그렇다면 신약에서의 웰빙의 개념을 가장 잘 설명해주는 말은 없을까? '웰빙'이라는 개념은 지금 우리가 흔히 말하는 잘 먹고 잘 사는 그런 개념은 결코 아니다. 이것은 완벽한 성경적인 용어이다. 누가복음 2장 52절에 보면 "예수는 지혜와 키가 자라가며 하나님과 사람에게 더욱 사랑스러워 가시더라."고 말씀한다. 여기서 우리는 예수님의 4가지 측면에서의 전인적인 성장을 엿볼 수가 있다. 첫째, '그 지혜가 자라났다'는 것은 '마음의 측면', 곧 정신적인 성장이 이루어졌다는 것을 의미한다. 둘째, '그 키가 자라났다'는 것은 '육체적 성장'을 가리킨다. 그리고 셋째와 넷째는 '하나님과 사람에게 더욱 사랑스러워져갔

---

293) 김현철 "샬롬의 의미에 관한 연구", 38-39.

다'는 것은 영적 성장과 관계적 성장을 이루어 가셨다는 의미이다. 바로 이 4가지 측면에서의 고른 성장을 우리는 '전인적인 성장'이라고 말을 하는 것이다. 이는 곧 우리 모든 인간들이 추구해 나아가야 할 성장의 방향성이라고 말을 한다. 더불어 이 4가지 측면이 고루 균형을 이루면서 건강한 성장을 해 나가는 것을 우리는 '전인건강'이라고 부른다. 이 '전인적 측면에서의 건강'을 바로 '웰빙'이라고 부르는 것이다. 이 세상의 모든 사람들은 그리스도를 닮아가야만 한다. 그것이 이 세상에서 가장 행복하게 사는 비결이다. 그런데 구체적으로 어떤 모습으로 살아가야 하는가의 방향성을 바로 예수님의 4가지 측면에서의 건강, 곧 영적, 정신적, 육체적, 대인 관계적 성숙과 균형 잡힌 고른 성장에서 찾을 수가 있는 것이다. 다시 말해서 진정한 건강이란 육체적인 측면만을 말하는 것이 아니라 4가지 측면에서 온전함과 균형, 그리고 조화를 이룰 때 비로소 언급할 수 있는 것이라는 점이다. 그 말은 건강한 몸과 마음이 있을지라도 하나님과의 건강한 관계를 누리지 못하고 있다면, 또 다른 사람들과 잘 조화를 이루지 못하고 있다면 총체적인 건강과 온전함이 결여되어 있다고 볼 수 있는 것이다. 물론 4가지 요소들의 상호작용 측면에서 다른 요소들의 결여 역시 온전한 건강에 이르지 못한다고 볼 수 있는 것이다. 그래서 하나님은 우리 모두가 이러한 삶의 모든 영역에서 온전하여지고 거룩하게 되기를 원하시는 것이다(살전5:23).

3. 성경말씀 암송과 묵상을 통한 웰빙적 삶의 실천

그렇다면 이제 어떻게 하면 크리스천들이 웰빙의 삶을 살 수 있을

까? 본인은 성경암송을 제시하고자 한다. 사실 이미 많은 크리스천들은 성경을 인생의 지침서 및 매일의 웰빙도구로 삼고 암기 또는 묵상하는 일이 많다. 이러한 크리스천들은 그렇지 않은 크리스천보다 훨씬 더 건강한 모습을 보였다. 성경이 웰빙의 중요한 도구인 셈이다.

성경의 웰빙인지(성경구절)가 웰빙증진 및 스트레스 감소에 미치는 효과를 검증하기 위해 기독교인 동아리에서 활동 중인 남녀 대학생을 대상으로 시도되었다. 연구의 결과를 요약하면 다음과 같다.[294]

첫째, 성경의 웰빙인지(성경구절) 적용 프로그램 참가 후 실험 집단과 통제 집단 간의 삶의 강도, 삶의 만족, 삶의 기대 수준의 변화를 비교하기 위해 프로그램 참석 전에 실시한 사전 검사를 공변인으로 하여 공분산 분석을 실시한 결과, 성경의 웰빙인지 적용 집단이 통제 집단에 비해 삶의 강도, 삶의 만족, 삶의 기대 중 삶의 강도를 제외한 삶의 만족과 삶의 기대의 점수가 통계적으로 유의하게 증가된 것으로 나타났다. 이는 참가자들이 고른 성경구절이 삶의 강도에 영향을 미치는 말씀보다는 현재에 대한 감사나 미래에 대한 확신을 주는 내용이 많아 동기충족이나 동기충족 예상을 높이는 데에 영향을 끼쳤기 때문이라 생각된다.

둘째, 성경의 웰빙인지 적용 집단 프로그램 참가 집단과 통제 집단 간에 웰빙 반응에 대한 변화의 차이를 보기 위해 마찬가지로 프로그램 시작 전의 웰빙반응 점수들을 공변인으로 한 공분산 분석 결과, 정적 정서 점수는 실험 집단에서 통계적으로 유의한 증가가 있었지만 기타 영적 안녕, 자존감, 수용에서는 통계적으로 유의한 증가를 보

---

294) 은희진, "성경의 웰빙인지가 웰빙증진에 미치는 효과: 기독교인 대학생을 대상으로"(덕성여자대학교 대학원 석사학위논문, 2008), 23-32.

이지 않았다. 정적 정서에서만 통제 집단에 비해 유의한 점수 차이가 있었던 것은 평소에도 성경을 QT나 기타 교육 등을 통해 많이 접하는 기독 동아리 회원들에게는 7주간의 성경구절 활성화 프로그램이 영적 안녕, 자존감, 수용 점수에 변화를 주기에는 부족했기에 단기적으로 변화가 쉽게 나타나는 정적 정서에서만 유의한 차이가 나타난 것으로 생각된다. 또한 부득이하게 시험 기간에 사후 검사를 하게 된 점도 웰빙 반응에 유의한 변화가 많이 나타나지 않은 데 영향을 미쳤을 것으로 짐작된다.

셋째, 성경의 웰빙인지를 적용한 실험 집단과 통제 집단의 스트레스 반응에 대한 변화의 차이를 보기 위해 프로그램 참석 전의 사전 검사를 공변인으로 하여 공분산 분석을 실시한 결과, 실험 집단이 통제 집단에 비해 우울, 분노, 부적 정서, 스트레스 반응에서 통계적으로 유의한 감소가 있었다. 하지만 불안에서는 유의한 감소가 나타나지 않았는데, 이는 사후 검사가 시험 기간 중에 치러지게 되어 실험 집단과 통제 집단 참가자들이 모두 평소보다 높은 스트레스를 경험한 가운데 실험집단은 성경구절의 활성화를 통해 우울, 분노, 부적 정서, 스트레스 반응의 점수가 낮아지게 되었으나 시험으로 인한 불안은 낮추지 못했기 때문으로 생각된다.

참가자들의 소감을 정리하면 이렇다.

첫째, 참가자들은 웰빙인지(성경구절)[295]를 통해 매사에 긍정적인

---

295) 참가자들은 대부분 3개의 성경구절을 정해 매일 아침, 점심, 저녁 세 번 5분간 묵상을 하고 일상 생활이나 스트레스 상황 중에도 떠올리도록 지시받았는데 참가자들이 정한 성경구절을 몇 개 소개하면 다음과 같다. "주 안에서 항상 기뻐하라. 내가 다시 말하노니 기뻐하라(빌립보서 4장 4절)", "너희 중에 누구든지 지혜가 부족하거든 모든 사람에게 후히 주시고 꾸짖지 아니하시는 하나님께 구하라. 그리하면 주시리라(야고보서 1장 5절)", "내게 능력 주시는 자 안에서 내가 모든 것을 할 수 있느니라(빌립보서 4장 13절)", "그러므로 내가 너희에게 말하노니 무엇이든지 기도하고 구하는 것은 받은 줄로 믿으라. 그리하면 너희에게 그대로 되리라(마가복음 11장 24절)",

생각을 갖는 데 도움이 되었다고 하였다. 예전에는 항상 부정적으로 생각했던 대상이나 상황을 웰빙인지(성경구절)를 떠올림으로써 다르게 볼 수 있었다는 점이 좋았다고 하였는데, 이는 참가자들이 고른 성경구절이 주로 감사나 믿음의 확신을 주는 동기충족과 동기충족 예상의 구절이 많았기 때문인 것으로 보인다. 웰빙인지(성경구절)를 떠올리는 훈련을 함으로써 자연스럽게 어려운 상황이 생길 때마다 말씀을 떠올리게 되었다고 하였다.

둘째, 웰빙인지(성경구절)는 불안하고 우울한 등의 부정적인 정서를 긍정적 정서로 바꾸는데 도움이 되었다고 하였다. 특히 고학년생의 경우 과제나 시험 스트레스를 많이 겪고 있었는데 예전에는 시험 기간에 스트레스가 쌓이면 공부를 해도 집중이 잘 안 되었는데, 웰빙인지(성경구절)를 떠올리기 시작하고부터는 마음의 평안을 얻고 공부나 과제에 집중할 수 있었다고 하였다.

셋째, 몇몇 참가자들은 웰빙인지(성경구절)를 하루에 몇 번씩 떠올리는 것이 힘들었다고 하였다. 특히 초심자들은 성경구절을 떠올리는 것이 익숙하지 않았고, 오히려 성경구절을 떠올리면서 궁금증이 생겨나게 되는 등 원래의 의도대로 말씀의 적용이 잘 안 되었다고 하였다. 사실 바쁜 일과 중에 성경구절을 의도적으로 떠올린다는 것이 쉬운 일은 아니었다.[296]

"중심에 진실함을 주께서 원하시노니 내 속에 지혜를 알게 하시리이다(시편 51편 6절)", "주의 말씀을 열므로 우둔한 자에게 비취어 깨닫게 하나이다(시편 119편 130절)", "너는 내게 부르짖으라 내가 네게 응답하겠고, 네가 알지 못하는 크고 비밀한 일을 네게 보이시리라(렘33:3)" 등이었다.

296) 은희진, "성경의 웰빙인지가 웰빙증진에 미치는 효과: 기독교인 대학생을 대상으로", 34 – 35.

4. 현대의 진정한 웰빙 – 성경적 샬롬과 전인적 성장

샬롬[297]은 일반적으로 "평화"를 의미한다. 그런데 이 단어가 담고 있는 다양한 의미를 전달하기 위해 의미적 유연성이 필요하다. 첫째, 상호 간의 언약으로 말미암아 보증받는 전쟁으로부터의 평화가 있다 (수9:15, 레26:6, 삿4:17, 삼상7:14). 둘째 의미로는 개인적인 친밀한 관계로서(렘20:10, 38:22), 언약 속에서 하나님과의 평화로운 관계를 의미한다(사54:10, 민25:12, 렘16:5, 겔34:25). 셋째로 건강과 참살이 (well-being, 창43:27, 출18:7, 삼상17:18)를 의미하며 더 일반적인 의미로는 건강과 안전(시28:4, 사38:17, 삼하17:3)은 물론 완전함(렘13:19) 을 의미한다. 이 모든 의미를 정리하면 "건강하게 되다." 또는 "완전하게 되다."로 요약된다.[298]

위와 같은 의미에서 볼 때 1948년에 세계보건기구(WHO)가 건강의 개념을 정의하면서 "건강이란 단지 병약함이나 질병이 없는 상태가 아니라, 육체적, 정신적 그리고 사회적으로 완전히 행복한 상태"라고

---

297) 여기서 본인이 주장하고자 하는 샬롬의 신학은 WCC가 주장하는 샬롬의 신학과는 다른 것임을 분명히 밝혀둔다. 1963년 12월에 새로이 조직된 세계선교와 전도분과위원회(CWME)는 멕시코에서 그 첫 대회를 열었다. 멕시코 대회는 뉴델리 대회가 취급한 하나님의 선교를 더 구체화시켜, 선교를 사회정의를 위한 투쟁으로 정의하고 세상에서 평신도의 역할을 중요시하였으며, 이러한 하나님의 선교를 효과적으로 수행하기 위하여 교회구조와 선교구조의 근본적 변화를 촉구하였다. 선교는 이 세상 속에서 활동하고 계시는 하나님의 현존을 분별하는 데에 초점을 맞추었고, 하나님이 주신 잠재력 안에서의 인간다운 삶의 충만함을 중요시했다. 북미는 이것을 "인간화"(Humanization)라 하였고, 서구학자들은 이것을 "샬롬"(Shalom)이라 하였다. 즉, 복음과 교회의 정체성보다 세계 속에서 활동하시는 하나님의 인간화 운동과 샬롬 운동이 관심의 초점으로 등장하였다. 이에 더 나아가 WCC는 '모든 것이 선교'라는 주장에까지 이르게 된 것이다. 지찬진, "에큐메니칼 선교사에 나타난 선교신학의 변천사연구"(장로회신학대학교 세계선교대학원 석사학위논문, 2009), 26 – 36. 그러나 본인이 여기서 주장하는 샬롬은 WCC가 주장하는 이러한 샬롬의 선교신학이 아니다. 오직 성경적 관점에서의 샬롬을 뜻하며 복음주의적 관점에서의 샬롬을 뜻한다. 진정한 샬롬이란 인간화가 아니라 복음화를 뜻하는 것이다. 샬롬의 진정한 의미는 깨어진 하나님과의 관계성의 회복이라 했을 때, 이것은 진정한 복음화이며 또한 진정한 샬롬이다.

298) 주은평, "열왕기서의 치유 내러티브에 나타난 질병과 종교혼합주의 고찰", 75 – 76.

정의하면서 바로 웰빙(Well-Being)이라는 말을 썼다는 것은 아주 의미심장하다 할 것이다. 거기에다가 1998년 1월의 101차 집행 이사회에서 건강의 정의를 재해석했는데, 여기에 영적(spiritual), 역동적(dynamic)이라는 단어를 추가하여 새롭게 건강의 개념을 정리했다. 곧 "건강이란 육체적, 정신적, 영적 및 사회적으로 완전히 웰빙(well-being)한 역동적 상태로서, 단순히 질병이 없고 병약한 상태가 아닌 것을 의미하지 않는다(Health is a dynamic state of complete physical, mental, spiritual and social well-being and not merely the absence of disease or infirmity.)." 이 정의를 하면서 영적 건강에 대한 활발한 토의가 있었는데 요지는 바로 이런 것이었다. "영적 건강이란 자연계에서 물질적으로 존재하는 것은 아니다. 오히려 인간의 마음속에서 우러나오는 관념 중에서도 고상한 관념의 영역에 속하는데, 전인격성, 조화, 헌신, 용서, 자비, 초월, 죽음 등의 그 어떤 것들을 의미한다."

영적 측면의 결여는 몸과 마음에 부정적인 영향을 미친다. 예를 들면 회개하지 않은 죄와 무거운 죄책감은 불면증이나 우울증, 에너지 부족 같은 육체적인 문제들을 가져온다. 반면 건강하지 않은 몸 역시 개인의 마음과 영혼, 다른 사람들과의 관계에 좋지 않는 영향을 준다. 또 정신적인 감정과 태도들 역시 스트레스를 증가시키면서 결국은 육체적, 영적, 대인관계에 부조화와 불균형을 이루게 만든다. 그 뿐인가? 부서진 관계는 보통 육체적, 정신적 고통이나 괴로움을 가져다준다. 그런데 이 샬롬은 단순한 평화의 개념이 아니라 현대적 건강 개념보다 더 크고 훨씬 더 포괄적이며, 기본적으로 육체에만 국한된 것이 아니라 우리의 전 존재(whole Being)와 관련되어 있다는 것이다. 그 샬롬은 바로 하나님께로부터 온다.[299] 아니, 오직 하나님 안에서만 그러한 샬롬이 있으며, 참된 온전함과 완전한 성취를 오직 하나님 안에서만 발견할 수 있다는 것이다. 구약의 이스라엘 백성들은 환난이 일소된 샬롬의 상태 곧 구원이란 하나님에게 간구함으로써만 주어질 수 있다는 사실을 인지하고 있다. 한 공동체가 어려움과 곤경으로부터 벗어나서 온전한 본래의 상태를 회복하고, 공동체 구성원들 간의 조화로운 관계성을 회복하는 일은 언제나 하나님과 인간 사이의 상호 관계 속에서만 이루어진다고 믿었다.[300]

샬롬이란 육체적, 정신적, 영적, 대인관계 등을 모두 포함하는 전 존재적인 온전함을 일컫는 말이라 할 수 있는 것이다. 그럴 수밖에 없는 것이 인간이란 존재가 하나님의 형상대로 창조된 영적인 존재이기 때문에 그 점을 무시하고서는 근본적인 건강 개념을 설명할 수 없기 때문이다. 그 말은 곧 최고의 건강이란 하나님의 형상을 원래대로 회복하는 데 있다는 것을 말하는 것이기도 하다.[301]

결국 웰빙은 소유의 문제가 아니라 존재의 문제이다. 가장 행복하고 평안한 삶이라는 것은 무엇을 얼마나 가지고 있는가의 문제가 아니가 그 존재가 어디에 바탕을 두었느냐 하는 것이다. 성경은 "하나

---

299) 샬롬은 엔 샬롬(샬롬의 부재)에서 온다. 그리고 이러한 엔 샬롬의 근본적 원인은 하나님과의 올바른 관계성의 깨어짐에서 오는 것이다. 이동춘, "공공신학의 관점에서 보는 한국교회 통일방안에 관한 연구"(장로회신학대학교 대학원 박사학위논문, 2009), 19-21.

300) 침멀리[W. Zimmerli, Ezekiel 1: A Commentary on the Book of the Prophet Ezekiel Chapters 1-24, Hermeneia(Philadelphia: Fortress Press, 1979), 209]와 칼리[K. W. Carley, The Book of the Prophet Ezekiel, CBC(Cambridge: Cambridge University Press, 1974), 49]에 의하면, 샬롬은 인간과 인간, 혹은 하나님과 인간 사이의 완전성(completeness), 온전성(wholeness), 즉 조화로운 관계를 의미한다. 이렇게 볼 때, 여기에서 말하는 구원이란 외적의 침략으로 인한 환난으로부터 벗어나는 소극적 의미를 넘어 양자 간의 완전하고 온전했던 본래의 관계로의 회복이라는 적극적 의미까지도 포함한다고 볼 수 있다. 참고로 블렌킨소프는 25절의 '샬롬을 간구한다'는 구절에서 샬롬의 의미를 '일종의 하나님과의 화해'(reconciliation)라는 의미로 이해한다. J. Blenkinsopp, Ezekiel, Interpretation(Louisville: John Knox Press, 1990), 49.

301) 추부길, "웰빙과 샬롬"(전북중앙신문, 2004년 5월 29일자 11면), "성경적 웰빙"(2004년 7월 4일자 교회연합신문 사설)

님을 의지하고 그 하나님의 말씀을 주야로 묵상하며, 그를 기뻐하는 자가 복이 있다."(시1:2)고 말씀한다.[302] 그 말은 최고의 행복을 바로 하나님으로부터 찾아야 한다는 것이다. 곧 하나님의 말씀대로 살려고 하고, 그 하나님을 마음에 품고 살아가는 것이 샬롬의 출발이요, 그것이 진정한 웰빙의 삶이라는 것이다. 하나님이 창조하신 자연이라는 환경, 그리고 사람, 그 모든 관계에 있어서 하나님이 디자인하신 원리를 찾아서 그 모습대로 살아가려고 한다면 그것이 진정한 웰빙의 기초라는 것이다. 그러므로 기독교인들은 행복에 대한 성경적 정의를 필요로 한다.

성경 안에서 건강이라고 하는 것은 개인적인 행복이 아니라 샬롬이라는 용어로 정의될 수 있는데, 샬롬이라고 하는 것은 완전성, 건전함, 평화, 행복, 건강, 번영 그리고 구원이라는 단어로 정의할 수 있다. 샬롬의 열매는 신체적이고 심리적이고 사회적인 건강이다. 샬롬에 초점을 두는 것보다 개인적 행복과 번영에 초점을 두는 것은 마치 그 병 자체를 고치려 하는 것이 아니라 증상만을 다루는 복음을 전하는 것과 같다.[303]

시편 35편 27절의 '그 종의 형통을 기뻐하시는 여호와는 광대하시도다.'라 말씀할 때 형통이라는 단어를 NIV 성경에서는 well-being이라 쓰고 있고, RSV 성경에서는 well-being과 유사한 단어인 welfare로

---

302) 조귀삼은 한국의 복(福)의 개념과 웰빙(well-being)의 개념이 유사하고 성경의 샬롬(shalom)과 유사하다고 주장한다. 다른 점은 한국의 복은 샤머니즘적인 요소가 강하고, 성경의 샬롬은 오직 하나님께로부터 오는 것임을 강조한다. Gwi Sam, Cho. The Missional Contextualization of Bok(Blessing) in Korean Religious Mentality, Journal of Young San & Pentecostal Theology(Gunpo: Hansei University Logos, 2006), 129.

303) Paul G, Hiebert, Shaw, R Daniel and Others, *Understanding Folk Religion: A Christian Response to Popular Beliefs and Practices*(Grand Rapids, Mich: 1999), 164.

번역하고 있다. 그 말은 곧 우리가 잘 되는 것, 그야말로 하나님 안에서 형통하게 살아가는 것, 그 자체가 웰빙이라는 뜻으로 설명할 수 있을 것이다.

'웰빙'이라는 말이 이렇게도 성경적인 의미가 담겨 있음에도 불구하고 기독교계 내에서조차 웰빙을 상업적인 개념으로 사용하고 있다는 것은 참으로 안타까운 일이라 아니할 수 없다. 그런데 이러한 웰빙에 대한 기독교적인 상업적 흐름에 편승하여 나타난 것이 '뉴에이지(New Age)'이다. '뉴에이지'는 곧 "하나님이라는 기독교적 신 외에 세상 속에서 영성을 찾을 수 있다."는 흐름을 말한다. 이 흐름에 웰빙이 편승을 한 것이다. 이미 오래전부터 미국이나 호주, 유럽 등에서는 '웰빙'이라는 단어가 전인건강의 대명사로 유행을 해 왔다. 그런데 뉴에이지적 흐름을 가지고 있는 세상적인 웰빙에서는 영적인 건강을 명상이나 기(氣), 또는 요가 같은 동양적 사상으로 대체하려는 움직임이 있어왔다.

한세대학교 실천신학 교수로 있는 김홍근은 그의 글 "웰빙시대와 영성목회"의 맺음말에서 이렇게 말하고 있다.

　　최근에 확산되고 있는 웰빙문화는 건강에 대한 대중적 관심을 반영하는 것으로서, 우리 사회가 생존의 문제가 아닌 삶의 질이 주 관심사가 될 정도로 반전하였음을 보여 주는 것이다. 바울은 "능히 모든 성도와 함께 지식에 넘치는 그리스도의 사랑을 알아 그 넓이와 길이와 높이와 깊이가 어떠함을 깨달아 하나님의 충만하신 것으로 너희에게 충만하게 하시기를 구하노라" 권면한다(엡3:18 - 19). 기독교 복음은 참된 의미에서 웰빙을 가르치고 있다. 예수님이 보여 주신 웰빙은 공동체를 떠나는 것이 아니라 공동체 속에서 더불어 살면서 추구하는 웰빙이다. 세상의 도피처로서의 웰빙이 아니라, 세상을 변화시키는 원동력으로서의 웰빙이다. 그러므로 기독교 영성은 반드시 사회성과 창조력을 동반한다. 그동안 한국교회 목회자는 침묵기도, 묵상훈련, 호흡기도, 관상의 기도의 가치를 깊게 생각하지 않았다. 사실 이 시대에 영성신학의 중요성이 부각된 이유는 힌두교의 요가, 불교의 선을 추구하는 성향은 지나치게 지성 일변도의 서구 문화에 대한 반발을 의미하는 것이다. 그리고 그것은 동시에 영성을 외면해 왔던 구미 신학의 한계 상황을 말해 준 것이다. 결과적으로 구미인들의 동양 종교가 가진 영성의 추구는 잠자고 있던 기독교 영성에 대해 관심을 불러일으켰다. 그리하여 개신교회는 1980년대에 비로소 영성신학이 신학의 중요한 이슈로 떠오르게 된 것이다. 지금 현대인들은 요가, 단전호흡, 참선 등의 고요한 내면세계를 추구한다. 이러한 사람들에게 기독교 영성의 전통을 따른 다양한 기도를 소개하는 것은 동양종교가 주지 못하는 새로움을 얻게 해 줄 것이다. 연구자는 프랑스 떼제 공동체를 방문한 적이 있다. 프랑스 남부 조그마한 마을에 연간 30만 명의 영성을 추구하는 젊은이들이 몰려오는 공동체이다. 왜 그들은 떼제를 찾는가? 그 답은 간단하다. 물질적 풍요로움이 더 이상 인간의 본질을 회복시킬 수 없음을 깨닫고, 영적인 웰빙을 찾아 온 것이다. 그러므로 한국교회 목회자들은 영성훈련과 영성지도, 상담과 심리이해에 대한 훈련을 통하여 웰빙을 찾는 자들에게 참된 만족을 주는 목회를 지향해야 할 것이다.[304]

위에서 주장하는 바와 같이 웰빙은 타 종교의 사상을 기독교의 사상에 접목시키려는 시도를 가져왔다. 그리고 이미 이러한 추세가 자리를 잡아가고 있다. 그렇기 때문에 미국 등지에서 출간되는 웰빙에 관한 월간지 또는 계간지, 무크지 등을 보면 우리나라에서 흔히 말하는 잘 먹고 잘 사는 그러한 육체적인 흐름 외에 영적인 건강 개념의 명상, 기, 요가 등이 적극적으로 소개되고 있고, 그러한 것들의 구체적인 방법들이 소개되고 있는 것을 쉽게 볼 수 있다. 더불어 그러한 웰빙이 사회 저변적인 흐름이라기보다는 상류층과 지식층을 중심으

---

304) 김홍근, "웰빙시대와 영성목회", 『복음과 실천신학』, vol.8, No.3(서울: 한국복음주의 실천신학회, 2004), 27-28.

로 번져 나가고 있다. 곧 상류문화, 고급문화의 한 흐름으로 자리잡아 가고 있다는 것이다. 물론 앞으로는 대중적인 흐름으로 더 퍼져 갈 것으로 예상되고 있는 것이 사실이다. 그러한 세계적인 흐름을 생각해 보면 이는 곧 뉴에이지가 갖는 안티-그리스도(Anti-Christ)적인 흐름을 세상의 '웰빙'이 포괄하고 있다고 볼 수 있는 것이다. 즉, 같은 '웰빙'이라는 개념이 교회 안에서는 궁극적으로 그리스도와의 만남을 통해 가능하다는 입장이고 뉴에이지적 흐름의 웰빙은 하나님 밖에서 구원을 찾고, 영성을 찾을 수 있다는 음모를 담고 있다는 것이다. 이에 대한 대표적인 모습 중 하나가 요가인 것이다. 불행하게도 한국에서의 웰빙 열풍은 우선 영적인 부분은 아예 언급조차도 되지 않고 있고 그저 육체적인 면과 정신적인 면만 강조하는 지극히도 상업적인 마케팅에 놀아나고 있는 꼴이다. 거기에 교회조차도 진정한 웰빙의 의미는 모른 채 세상적인 웰빙에 휩쓸리고 있다. 오히려 불교 등의 타 종교들은 영적인 면을 강조하면서 이를 적극적으로 수용하려는 움직임을 보이고 있다. 대단히 우려되는 상황이 펼쳐지고 있는 것이다. 어차피 인간은 영적인 흐름을 추구할 수밖에 없다. 세상은 갈수록 그러한 흐름을 요구할 수밖에 없다. 그것이 지금 웰빙이라는 열풍으로 표출되고 있는 것이다. 그렇기 때문에 기독교계가 진정한 웰빙의 개념을 세상에 제시하여야 한다. 그리고 진정한 웰빙의 개념을 크리스천들이 먼저 누릴 수 있어야 한다. 그것이 하나님 나라 백성으로 이 땅에서 천국을 누리는 비결이고 더불어 세상적인 웰빙을 누르고 진정한 복음을 통해 하나님 나라를 확장할 수 있는 것이다. 더구나 세상적인 웰빙 개념이 사회를 압도하면 할수록 교회의 입지는 좁아들 수밖에 없다. 아마도 신비주의적 영성이나 불교적 영성들이 판을 치는 비극적인 현상들이 벌어질 수 있다는 것이다. 그로 인해 뉴에이지적 접근과 안티-기독교적인 사회 현상들이 만연할 수밖에 없다는 것이다. 이러한 하나의 단적인 에가 크리스천요가인 것이다. 세상적인 웰빙 열풍의 확산으로 인해 우리가 걱정하고 우려하는 것이 바로 이 점이다. 우리 크리스천들이 세상 사람들에게 진정한 웰빙이 무엇인지 가르쳐 주어야 한다. 더불어 그러한 웰빙의 삶은 바로 그리스도를 영접함으로 인해 이루어질 수 있다는 것도 가르쳐 주어야 한다. 영적인 평안과 샬롬 없이 이 땅에서 어떠한 웰빙의 삶도 이루어질 수 없다는 분명한 진리를 그들이 알게 해 주어야 한다. 그러기 위해서라도 우리가 먼저 웰빙해야 한다. 우리가 먼저 샬롬의 삶을 경험하고 또 누리고 살아야 할 것이다.[305]

---

305) 성경은 우리에게 말씀하신다. "평안을 너희에게 끼치노니 곧 나의 평안을 너희에게 주노라 내가 너희에게 주는 것은 세상이 주는 것과 같지 아니 하니라. 너희는 마음에 근심하지도 말고 두려워 하지도 말라."(요14:27)

6장

나가는 말

요가의 원리가 성경의 세계관에 배치되는 것임을 알 수 있는 예는 많다. 요가라는 말은 상고한 바와 같이 '신과의 결합'(union with god)을 의미한다. 그러나 여기서 말하는 신(god)은 우주적인 실체, 에너지, 기(氣), 자연 등을 뜻하며 성경에서 말하는 창조주와 분명히 다르다. 요가 수행의 궁극적인 목표는 정신 정화와 신체 훈련을 통해 자연과 인간이 일치돼 자유를 얻는 것이다. 성경에서 말하는 진정한 자유는 고행을 통한 인간의 노력이 아닌, 오직 예수님의 십자가 보혈을 믿음으로써만 가능하다. 또한 우리의 몸과 마음의 진정한 주권자는 하나님이시다. 또 다른 예로 요가의 호흡법과 명상의 원리를 들 수 있다. 요가의 호흡법은 숨을 들이쉬면서 '프라나'(prana, 기)를 섭취하고, 숨을 참고 있는 동안 그것을 자기화(自己化)한다. 즉 우주의 에너지를 축적해 두었다가 신경 활동의 영양소로 공급한다. 그러나 기의 개념은 현대 자연 과학으로 증명되지 않았으며, 여기에 우주 자체가 신적(神的) 실체라고 보는 사고가 담겨져 있다. 실제로 우리나라의 요가 학원들은 불교의 참선, 단전호흡, 기공 수련 등과 결합된 형태가 많다. 한국인의 의식에 깊이 침투해 있는 기의 개념을 사용하는 곳도 적지 않다. 흔히 요가하면 동작만을 떠올리기 쉽다. 그러나 요가는 동작(이완), 훈련, 호흡, 적절한 음식, 명상이라는 다섯 가지 기본 원리를 통해 완성되며 특히 명상이 매우 강조된다. 또한 '의식 확장'이라는 명상을 통해 스트레스 등의 부정적인 생각들을 초월하는 작업이 중요하며, 이 때문에 요가를 접한 많은 사람들이 정신적 안정이나 마음의 평안을 찾은 것으로 느낀다. 따라서 많은 사람들이 요가의 유혹에 빠지는 것이다. 한국선교훈련원 안점식 교수는 "하타 요가나 기공 체조 같은 것은 단순히 신체를 움직이는 운동처럼 보이기 때문이다."라고 밝힌 바 있다. 하지만 하타 요가의 궁극적인 목적은 신체를 이완시켜 뇌파를 떨어뜨리고 무의식 상태 혹은 변성 의식 상태에 들어가는 것이다. 안 교수는 "무의식이란 영적 전쟁의 각축장이라는 것을 주지할 필요가 있으며 정체성을 상실한 무방비 상태로 다른 인격이 지배할 수 있는 상태"라고 설명한다.[306] 우리가 반드시 알아야 할 것은, 요가의 시작은 유혹의 시작이라는 것이다. 안점식 교수는 "운동 삼아 행해지는 요가도 있지만, 깨달음을 목표로 명상에 빠지다 보면 영적이고 종교적인 영향력에 대해 염려하지 않을 수 없다."고 지적한다. 또 안 교수는 "처음엔 영향을 받지 않는다고 생각하겠지만, 그것은 단순한 문제가 아니다."라고 잘라 말한다. 또한 "우리나라에서 행해지는

---

306) 안점식, 『빛과 소금 2003. 11월호』(서울: 두란노 출판사, 2003), 18–20.

요가의 동기나 행위가 워낙 다양해 단순히 스트레칭으로 끝나는 것인지, 영적 세계관을 전제로 하는 것인지 잘 살펴야 한다."고 경고한다. 그릇된 신과의 합일을 추구하는 기독교 신비주의자들과 마찬가지로 인체 내 신비한 에너지가 활성화된다는 주장들은 비성경적인 세계관이 깔려 있는 증거라는 것이다.[307]

우리는 요가 행위 자체가 스트레칭으로서는 문제 삼을 필요가 없다고 말하는 사람들이 있다. 그러나 이를 출발하는 언어, 세계관, 종교관 등을 깊이 살펴보면 기독교와 다른 것에 주의해야 한다. 또한 요가를 해석하는 과정이나 원리에 종교적 성향이 있음을 부인할 수 없다. 처음에는 육체를 위한 것이나 나중에 요가의 세계관을 습득하게 된다는 점을 유념해야 할 것이다.[308] 요가를 스트레칭이나 건강 체조로 이용한다면 도리어 은총이라 생각하는 사람들이 점점 늘어나고 있다. 그러나 연약한 우리는 그 누구도 유혹을 완벽히 이길 수 있다고 자신할 수 없다. 비성경적인 세계관을 바탕으로 형성된 요가에 발을 들인다는 사실 자체가 이미 유혹의 시작인 것이다. 사람들이 요가를 통해 마음의 평안을 찾았다고 말하는 요즘, 인간의 마음을 완전히 채워 영원히 평안을 줄 수 있는 것이 무엇인지 다시 한 번 생각해

---

307) 안점식, 『세계관을 분별하라』(서울: 죠이 선교회, 2000), 3-5.

308) 최근에 미국의 한 유명한 영화배우인 할리우드 여배우 줄리아 로버츠가 힌두교로 개종한 사실이 알려졌다. 로버츠는 침례교 신자인 아버지와 가톨릭 신자인 어머니 사이에서 태어나 기독교가 모태신앙이다. 지난 6일(현지시간) 영국의 연예정보사이트 '피메일 퍼스트'에 따르면 로버츠는 최근 패션잡지 '엘르'와의 인터뷰에서 본인을 비롯한 남편 대니 로버츠, 세 아이들 모두 힌두교를 믿고 있다고 말했다. 로버츠는 "힌두교 가르침대로 환생을 믿으며 다음 생에는 조용한 여성으로 태어났으면 좋겠다."고 고백했다. 이어 로버츠는 영화 '먹고 기도하고 사랑하라'(Eat, Pray, Love) 촬영 중 인도를 방문해 힌두교에 심취하게 됐으며 정기적으로 힌두교 사원에 가 기도한다고 밝혔다. 한편 영화 '먹고 기도하고 사랑하라'(Eat, Pray, Love)는 인도에서 요가와 명상, 진정한 삶의 의미를 깨닫기 위해 영혼의 순례를 한다는 내용이다. 이 영화를 찍는 도중 요가와 명상을 통해 힌두교를 접하게 된 줄리아로버츠는 아예 힌두교로 개종을 한 것이다. 피플지가 뽑은 '세계에서 가장 아름다운 100인' 중 1위를 차지한 줄리아 로버츠의 기독교에서 힌두교로의 개종은 할리우드를 떠들썩하게 만들었다. http://www.tvdaily.co.kr/read.php3?aid=1281272726790300002

봐야 할 때이다. 이러한 종교혼합의 시대 더 나아가 종교다원주의 시대에 기독교와 타 종교 특히 범신론적인 힌두교와 힌두교에서 나온 요가의 사상과는 분명한 차이가 있음을 인식해야 한다는 것이다. 이 차이는 현저한데 다음과 같이 네 가지를 제안한다. 첫째, 믿음의 주가 다르다. 구원의 유일한 이름은 예수밖에 없다(행4:12). 우리는 사도바울이 로마서에서 밝히고 있는 바와 같이 이 구원의 유일한 이름을 믿음으로 구원을 받는다는 이신득의(혹은 이신칭의)의 신앙을 지켜야한다(롬4:27-28). 둘째, 우리의 종교적 전통에서 나오는 소산물이 다르다. 요가의 경전에 베다가 있고, 요가수트라가 있는 것처럼 우리에게는 하나님의 계시로 이루어진 성경이 있다. 이것은 타 종교와 우리 기독교를 구분하는 가장 중요한 요소 중의 하나이다. 우리는 성경을 믿는 사람들이다(딤후3:16-17). 그리고 우리를 구원하신 주님이신 예수께서 친히 제정하신 성만찬이 있다(요13장, 고전11:17-34). 그리고 물세례가 있다(눅3:21-22, 요4:2, 마28:18-20). 이 물세례 예식을 통해 정식 입교인이 되고 주의 제자로 살고자 다짐을 새롭게 한다. 그리고 교회에서 사용하는 교회음악이 있다. 구약에서는 시편이 있고 신약의 교회에서도 아니 지금까지도 시편은 교회에서 중요하게 여겨지고 있다. 그리고 교회와 구원 예수님을 상징하는 상징물인 십자가가 있다. 이러한 것들은 분명 기독교와 타 종교를 구분 짓는 중요한 요소들이다. 셋째, 영성의 공동체가 다르다. 우리가 가지고 있는 영성과 타 종교 특히 요가가 가지고 있는 영성은 분명히 다른 것이다. 우리 기독교의 영성의 가장 중요한 요소는 성령의 내주하심에 의한 성령의 지배이다. 영성은 관계형성능력이다.[309] 그 관계형성에 있어서 가장 중요한 하나님과 나와의 관계형성이다. 그리고 이것은 이미 내

안에 내주해 계신 성령과의 인격적 교제이다. 이러한 인격적 교제는 우리 기독교에서 가장 중요하게 생각하는 요소이다(고전12장, 갈5:22-23). 넷째, 우리 기독교는 창조성을 지향한다. 기독교 신앙은 공동체의 안으로부터 외부로 상승하는 방향으로의 역동적인 움직임이 있다. 이 말은 내향성이 아닌 외향성으로의 움직임이 있다는 것이다(창 1:28). 이러한 외향성은 요가와는 전혀 다른 사상이다. 내면의 세계로의 자기 구도에만 집착하는 요가와는 달리 기독교에서는 인류 공동체를 위한 자기희생과 봉사를 요구한다(마25:31-46). 이 외향성은 자기를 비워 낮추시고 인간이 되신 예수그리스도의 모습이며 인간을 너무도 사랑하셔서 독생자를 아끼지 않고 보내주신 창조주 하나님의 모습이며 또한 지금도 우리와 함께 하셔서 지키시고 보호하시는 성령님의 모습이시다(요3:16, 빌2:1-11).

우리가 건강을 위해 혹은 심신의 수련과 차분한 정서를 갖고 학습능력을 향상시키기 위하여 별 생각 없이 하는 요가가 흑암의 세력과 나쁜 영들에 노출되는 통로가 되며, 심지어는 이방 신들과 접촉하는 결과까지 유발하게 되는 것이다. 교회 안에서 또한 크리스천의 삶에서 요가를 허용하는 것은 매우 위험하다. 요가를 통해 얻어지는 차분함은 결코 하나님이 주시는 평강이 아니다. 요가를 함으로 자신도 모르게 이방 종교식 기도를 하며 이방 신들과 접촉하는 통로를 열어 놓게 된다는 사실을 알아야 한다.

---

309) 홈즈는 영성을 이렇게 정의하고 있다. (1) 인간의 관계성 형성능력(a human capacity for relationship)이며, (2) 그 관계의 대상은 감각 현상을 초월하는 존재이며, (3) 이 관계는 주체의 노력과는 별개의 것으로, 확장된 또는 고양된 의식으로서 주체에 의해 인식되며, (4) 역사적 상황 속에서 본질을 받고, (5) 세계 속에서 창조적 행위를 통하여 그 자신을 드러낸다. U. T. 홈즈, 『목회와 영성』, 김외식 옮김(서울: 대한기독교서회, 2002), 29.

사단은 자주 광명의 천사를 가장한다. 일종의 건전 문화처럼 자리 잡고 있는 요가는 크리스천과 불신자들의 삶을 하나님으로부터 멀어지게 만드는 하나의 수단으로 쓰이고 있다. 교회는 세상 문화를 말씀으로 검증해보지 않고 쉽게 받아들이는 태도를 바꿔야 한다. 사단은 문화라는 틀을 통해서도 사람들의 삶을 파괴시키기 때문이다. 교회는 정확한 하나님의 말씀과 지식, 정보를 제공함으로써 이러한 사단의 속임수에 사람들이 속지 않도록 일깨우는 역할을 해야 한다. 웰빙 열풍을 타고 등장한 이방 종교들이 우리 삶에 너무나 자연스럽게 파고들고 있다. 그러므로 우리는 하나님의 말씀[310]과 기도로 세상 것들을 잘 분별하며 나가야 한다.

---

310) 성경은 "……악한 것을 본받지 말고 선한 것을 본받으라……"(요삼1:11), "악은 모든 모양이라도 버리라"(살전5:22)고 말씀하신다.

참고자료

Ankerberg, John and Weldon, John. The Facts on the New Age Movement, Harvest House Publishers, 1988.

Bailey, Alice. From Intellect to Intuition, New York, NY: Lucis Publishing Co., 1987.

Benjamin, Walker. Hindu world, Ⅰ, Ⅱ, London: George allen & Unwin Ltd, 1968.

Blenkinsopp, J. Ezekiel, Interpretation, Louisville: John Knox Press, 1990.

Cape Town 2010, The Cape Town Commitment-A Declaration of Belief and A Call to Action, South Hamilton: The Third Lausanne Movement, 2010.

Caroline Humphrey, Shamanic Practices and the State in Northern Asia: Views from the Center and Periphery, ed. by, Nicholas Thomas and Caroline Humphrey, Shamanism, History and the State, Michigan, 1996

_____. Theories of North Asian Shamanism, ed. by, Ernest Gellner, Soviet and Western Anthropology, Columbia University Press, 1980.

Carley, K. W. The Book of the Prophet Ezekiel, CBC, Cambridge: Cambridge University Press, 1974.

David J. Bosch. TRANSFORMING MISSION, New York: Orbis Books, 1991.

Deidun, Thomas. Beyond Dualism: Paul on Sex, Sarx and Soma, The Way, July. 1988.

Gustav Warneck, Evangelische Missionslehre: Ein missionstheretischer Versuch, Erste Abteilung, Gotha: Friedrich Andreas Berthes, 1897.

Gwi Sam, Cho. The Missional Contextualization of Bok(Blessing) in Korean Religious Mentality, Journal of Young San & Pentecostal Theology(Gunpo: Hansei University Logos, 2006).

Harner, M. The Way of the Shaman, New York: Harper San Francisco, 1990.

_____. Discovering the Way, in G. Harvey ed., 2003.

_____. The Jíaro: People of the Sacred Waterfalls, Berkeley: University of California Press, 1972.

_____. The Way of the Shaman: A Guide to Power and Healing, Harper & Row Publishers, NY. 1980.

_____. The Way of the Shaman, American Anthropologist 83, 1981.

Hiebert, Paul G. Shaw, R Daniel and Others, Understanding Folk Religion: A Christian Response to Popular Beliefs and Practices, Grand Rapids, Mich: 1999.

In Sung Chi. "Holiness and wholeness: Toward a holistic Christian spirituality in the Korean syncretic context", Theological department of University of Toronto for the degree of Doctor of Theology, 1998.

Jeon Ho Jin. Religious Pluralism and Fundamentalism in Asia, Colorado Springs: International Academic Pub., 2003.

Johnston, William. Lord, Teach Us to Pray, New York, NY: Harper Collins Publishers, 1991.

McLaren, Brian. A Generous Orthodoxy, Grand Rapids, MI: Zondervan, 2004.

Nikhilananda, Swami, Trans. The Gospel of Sri Ramakrishna, New York: Ramakrishna-Vivekananda Center, 1992.

Pfeiffer, Charles F. Old Testament History, Michigan: Baker Book House, 1987.

Singh, Dharam Vir. Hinduism, Jaipur: Travel Wheels, 1991.

Sarma, D. S. Renascent Hinduism, Bombay: Bharatiya Vidya Bhavan, 1966.

Scott Peck, M. Further Along the Road Less Traveled, Simon & Schuster Audioworks, 1992.

Schaff, Phillip. Creeds of Christendom, New York and London: Harper and Brothers, 1877.

Sri Ramakrishna and Spiritual Renaissance, The Cultural Heritage of India, vol.4: H. Bhattacharyya, ed., Ramakrishna Mission Institute of Culture, 1962.

Satyananda Saraswati, Swami. Yoga and Kriya, Bihar: Yoga Publications Trust, 1981.

Sheldrake, Philip. What Is Spirituality?, in: Kenneth J. Collins, ed., Exploring Christian Spirituality, Grand Rapids, MI: Baker Books, 2000.

Tara, Chand. History of the Freedom Movement in India, vol.2, New Dehli, 1967.

The Concise Oxford Dictionary of World Religions, New York: Oxford University Press, 2000.

PATANJALI'S YOGA SUTRAS 3. Translated by Rama Prasada, M.A. New Delhi: Munshiram Manoharlal Publishers Pvt. Ltd. 1988.

Principe, Walter. Toward Defining Spirituality, in: Kenneth J. Collins, ed., Exploring Christian Spirituality, Grand Rapids, MI: Baker Books, 2000.

Vitebsky, Piers. The Shaman, Macmillan, 1995.

Williams, Peter W. Popular Religion in America, Urbana and Chicago: University of Illinois press, 1989.

Younsik Noh, Indigenous christian response to the challenge of contemporary Korean shamanism within the protestant church of Korea, Asbury Theological Seminary for the Doctor of Missiology Degree, Wilmore, Kentucky. May 1998.

Zimmerli, W. Ezekiel 1: A Commentary on the Book of the Prophet Ezekiel Chapters 1-24, Hermeneia, Philadelphia: Fortress Press, 1979.

김성태. 『현대선교학총론』, 서울: 이레서원, 2001.

김현수. 『요가』, 서울: 삼호미디어, 2003.

노영자. 『신화로 만나는 인도』, 부산: 부산외국어대학교출판부, 2000.

류경희. 『초월을 향한 지향, 요가』, 서울: 살림, 2004.

박순용. 『기독교 세상의 함정에 빠지다』, 서울: 부흥과 개혁사, 2009.

박영호. 『뉴에이지 운동평가』, 서울: 기독교문서선교회, 1992.

박용규. 『한국교회를 깨운 복음주의 운동』, 서울: 두란노, 1998.

배해수 편역. 『요가비전』, 서울: 지혜의 나무, 2005.

송제근. 『기독교와 영성』, 서울: 두란노아카데미, 2010.

안점식. 『빛과 소금』, 2003년 11월호, 서울: 두란노 출판사, 2003.

_____. 『세계관을 분별하라』, 서울: 죠이 선교회, 2000.

원정혜. 『원정혜의 힐링 요가』, 서울: 중앙M&B, 2003.

유해룡. 『하나님의 체험과 영성수련』, 서울: 장로회 신학대학교 출판부, 1999.

이광순 · 이용원 공저. 『선교학 개론』, 서울: 한국장로교출판사, 1996.

이동주. 『아시아 종교와 기독교』, 서울: 기독교문서선교회, 1998.

_____. 『현대선교신학』, 서울: 기독교문서선교회, 1998.

이의영. 『그리스도인을 위한 NT요가』, 서울: 하남출판사, 2006.

이은구. 『힌두교의 이해』, 서울: 세창출판사, 2000.

이정훈 外 3명 공저. 『요가총론』, 광주: 도서출판그린, 1994.

이태영. 『요가 철학』, 서울: 여래, 2003.

석진호 역해. 『바가바드기타』, 서울: 고려원, 1991.

조귀삼. 『사도바울의 선교신학』, 안양: 세계다문화미디어, 2009.

전호진, 『문명충돌 시대의 선교』, 서울: 기독교문서선교회, 2003.

정태혁. 『법구경과 바가바드기타』, 서울: 정신세계사, 2009.

_____. 『요가의 복음』, 서울: 까치, 1980.

정홍호.『복음과 상황화』, 서울: 기독교 문서선교회, 2004.

채필근.『비교종교론』, 서울: 대한 기독교서회, 1992.

한국기독교교회협의회. "혼합주의",『에큐메니칼 운동과 신학사전 Ⅱ』, 서울: 에큐메니칼선교훈련원, 2002.

도널드 G. 도오 · 존 B. 카먼 공저.『종교다원주의와 기독교 신앙』, 한숭홍 역, 서울: 나눔사, 1993.

데이비드 프롤리.『요가와 아유르베다-자기치유와 참나실현』, 김병채 · 정미숙 옮김, 창원: 슈리 크리슈나다스 아쉬람, 2007.

더글라스 R. 그루두이스.『뉴 에지 운동 정체』, 박영호 역, 서울: 기독교문서선교회, 1995.

라다크리슈난.『인도 철학사 Ⅰ』, 이거룡 역, 서울: 한길사, 1999.

레이 윤겐.『신비주의와 손잡은 기독교』, 김성웅 역, 서울: 부흥과 개혁사, 2009.

밥 앤더슨.『스트레칭 30분-아름다운 몸의 혁명』, 서울: 넥서스 BOOKS, 2010.

베로니카 이온스.『인도 신화』, 임웅 옮김, 파주: 범우사, 2007.

브라스웰.『세계 종교의 이해』, 권혁봉 역, 서울: 요단 출판사, 1995.

브루스 니콜스.『상황화: 복음과 문화의 신학』, 김성욱 역, 서울: 생명의 말씀사, 1992.

_____.『그리스도의 유일성과 종교다원주의』, 노봉린 옮김, 서울: 도서출판 햇불, 1998.

월터 마틴.『뉴에이지 이단운동』, 박영호역, 서울: 기독교문서선교회, 1992.

존 암스트롱.『다가오는 복음주의의 위기』, 김기찬 옮김, 서울: 생명의 말씀사, 1998.

찰스 H. 크래프트.『기독교 문화인류학』, 안영권 · 이대헌 공역, 서울: 기독교문서선교회, 2005.

폴 히버트.『선교와 문화인류학』, 김동화 · 이종도 · 이현모 · 정흥호 옮김, 서울: 죠이선교회출판부, 2004.

호세 실바.『실바 마인드 컨트롤』, 봉준석 옮김, 서울: 정신세계사, 1996.

핸드릭 크래머.『기독교선교와 타 종교』, 최정만 역, 서울: 기독교문서선교회, 2007.

A. Damasio.『스피노자의 뇌』, 임지원 역, 서울: 사이언스북스, 2009.

Dr. M. L. Gharote.『인도 전통 요가 아사나 백과』, 이정훈 편역, 서울: 지혜의 나무, 2007.

M. Eliade.『요가』, 정위교 옮김, 서울: 고려원, 1993.

_____.『요가 불멸성과 자유』, 정위교 옮김, 서울: 고려원, 1998.

Rolland, Romain.『라마크리슈나』, 박임 · 박종택 옮김, 서울: 정신세계사, 1988.

U. T. 홈즈.『목회와 영성』, 김외식 옮김, 서울: 대한기독교서회, 2002.

Howard L. Rice.『개혁주의 영성』, 황성철 역, 서울: 기독교문서선교회, 1998.

Yoga-sutras, Ⅰ.

고홍근. "인도민족주의의 전개와 힌두이즘의 역할", 한국외국어대학교 정치학 박사 학위논문, 1983.

김량희. "인도철학에 내재된 신체개념의 체육철학적 탐구", 전남대학교 대학 원 체육학과 박사학위 논문, 2009.

김세욱. "성경을 통해 조명해 본 뉴에이지 운동 비판", 안양대학교 신학대학원 석사학위논문, 1997.

김홍근. "웰빙시대와 영성목회"『복음과 실천신학』, vol.8, No.3, 서울: 한국복 음주의 실천신학회, 2004.

박종성. "뉴에이지 운동의 태동배경과 뉴에이지 사상이 그리스도인의 생활에 어떤 영향을 끼치는가?", Logos Christian Graduate School 박사학위 논문, 2000.

박재현. "복음주의 선교신학과 로잔운동의 발전에 관한 연구", 한일장신대학 교 한일신학대학원 석사학위논문, 2005.

박해일. "호세아서에 나타난 반바알리즘에 대한 연구", 목원대학교 대학원 석 사학위논문, 2002.

신상원. "기독교 전통 가운데 나타난 영성 식별에 관한 고찰", 호남신학대학교 대학원 석사학위논문, 2005.

신춘기. "범신론적 신관에 대한 성경적 비판", 웨스트민스터 신학대학원대학 교 박사학위논문, 2004.

안점식. "기독교의 영적 훈련과 타 종교의 수행법",『기독교와 영성』, 서울: 두 란노 아카데미, 2010.

_____. "기독교의 영적 훈련에 타 종교의 수행법을 차용할 수 있는가?",『목 회와 신학』, 2004년 3월호, 서울: 두란노 서원.

윤석호. "영적전쟁: '가계에 흐르는 저주론'에 대한 선교문화인류학적 비판", 아세아연합신학대학원 박사학위논문, 2005.

윤용복. "19세기 인도종교운동–힌두교전통을 중심으로", 서울대학교 종교대 학원 박사학위논문, 2002.

이동주. "21세기 이단의 교리적 특징", 『선교와 신학』, vol-no3, 서울: 아세아연합신학대학교, 1999.

이동춘. "공공신학의 관점에서 보는 한국교회 통일방안에 관한 연구", 장로회신학대학교 대학원 박사학위논문, 2009.

이상구. "뉴에이지 운동에 관한 가톨릭교회 교리적 고찰: 신론교리를 중심으로", 가톨릭대학교 대학원 석사학위논문, 2001.

이종웅. "예방의학에 대한 영성 신학적 접근", 아시아연합신학대학교 신학대학원 박사학위논문, 2008.

임진아. "하타 요가 체계에서의 삼매의 근거로서의 수슘나", 원광대학교 동양학대학원 석사학위논문, 2008.

정광수. "골로새 회심공동체의 보존을 위한 바울의 노력", 서울기독대학교 대학원 박사학위논문, 2008.

정홍호. "이구아수 선언문을 통해서 본 복음주의 선교신학의 방향", 『복음과 선교』 Vol.Ⅷ, 천안: 도서출판 혜본, 2006.

조귀삼. "영산의 선교신학", 『제5회 영산신학자 학술포럼 - 영산의 신앙론과 선교』, 군포: 한세대학교출판부, 2006.

조길태. "19세기 인도종교개혁운동의 성격", 『아세아연구』, vol.20. No.1, 서울: 고려대학교 아세아문제연구소, 1977.

조범연. "인도 상황신학의 비판적 연구", 아세아연합신학대학교 대학원 박사학위논문, 2005.

지찬진. "에큐메니칼 선교사에 나타난 선교신학의 변천사 연구", 장로회신학대학교 세계선교대학원 석사학위논문, 2009.

최준철. "하타요가의 인체론과 실천 수행론에 관한 연구", 원광대학교 동양학대학원 석사학위논문, 2009.

『브리태니커 세계대백과 사전 25』, 서울: 동아출판사, 1994, "힌두교" 항목.

http://www.lausanne.org/covenant

http://www.wmtc.or.kr/data/wmtc/wmtc_19/19_chtm

http://cafe.daum.net/nongmok

http://home.ebs.co.kr/avatar/index.html

http://100.naver.com/100.nhn?docid=746590

http://truthnlove.tistory.com/178

http://ask.nate.com/qna/view.html?n=4781773

http://enc.daum.net/dic100/search.do?cpcode=10&query

http://www.sfvedanta.org/

http://www.yogakorea.com

http://krdic.naver.com/

http://www.yogakorea.com/lecture

http://www.christiantoday.co.kr/view.htm?id=205898

http://cafe.naver.com/tantriczen.cafe?iframe_url=/BoardRead.do%3Farticleid=375

http://blog.naver.com/eowho/60005971371

http://search.naver.com/search.naver?sm=tab_hty&where=nexearch&query

http://sunshinenews.tistory.com/entry/신과학New-Age-Science

http://truthnlove.tistory.com

http://www.peppermintcandy.com

http://www.christiannocut.co.kr

http://www.kukinews.com

http://yoga.about.com/od/typesofyoga/a/christianyoga.htm

http://www.tvdaily.co.kr/read.php3?aid=128127272679030002

두산백과사전 EnCyber & EnCyber.com

크리스천 투데이 2007년 4월 26일자

크리스천 투데이 2003년 1월 15일자

한국요가연수원 http://www.yogakorea.com

부록

2008년 새해 몸비우기 일정표

		1일(화)	2일(수)	3일(목)	4일(금)	5일(토)
오전	6		풍 욕			
	7		방 청 소			
	8		아침기도회			아침(보식)
	9		냉 온 욕			폐회예배
	10		아침(효소 & 감잎차 & 생수 & 죽염)			냉 온 욕
	11		침묵산책	크리스천요가 III · IV 권기화	<특강> 몸과 맘 I 남기원	歸家
	12		관 장			
오후	1		점심 & 휴식(효소 & 감잎차 & 생수 & 죽염)			
	2		크리스천요가 I 권기화	침묵산책	<특강> 몸과 맘 II 남기원	
	3		휴 식	관 장		
	4	도착 · 등록	크리스천요가 II 권기화		휴 식	
	5	개회예배	자유시간 독서 or 휴식	자유시간 독서 or 휴식 or 명화감상		
	6	오리엔테이션 윤여군				
	7	저 녁(효소 & 감잎차 & 생수 & 죽염)				
		몸 풀 기 김정택				
	8	자기소개 및 포부를 나누는 시간	하루를 돌아보며 경험나누기 윤여군			
	9		풍 욕			
	10		취 침			

* 크리스천요가 강사: 권기화(인도 수아미 라마 국제요가과정 수료)

* 특강 〈몸과 맘〉 강사 - 남기원 원장

이 수련회의 모집 광고 문구는 다음과 같다.

몸비우기, 안 오시면 후회!!!
▷ 새해엔 술, 담배를 끊고자 하는 분
▷ 아침형 인간이 되고 싶지만 몸이 자꾸 늘어지는 분
▷ 아침에 눈을 뜨면 몸이 찌뿌듯해서 일어나기 힘든 분
▷ 솟아오르는 식욕을 누르지 못해 허리띠를 늘려야 하는 분
▷ 살 때문에 자꾸 움츠러들고 자신감마저 잃으신 분
▷ 일상생활에서 건강을 지키는 방법을 배우고 싶은 분
▷ 단식으로 몸과 마음을 새롭게 하고 싶은 분!!
≪2008 몸비우기≫에 함께 하세요.

단식은 먹을거리를 끊음으로 몸에서 스스로 자정작용이 일어나도록 돕는 방법입니다. 단식을 하면 양분이 몸에 들어오지 않아 몸의 낡고 병든 세포를 태워서 칼로리를 만듭니다. 낡고 병든 세포를 태워 생체활동이 유지되므로 몸의 질병을 치유할 수 있습니다. 단식을 하면 질병이 치유되고 식습관이 바뀌고, 체질이 개선됩니다. 단식은 몸도 바꾸지만 세상을 다른 눈으로 보게 하여 마음도 키워줍니다. 단식으로 몸과 마음을 새롭게 해보세요!! 연말 이틀 정도 감식하시고 오세요. 개인 지참물은 개인용 물컵, 운동화, 관장기 등.

<일정 및 자세한 안내는 농목 카페 참조 바람>
016-9755-8324
참가신청
2008년 새해 몸비우기
농목-감리교농촌선교목회자회, http://cafe.daum.net/nongmok

부록 2

로잔언약(The Lausanne Covenant) 전문

머리말(Introduction)

로잔에서 열린 세계 복음화 국제대회에 참가하기 위하여 150여 개 국으로부터 모여온 예수 그리스도의 교회의 지체인 우리들은 크신 구원을 주신 하나님을 찬양하며, 하나님께서 우리에게 주신 그 자신과의 교제와 우리들 상호 간에 교제를 가지게 하심을 기뻐한다. 우리는 하나님께서 우리 시대에 행하시는 일에 깊은 감동을 받으며 우리가 저질러온 갖가지의 실패를 통회하고 아직 미완성으로 남아 있는 복음화의 과업에 도전을 받는다. 우리는 복음이 온 세계를 위한 하나님의 좋은 소식임을 믿으며 이 복음을 온 인류에게 선포하여 모든 민족으로 제자 삼으라 분부하신 그리스도의 명령에 순종할 것을 그의 은혜로 결심한다. 그러므로 우리는 이에 이 신앙과 이 결단을 확인하고 우리의 이 언약을 공포하려 한다.

1. 하나님의 목적(The purpose of God)

우리는 세계의 창조자이시며 주되신 영원한 한 분 하나님 곧 성부, 성자, 성령에 대한 우리의 신앙을 확인한다. 하나님은 그의 뜻의 목적에 따라 만물을 통치하신다. 그는 자기를 위하여 세상으로부터 한 백

성을 불러내시며 다시금 그들을 세상으로 내보내시어 그의 나라의 확장과 그리스도의 몸의 건설과 그의 이름의 영광을 위하여 그 부름받은 백성들을 그의 종들과 증인이 되게 하신다. 우리는 왕왕 세상과 동화되든가 혹은 절연됨으로 우리의 소명을 부인하고 우리의 선교 사명에 실패하였음을 부끄러움을 무릅쓰고 고백한다. 그러나 복음은 비록 질그릇에 담겼을지라도 귀중한 보화임을 기뻐하며 이 보화를 성령의 능력으로 널리 알게 하는 과업에 우리 자신을 새롭게 헌신하려고 한다(사40:28, 마28:19, 엡1:11, 행15:14, 요17:6, 18, 엡4:12, 고전5:10, 롬12:2, 고후4:7).

2. 성경의 권위와 능력(The authority and power of the Bible)

우리는 신구약성경이 하나님에 의하여 영감되었음과 그 참됨과 권위를 믿는다. 성경은 그 전체에 있어서 하나님의 유일한 기록된 말씀으로서 그 모든 가르치는 바에 있어서 착오가 없으며, 신앙과 행위에 대하여 유일의 정확 무오한 법칙임을 믿는다. 하나님의 말씀은 또한 그의 구원의 목적을 이루시는 하나님의 능력이다. 성경말씀은 온 인류를 위한 것이다. 왜냐하면 그리스도와 성경에 나타난 하나님의 계시는 불변하기 때문이다. 그 계시를 통하여 성령은 오늘도 말씀하신다. 성령은 어느 문화 속에 있든지 모든 하나님의 백성의 마음을 깨우치사 이 진리를 그들의 눈으로 친히 새롭게 보게 하시고 하나님의 여러 가지 모양의 지혜를 온 교회에 더욱더 풍성하게 나타내신다(딤후3:16, 벧후1:21, 요10:35, 사55:11, 고전1:21, 롬1:16, 마5:17, 18, 유3, 엡1:17, 8, 3:10, 18).

3. 그리스도의 유일성과 보편성(the uniqueness and universality of Christ)

우리는 전도의 방법은 여러 가지이나 구주도 오직 한 분이요 복음도 오직 하나임을 확인한다. 우리는 자연에 나타난 하나님의 일반계시를 통해서 모든 사람이 하나님에 관한 어느 정도의 지식이 있음을 인정한다. 그러나 우리는 사람들이 이것으로 구원받을 수 있다는 주장을 거부한다. 왜냐하면 사람은 그의 불의로써 진리를 억압하고 있기 때문이다. 우리는 또한 여하한 형태의 혼합주의와 그리스도께서 어떤 종교나 어떤 이데올로기를 통해서도 똑같이 말씀하신다는 뜻에서 진행된 대화는 그리스도와 복음을 손상시키므로 이를 거부한다. 예수 그리스도는 유일하신 신인(神人)으로서 죄인을 위한 유일한 대속물로서 자신을 주시었고, 하나님과 사람 사이의 유일의 중보자이시다. 예수의 이름 외에 우리가 구원받을 다른 이름은 없다. 죄로 인하여 모든 사람이 멸망하고 있다. 그러나 하나님은 모든 사람을 사랑하시어 한 사람도 멸망하지 않고 모두가 회개할 것을 원하신다. 그럼에도 그리스도를 거절하는 자는 구원의 기쁨을 거부하며 스스로 정죄함으로써 하나님으로부터 영원히 떠난다. 예수를 "세계의 구주"로 전한다 해서, 반드시 모든 사람이 자동적으로 혹은 궁극적으로 구원받게 되는 것은 아니며 더구나 모든 종교가 그리스도 안에 있는 구원을 제공한다고 보장하는 것은 더욱 아니다. 예수를 "세계의 구주"로 전한다고 하는 것은 오히려 죄인들의 세상을 향한 하나님의 사랑을 선포하는 것이며 마음을 다한 회개와 신앙에 의한 인격적 헌신으로 예수를 구주로 맞이하도록 모든 사람을 초대하는 것이다. 예수 그리스도는 모든 다른 이름 위에 높임을 받아 왔으며 그러므로 우리는 모든 사람이 그 앞에 무릎을 꿇게 되고 모든 입이 그를 주로서 고백하게 되는 날을 간절히 고대한다(갈1: 6-9, 롬1:8-32, 딤전2:5, 6, 행4:12, 요3:16-19, 벧후3:9. 살후1:7-9, 요4:42, 마11:28, 엡1:20, 21, 빌2:9-11).

4. 전도의 본질(The nature of evangelism)

전도한다는 것은 기쁜 소식을 널리 퍼뜨리는 것인데, 기쁜 소식이라 함은 예수 그리스도께서 성경대로 우리의 죄를 위하여 죽으시고 죽은 자로부터 다시 살아나시어 통치하시는 주로서 그는 지금도 회개하고 믿는 모든 자들에게 사죄와 성령의 자유케 하시는 은사를 공급하신다는 것이다. 전도에 있어서 세계 속의 그리스도인의 현존은 불가결한 것이며, 또한 이해하기 위하여 주의 깊게 귀를 기울이는 것을 목적으로 하는 대화도 없을 수는 없다. 그러나 전도 그 자체는 역사적 성서적 그리스도를 구주요 주로서 선포하여 사람들로 하여금 그에게 개인적으로 와서 하나님과 화목함을 얻도록 설득하는 일이다. 복음의 초대를 함에 있어 제자 된 값을 치러야 한다는 일을 감출 수는 없다. 예수께서는 오늘도 당신을 따르는 모든 사람으로 하여금 자기를 부인하고 자기 십자가를 지고 그의 새 공동체에 속하였음을 분명히 하도록 부르신다. 전도의 결과는 그리스도께의 순종, 그의 교회와의 협력, 세상 안에서의 책임 있는 봉사를 포함한다(고전 15:3, 4, 행2:32-39, 요20:21, 고전1:23, 고후4:5, 5:11, 20, 눅14:25-33, 막8:34, 행2:40, 478, 막10:43-45).

5. 그리스도인의 사회적 책임(Christian social responsibility)

우리는 하나님이 모든 사람의 창조자이신 동시에 심판자이심을 믿는다. 그러므로 우리는 인간 사회 어디서나 정의와 화해를 구현하시고 인간을 모든 종류의 압박에서 해방시키려는 하나님의 권념에 참여하여야 한다. 사람은 하나님의 형상으로 창조되었기에 인종, 종교, 피부색, 문화, 계급, 성 또는 연령의 구별 없이 모든 사람이 타고난 존엄성을 지니고 있으며 따라서 사람은 서로 존경받고 섬김을 받아야 하며 누구나 착취당해서는 안 된다. 이 점을 우리는 등한시하여 왔고, 또는 왕왕 전도와 사회 참여가 서로 상반되는 것으로 잘못 생각한데 대하여 참회한다. 사람과의 화해가 곧 하나님과의 화해가 아니며, 사회 행동이 곧 전도는 아니며, 정치적 해방이 곧 구원은 아닐지라도, 전도와 사회−정치적 참여는 우리 그리스도인의 의무의 두 가지 부분이라는 것을 우리는 인정한다. 왜냐하면 이 두 가지는 다 같이 하나님과 인간에 대한 우리의 교리, 우리 이웃을 위한 우리의 사랑, 그리고 예수 그리스도에 대한 우리의 순종의 필수적 표현들이기 때문이다. 구원의 메시지는 모든 종류의 소외와 압박과 차별에 대한 심판의 메시지를 내포한다. 그러므로 우리는 악과 부정이 있는 곳에서는 어디서나 이것을 공박하는 일을 무서워해서는 안 된다. 사람들이 그리스도를 받아들이면 그의 나라에 다시 태어난다(중생함을 받는다). 따라서 그들은 불의한 세상 속에서도 그 나라의 의를 나타낼 뿐만 아니라 전파하기에 힘써야 한다. 우리가 주장하는 구원은 우리의 개인적 그리고 사회적 책임을 총체적으로 수행하도록 우리를 변화시키는 것이어야 한다. 행함이 없는 믿음은 죽은 것이다(행17:26, 31, 창18:35, 사1:17, 시465:7, 창1:26, 27, 약3:9, 레19:18, 눅6:27, 35, 약2:14−26, 요3:3, 5, 마5:20, 6:33, 고후3:18, 약2:20).

6. 교회와 전도(The church and evangelism)

아버지께서 그리스도를 세상에 보내신 것과 같이 그리스도는 그의 구속받은 백성들을 세상으로 보내시는 것을 우리는 확인한다. 이 사실은 그리스도께서 하신 것과 같이 세상으로 깊고도 희생적인 침투를 할 것을 요구한다. 우리는 우리의 교회적 "울타리"를 트고 넘어서 비기독교 사회에 침투해 들어가야 한다. 교회가 희생적으로 해야 할 일 가운데 전도는 최우선적인 것이다. 세계 전도는 전체 교회로 하여금 전체 복음을 전 세계에 전파함을 요한다. 교회는 하나님의 우주적 목적의 바로 중심에 서 있으며 복음을 전파할 목적으로 그가 지정하신 수단이다. 그러나 십자가를 설교하는 교회는 스스로 십자가의 흔적을 지녀야 한다. 교회가 만일 복음을 배반하든가, 하나님을 향한 산 믿음이 없다든가, 사람들에 대한 진정한 사랑이 없든가, 사업 추진과 재정 등 모든 일에 있어서 철저한 정직성이 결여될 때 교회는 오히려 전도의 장애물이 되어 버린다. 따라서 어떤 특정한 문화적 사회적 또는 정치적 체제들이나 인간의 이데올로기와 동일시되어서는 안 된다 (요17:18, 20:21, 마28:19, 20, 행1:8, 20:27, 엡1:9, 10, 3:9－11, 갈6:14, 17, 고후 6:3,4, 딤후2:19－21, 빌1:27).

7. 전도를 위한 협력(Cooperation in evangelism)

교회가 진리 안에서 가견적 일체성을 이룩하는 일이 하나님의 목적임을 우리는 확인한다. 전도는 또한 우리를 하나가 되도록 부른다. 왜냐하면 우리의 불일치가 우리가 전하는 화해의 복음을 무너뜨리고 마는 것처럼 우리의 하나 됨은 우리의 증거를 더욱 힘 있게 만드는 것이기 때문이다. 그러나 조직적 일치가 여러 가지 모양을 띨 수가 있고 또 그것이 반드시 전도를 증진시키는 것이 아니란 것도 우리는 인정한다. 그럼에도 불구하고 동일한 성서적 신앙을 함께 하는 우리들은 교제와 일과 증거에 있어서 긴밀하게 일치단결하지 않으면 안 된다. 우리의 증거가 때로는 죄악 된 개인주의와 불필요한 중첩으로 인하여 저해를 받는 경우가 많다는 것을 우리는 고백한다. 우리는 진리와 예배와 거룩함과 선교에 있어서 좀 더 깊은 일치를 추구할 것을 약속한다. 교회의 선교를 촉진하기 위해서, 전략적 계획을 위해서, 상호 간의 격려를 위해서, 그리고 자원과 경험을 서로 나누기 위해서 지역적이며 기능적인 협력을 발전시킬 것을 우리는 촉구한다(요 13:35, 17:21, 23, 엡4: 3, 4, 빌1: 27, 요17:11-23).

8. 교회의 선교 협동(Churches in Evangelistic Partnership)

선교의 새 시대가 동트고 있음을 우리는 기뻐한다. 서방 선교의 주도적 역할은 급속히 사라져 가고 있다. 하나님은 신생 교회들 중에서 세계 복음화를 위한 위대하고도 새로운 자원을 불러일으키고 계신다. 그리하여 전도의 책임이 그리스도의 몸 전체에 속해 있음을 밝히 보여 주신다. 그러므로 모든 교회는 개교회가 속해 있는 지역을 복음화함과 동시에 세계의 다른 지역에도 선교사를 보내기 위하여 무엇을 해야 할 것인가를 하나님과 자신에게 물어야 할 것이다. 우리의 선교 책임과 선교 역할에 대한 재평가는 계속되어야 한다. 이렇게 하여 교회들 간의 협동은 더욱 강화될 것이며, 그리스도 교회의 보편성은 더 분명하게 드러나게 될 것이다. 우리는 또한 성서 번역, 신학 교육, 매스매디어, 기독교 문서 사업, 전도, 선교, 교회 갱신, 기타 특수 분야에서 일하는 여러 기관들로 인하여 하나님께 감사한다. 이런 기관들도 교회 선교의 한 사역자로서 그 효율성을 평가하기 위하여 지속적인 자기 검토를 해야 한다(롬1:8, 빌1:5;4:15, 행13:1-13, 살전1:6-8).

9. 복음 전도의 긴박성(The Urgency of the Evangelistic Task)

인류의 3분의 2이상에 해당하는 27억 이상의 인구가 아직도 복음화되어야 한다. 우리는 이토록 많은 사람이 아직도 등한시되고 있다는 사실을 부끄럽게 생각한다. 이는 우리와 온 교회에 대한 끊임없는 견책이다. 그러나 오늘날 세계 도처에서는 주 예수 그리스도에 대하여 전례 없는 수용 자세를 보이고 있다 지금이야말로 교회와 모든 교회 기관들이 복음화되지 못한 이들의 구원을 위하여 열심히 기도하고 세계 복음화를 성취하기 위한 새로운 노력을 시도해야 할 때임을 확신한다. 이미 복음이 전파된 나라에 해외 선교사와 선교비를 감축하는 일은 토착 교회의 자립심을 기르기 위하여 혹은 아직 미복음화 지역으로 그 자원을 회전시키기 위하여 때로는 필요한 경우도 있을 것이다. 선교사들이 겸손한 섬김의 정신으로 더욱 더 자유롭게 육대주 전역에 걸쳐 교류되어야 할 것이다. 목표는, 가능한 모든 수단을 총동원하여, 되도록 빠른 시일 안에 한 사람도 빠짐없이 이 좋은 소식을 듣고, 깨닫고, 받아들이게 할 기회를 제공하는 일이다. 희생 없이 이 목적을 성취한다는 것은 기대할 수가 없다. 수천 수백만이 당하고 있는 빈곤에 우리 모두가 충격을 받으며, 이 빈곤의 원인인 불의에 대하여 분개한다. 우리 중에 풍요한 환경 속에 살고 있는 이들은 검소한 생활양식을 개발하여 구제와 전도에 보다 많이 공헌하는 것이 우리의 의무임을 확신한다(요9:4, 마9:35-38, 롬9:1-3, 고전9:19-23, 막16:15, 사58:6, 7, 약1:27;2:1-9, 마25:31-46, 행2:44, 45;4:34, 35).

10. 전도와 문화(Evangelism and culture)

세계 전도 전략의 개발에는 대담한 개척적 방법이 요청된다. 하나님 아래서 세계 전도의 결과로 그리스도 안에 깊이 뿌리박히고 동시에 각각의 문화에 밀접히 관련된 여러 교회들이 일어날 것이다. 문화는 항상 성경을 표준으로 해서 검토되고 판단 받아야 한다. 사람은 하나님의 피조물인고로 인간 문화의 어떤 것은 대단히 아름답고 선하다. 그러나 인간의 타락으로 인하여 그 전부가 죄로 물들었고 어떤 것은 악마적이다. 복음은 어떤 문화가 다른 문화보다 우월하다고 전제하지 않는다. 오히려 복음은 모든 문화를 그 자체의 진리와 정의를 표준으로 해서 평가하고 모든 문화에 있어서 도덕적 절대성을 주장한다. 선교는 이제까지 복음과 함께 이질적 문화를 수술하는 일이 너무나 많았다. 그리하여 교회는 왕왕 성경에 매이기보다 문화에 매이는 경우가 많았다. 그리스도의 전도자는 겸손하게 자기를 전체로서 비어버리기를 힘써야 한다. 다만 그의 인격의 가장 진정한 것만 남겨 가져서 다른 사람들의 종이 되어야 한다. 그리하여 문화는 문화를 변형(변혁)시키고 풍요하게 만들기에 힘쓰되 모든 것을 하나님의 영광을 위해서 해야만 한다(막7:8, 9, 13, 창:21, 22, 고전9:19－23, 빌2:5－7, 고후4:5).

11. 교육과 지도력(Education and Leadership)

우리는 때때로 교회 성장을 추구한 나머지 교회의 깊이를 포기하는 결과를 가져 왔고, 또한 전도를 신앙적 육성으로부터 분리시켜 왔음을 고백한다. 또한 우리 선교단체들 중에는 현지 지도자로 하여금 그들의 마땅한 책임을 감당할 수 있도록 준비시키고 격려하는 일에 매우 소홀했음을 인정한다. 그러나 이제 우리는 토착화 원칙을 믿고 있으며 모든 교회가 현지 지도자들을 등용하여 그들로 하여금 지배 자로서가 아닌 봉사자로서의 기독교 지도자상을 제시할 수 있기를 갈망한다. 신학 교육의 개선이 크게 요구되고 있음을 인정한다. 모든 민족과 문화권에 있어서 교리, 제자도, 전도, 교육 및 봉사의 각 분야에 목회자, 평신도를 위한 효과적인 훈련 계획이 수립되어야 한다. 그러한 훈련 계획은 틀에 박힌 전형적인 방법에 의존할 것이 아니라 성서적 표준을 따라 지역적인 독창성에 의하여 전개시켜 나아가야 한다(골1:27, 28, 행14:23, 딛1:5, 9, 마10:42-45, 엡4:11, 12).

12. 영적 싸움(Spiritual Conflict)

우리는 우리가 악의 권세들과 능력들과의 부단한 영적 싸움에 참여하고 있음을 믿는다. 그것들은 교회를 전복시키고 세계 복음화를 위한 교회의 사역을 좌절시키려고 한다. 우리는 하나님의 전신갑주로 자신을 무장하고 진리와 기도의 영적 무기를 가지고 이 싸움을 싸워야 한다는 것을 안다. 이는 교회 밖에서의 거짓 이데올로기 속에서뿐만 아니라 교회 안에서까지도 성경을 왜곡시키며 사람을 하나님의 자리에 놓는 거짓 복음 속에서 적이 활동하고 있음을 발견하기 때문이다. 우리는 성서적 복음을 수호하기 위하여 깨어 있어야 하며 분별력이 있어야 한다. 우리는 우리 자신이 세속적인 생각과 행위, 즉 세속주의에 면역되어 있지 않다는 사실을 인정한다. 예를 들면 숫자적으로나 영적으로 교회 성장에 대한 세심한 연구는 정당하고 가치 있는 일임에도 우리는 종종 이런 연구를 게을리하였으며, 어떤 경우에는 복음에 대한 반응에만 열중하여 우리의 메시지를 타협시켰고, 강

압적 기교를 통하여 청중을 교묘히 조종하였고, 지나치게 통계에 집착한 나머지 통계를 부정직하게 기록하는 때도 있었다. 이 모든 것이 세속적인 것이다. 교회가 세상 속에 있어야 하지만 세상이 교회 속에 있어서는 안 된다(엡6:12, 고후4:3, 4, 엡6:11;13－18, 고후10:3－5, 요일2:18－26;4:1－3, 갈1:6－9, 고후2:17;4:2, 요17:15).

13. 자유와 핍박(Freedom and persecution)

모든 정부는 교회가 간섭하지 않고 하나님께 순종하고, 주 그리스도를 섬기며, 복음을 전파하도록 평화와 정의와 자유의 상태를 보장해야 할 의무를 하나님께로부터 받고 있다. 그러므로 우리는 모든 나라의 지도자들을 위하여 기도하며 그들이 사상과 양심의 자유를 보장하고 하나님의 뜻을 따라, 그리고 유엔 인권선언에 규정한 바와 같이 종교를 믿으며 전파할 자유를 보장해 줄 것을 요청한다. 우리는 또한 부당하게 투옥된 사람들, 특히 주 예수 그리스도를 증거함으로 고난 받는 우리 형제들을 위하여 깊은 우려를 표명한다. 우리는 그들의 자유를 위하여 기도하며 일할 것을 약속한다. 동시에 우리는 그들의 운명에 의하여 유발되는 협박을 거부한다. 하나님이 우리를 도우시매 우리는 무슨 희생을 치르더라도 불의에 항거하며 복음에 충성하기를 힘쓸 것이다. 핍박이 없을 수 없다는 예수님의 경고를 우리는 잊어버리지 않는다(딤전1:1－4, 행4:19;5:2, 골3:24, 히13:1－3, 눅4:18, 갈5:11, 6:12, 마5:10－12, 요15:18－21).

14. 성령의 능력(The Power of the Holy sprit)

우리는 성령의 능력을 믿는다. 아버지 하나님은 그의 영을 보내시어 아들에 대하여 증거케 하신다. 그의 증거 없이 우리의 증거는 헛되다. 죄를 깨닫고, 그리스도를 믿고, 새로 중생하고, 그리스도인으로 성장하는 이 모든 것이 성령의 역사이다. 뿐만 아니라 성령은 선교의 영이시다. 그러므로 전도는 성령 충만한 교회로부터 자발적으로 일어나야 한다. 교회가 선교하는 교회가 되지 못할 때 그 교회는 자기모순에 빠져 있는 것이요, 성령을 소멸하고 있는 것이다. 전 세계 복음화는 오직 성령이 교회를 진리와 지혜, 믿음과 거룩함과 사랑과 능력으로 새롭게 할 때에만 실현 가능케 될 것이다. 그러므로 우리는 모든 그리스도인들이 그러한 하나님의 전능하신 성령의 역사를 위하여 기도할 것을 요청하며, 성령의 모든 열매가 그의 모든 백성에게 나타나고, 그의 모든 은사가 그리스도의 몸을 충성하게 하도록 기도할 것을 호소한다. 그때야 비로소 온 교회는 하나님의 손에 있는 합당한 도구가 될 것이요, 온 땅은 하나님의 음성을 듣게 될 것이다(고전2:4, 요15:26-27;16:8-11, 고전12:3, 요3:6-8, 고후3:18, 요7:37-39, 살전5:19, 행1:8, 시85:4-7;67:1-3, 갈5:22-23, 고전12:4-31, 롬12:3-8).

15. 그리스도의 재림(The return of Christ)

우리는 예수 그리스도께서 친히 권능과 영광 중에 인격적으로 그리고 눈으로 볼 수 있도록 재림하시어 그의 구원과 심판을 완성시킬 것을 믿는다. 이 재림의 약속은 우리의 전도를 가속화시킨다. 이는 먼저 복음이 모든 민족에게 전파되어야 한다고 하신 그의 말씀을 우리가 기억하기 때문이다. 그리스도의 승천과 재림 사이의 중간 기간은 하나님의 백성의 선교 사역으로 채워져야 한다고 우리는 믿는다. 그러므로 종말이 오기 전에는 우리에게 이 일을 멈출 자유가 없다. 우리는 또한 마지막 적그리스도의 선행자로서 거짓 그리스도들과 거짓 선지자들이 일어나리라는 그의 경고를 기억한다. 그러므로 우리는 인간이 땅 위에 유토피아를 건설할 수 있다는 생각은 오만한 자기 확신의 환상으로 간주하여 이를 거부한다. 우리 그리스도인들은 하나님께서 그의 나라를 완성하실 것이요, 우리는 그 날을 간절히 사모하며 또 의가 거하고 하나님께서 영원히 통치하실 새 하늘과 새 땅을 간절히 고대하고 있음을 확신한다. 그때까지 우리는 우리의 삶 전체를 지배하시는 그의 권위에 기꺼이 순종함으로 그리스도를 섬기고 사람에게 봉사하는 일에 우리 자신을 재헌신한다(막14:62, 히9:28, 막13:10, 행1:8-11, 마28:20, 막13:21-23, 요2:18;4:1-3, 눅12:32, 계21:1-5, 벧후3:13, 마28:18).

맺는말(Conclusion)

그러므로 이와 같은 우리의 신앙과 우리의 결심에 비추어서 우리는 하나님 앞에서 또 우리 상호 간에 전 세계의 복음화를 위해서 함께 기도하고, 계획하고, 일할 것을 엄숙히 언약한다. 우리는 다른 사람들도 우리와 함께 할 것을 호소한다. 하나님께서 그의 은혜로서 그의 영광을 위하여 우리의 이 언약에 충실할 수 있도록 우리를 도우시기를 기도한다. 아멘, 할렐루야!

http://www.lausanne.org/covenant

부록 3

이구아수 선언문(1999년) 전문

배경

53개국에서 온 160명의 선교 실천가, 선교학자, 교회 지도자들은 세계복음주의협의회 선교위원회(WEF MC) 주최로 1999년 10월 10일에서 15일까지 다음과 같은 목적으로 모였다:

1. 새로운 세기를 앞두고 세계 선교가 직면한 도전과 기회에 대해 함께 숙고한다.
2. 특별히 1974년 로잔 회의 이후 20세기 복음주의 선교학과 선교적 실천의 여러 흐름들을 재검토한다.
3. 하나님의 백성들의 문화적 다양성을 반영하는 진정한 성경적 선교학을 개발하고 발전시키는 것을 계속한다.

우리는 인종적 갈등, 심각한 경제적 불균형, 자연 재해 및 생태계의 위기 등으로 분열된 세계에서 살아 계신 그리스도를 선포한다. 선교의 과업은 지구상의 가장 외진 곳까지 영향을 미치고 있는 기술 발달에 의해 도움을 받기도 하고 방해를 받기도 한다. 복합적인 종교들과 영적인 실험에 표현된 사람들의 다양한 종교적 염원들은 복음의 궁극적 진리에 도전하고 있다.

20세기에 들어와 선교학은 과거 어느 때보다 더 많이 발전했다. 근자에는 교회의 여러 지체들의 생각에 따라 선교회들이 계속해서 우월주의(paternalism)를 떨쳐버리는 데 도움을 얻어 왔다. 오늘날 우리는 복음과 문화, 전도와 사회적 책임, 성경적 명령과 사회과학의 관계를 계속 탐구해오고 있다. 우리는 세계복음주의협의회, 로잔세계복음화위원회, 서기 2000년 운동 등 국제적 기구들이 동반자 관계와 연합의 희망찬 과정을 시작한 것을 보고 있다.

동반자 관계를 향한 노력은 측정 가능한 목표와 수적인 성장을 연관시키는 방법론에 대해 강조함으로써 더욱 촉진되었다. 긴급한 복음화에 대한 헌신에서 비롯된 이러한 방법론들은 우리의 과업을 어떻게 성취할 수 있을지를 보여주었다. 이러한 통찰력들은, 그러나, 성경적인 원리들과 그리스도를 본받는 데서 자라가는 것에 복종되어야 하는 것이다.

우리는 세계 곳곳에서 일어나는 다양한 선교학적 목소리들로 인해 기뻐하지만, 그 목소리들을 우리의 이론으로 받아들이고 실천하지 못했음을 고백한다. 낡은 패러다임이 여전히 만연하고 있다. 우리 시대에 가치 있는 선교학을 정립하기 위해서는 만국 백성에게서 만국 백성들에게 나아가는 선교뿐만 아니라, 세계적 교회(the global church)에 대한 각성과 참여가 필요하다.

우리는 토의를 할수록 우리 주 예수 그리스도의 영광스런 재림을 고대하는 우리의 삶과 사역에 성령의 임재와 힘주심에 더욱 의지하게 되었다. 이러한 사실에 비추어서 우리는 다음과 같이 선언하는 바이다:

선언

우리의 신앙은 하나님께서 영감하신 성경의 절대적 권위에 근거한 것이다. 우리는 우리에게 전해진 그리스도인들의 고백의 상속자들이다. 성삼위 하나님은 모두 인류를 구속하기 위한 하나님의 선교를 활발히 이루어 가고 있다. 우리의 선교학은 하나님의 세계 창조, 성육신에 계시된바 아버지의 타락한 인류에 대한 구속적 사랑, 우리 주 예수 그리스도의 대속적 죽음과 부활, 만물의 궁극적 구속과 새롭게 됨 등 전반적인 성경적 주제를 중심으로 하고 있다.

우리 주님께서 약속하신 성령은 우리의 위로자와 교사시며 능력의 근원이 되신다. 우리를 거룩함과 온전함으로 부르시는 것은 성령이시다. 성령께서 교회로 하여금 모든 진리로 이끄신다. 성령은 죄와 의와 심판에 대해 확신케 하시는 선교의 매개자이시다. 우리는 성령의 능력을 부여받고 인도를 받은 그리스도의 종들이며, 우리의 목적은 하나님을 영화롭게 하는 것이다.

우리는 다음의 주제들을 지금 이 시대에 특별히 중요한 진리로 고백한다. 이 주제들은 전체 성경이 분명히 증거하고 있는 것들로서 모든 사람들에게 구원을 베풀고자 하시는 하나님의 염원을 담고 있다.

1. 예수 그리스도는 교회의 주인이시며, 우주의 주인이시다

궁극적으로 모든 사람이 그 앞에 무릎을 꿇어야 하고, 모든 혀가 예수는 주라고 시인해야 한다. 그리스도의 주되심은 온 세상에 선포되어야 하며, 모든 사람들이 이로써 죄의 속박과 악의 지배에서 놓여나 주의 영광을 위해 주만을 섬겨야 한다.

2. 주 예수 그리스도는 하나님의 유일한 계시이며, 세상의 유일한 구세주이다

구원은 그리스도 안에서만 발견된다. 하나님은 창조하신 세계와 인간의 양심 속에서 그를 나타내시지만, 이러한 증거들은 그리스도 안에서 하나님의 계시가 없이는 완전하지 못하다. 이에 상반되는 진리의 주장들에 대항해서 우리는 문화적 장애뿐만 아니라 죄로 인해서 사람들이 그들을 위해 죽으신 그리스도를 보지 못한다는 것을 알기에, 겸손히 그리스도가 유일한 구세주라는 것을 선포한다.

3. 예수 그리스도의 사역에 의해 가능해진 구원의 기쁜 소식은 세계의 모든 언어와 문화로 표현되어야 한다

우리는 복음을 모든 사람들에게 전해서 그들이 그리스도를 믿는 믿음을 고백할 수 있도록 하는 전령으로서의 명령을 받았다. 그 메시지는 사람들이 이해할 수 있는 언어로 전해져야 하며, 사람들의 처지에 적합한 형태로 전해져야 한다. 신자들은 성령의 이끌림을 받아 문화적으로 적합한 예배 형태들을 만들고, 모든 교회의 유익을 위해 하나님을 영화롭게 할 성경적 통찰력을 활용하여야 한다.

4. 복음은 기쁜 소식이며 모든 인간의 필요에 대해 해답을 제시한다

우리는 예수 그리스도의 복음의 총체적인 성격을 강조한다. 신구약 성경은 전 사회의 전 인간에 대한 하나님의 관심을 나타내고 있다. 우리는 물질적인 축복이 하나님께로부터 온다는 것을 인정하지만, 번영이 경건과 동일시되어서는 안 된다.

5. 복음 전파를 반대하는 것은 우선적으로 살아 계신 하나님에 대항하는 인간의 죄, 정사와 권세들과 관련된 영적인 갈등이다

이 갈등은 영들에 대한 두려움이나 하나님에 대한 무관심 등의 다른 양상으로 드러난다. 우리는 복음의 진리를 수호하는 것 또한 영적인 전쟁이라는 것을 인정한다. 복음의 증인들로서 우리들은 예수 그리스도가 모든 권세들 위에 뛰어난 능력을 가지고 계시며, 믿음으로 그에게 돌이키는 모든 사람들을 자유케 하실 수 있다는 것을 선포한다. 우리는 십자가에서 하나님이 승리를 거두셨음을 확증한다.

6. 고통, 핍박, 순교는 많은 그리스도인들에게 현재적인 실제이다

우리가 순종할 때 고통을 수반하며, 교회가 이런 고통을 겪고 있다는 것을 인정한다. 우리는 계속해서 핍박받고 있는 성도들을 위해 기도할 특권과 의무가 있음을 알고 있다. 우리는 그들의 고통을 나누도록 부름 받았으며, 그들의 고통을 덜기 위해서 우리가 할 수 있는 일들을 해야 하며, 인권과 종교적 자유를 위해서 일하도록 부름 받았다.

7. 경제와 정치 체제들은 하나님의 왕국의 확장에 깊은 영향을 미친다

인간 정부는 하나님께서 임명하신 것이지만, 모든 인간의 기관들은 인간의 타락된 본성에 따라 활동한다. 성경은 그리스도인들이 권세자들을 위해 기도할 뿐만 아니라 진리와 정의를 위해서 일하도록 기도하라고 명하신다. 우리는 성령의 인도를 받을 때 정치와 경제 체제에 대해 그리스도인으로서 합당한 반응을 보일 수 있을 것이다.

8. 하나님은 그의 영광을 위해서, 또 세상의 구원을 위해서 다양한 기독교의 전통과 단체 속에서 역사하신다

너무나 오랫동안 신자들은 교단, 수도회, 성령의 은사와 사역에 대한 교리 등의 이슈에 따라 분열되어 서로의 사역을 인정하지 못했다. 우리는 지금 곳곳에서 참되게 그리스도를 전하는 모든 노력을 인정하며, 축복하며, 위해서 기도한다.

9. 거룩하신 하나님의 효과적인 증인이 되기 위해서 우리는 개인적인 삶과 집단적인 삶에서 거룩, 사랑, 의로움을 나타낼 필요가 있다

우리는 위선과 세상에 영합한 것을 회개하며, 교회로 하여금 거룩한 삶으로 새롭게 헌신할 것을 촉구한다. 거룩함은 죄에서 돌이키고, 의를 연습하며, 그리스도를 닮는데서 자라가는 것을 요구한다.

다짐들

우리는 세계의 각기 다른 곳에서 온 사람들로서 서로의 이해와 통찰력 있는 실천을 도우면서 다음의 주제들에 대해 계속 숙고할 것을 다짐한다. 우리 마음의 간절한 소원은 그리스도를 모든 문화와 종족에 효과적이고도 신실하게 전함으로써 열방을 제자 삼는 것이다.

1. 선교의 삼위일체적인 기초

우리는 하나님 중심의 선교학을 새롭게 강조할 것을 다짐한다. 이 것은 이 타락한 세상에 대한 성부, 성자, 성령의 구체적인 역할들을 이해할 뿐 아니라, 인류와 만물의 구속에 있어서의 삼위일체의 역할에 대한 새로운 연구를 요청하는 것이다.

2. 성경과 신학적 숙고

우리는 우리의 성경적, 신학적 숙고가 때로 빈약하고 불충분했음을 고백한다. 우리는 또한 성경을 사용하는데 있어서 전체 성경의 계시에 충실하기보다 성경 구절들을 선택적으로 사용했음을 고백한다. 우리는 선교에 의해 형성된 성경 및 신학 연구를 새롭게 하고, 하나님의 말씀에 의해 형성되고, 성령에 의해 생명과 빛을 받는 선교학을 할 것을 다짐한다.

3. 교회와 선교

선교하는 교회는 세상을 향한 하나님의 계획의 핵심이다. 우리는 선교적 교회론을 더욱 강화하고, 세계의 교회가 모든 그리스도인들이 선교에 참여하는, 진정으로 선교적인 공동체를 이루도록 권고할 것이다. 정치권력, 종교적 근본주의, 세속주의의 저항과 반대에 직면해서 우리는 교회들이 보다 깊은 차원에서 연합하고 선교에 참여하도록 격려하고 도전할 것을 다짐한다.

4. 복음과 문화

복음은 항상 문화적 상황 속에서 제시되고 받아들여진다. 모든 문화에 좋은 면과 나쁜 면이 있다는 것을 인정하면서 복음과 문화의 관계를 이론과 실제 속에서 규명하는 것이 필요불가결하다. 우리는 기독교의 메시지가 모든 문화에 적합하다는 것을 계속해서 나타내 보이면서, 선교사들이 복음과 문화의 관계를 성경적으로 다루는 것을 배울 수 있도록 할 것이다. 우리는 모든 세계관들이 복음에 의해 비평을 받고 변화되어야 한다는 점과, 다른 문화적 관점들이 우리의 복음에 대한 이해를 어떻게 풍부히 할 수 있는가에 대해 진지하게 연구할 것을 다짐한다.

5. 다원주의

종교다원주의는 종교 공동체들 사이에서 관용과 이해를 증진시키기 위해 노력하면서도 구세주로서 예수 그리스도의 유일성을 굳게 붙잡도록 도전한다. 우리는 종교적 진리 주장들을 상대화시킴으로써 조화를 추구할 수 없다. 도시화와 급격한 정치적 변화는 종교 및 인종 간 폭력과 적대관계를 심화시켜 왔다. 우리는 화해의 매개자로 헌신한다. 우리는 또한 예수 그리스도의 복음을 신실하게, 사랑의 겸손으로 선포할 것을 다짐한다.

6. 영적 갈등

우리는 지난 몇십 년 동안 영적 갈등에 대한 성경적 주제에 새롭게 쏟아진 관심을 환영한다. 우리는 능력과 권세가 우리의 것이 아니라, 하나님의 것임을 기쁘게 인정한다. 동시에 우리는 영적 전쟁에 대한 관심이 죄, 구원, 회심, 진리를 위한 싸움 등 근본적인 문제를 대체하지는 못한다는 입장을 분명히 한다. 우리는 혼합주의와 비성경적인 요소들을 경계하면서 영적인 갈등에 대한 성경적인 이해와 실제적인 처리 능력을 증진할 것을 다짐한다.

7. 선교 전략

우리는 사회과학으로부터 도입한 많은 유익한 통찰력을 인해서 감사한다. 우리는 이러한 통찰력들이 성경의 권위 아래 있어야 한다는 것을 주장한다. 따라서 우리는 마케팅 개념에 심하게 의존하는 선교 이론들과, 목표에 따라 좌우되는 선교학에 대해 건전한 비평을 할 것을 촉구한다.

8. 세계화된 선교학

교회의 모든 지체로부터의 통찰력이 필요하며, 모든 지역이 직면한 도전들에 대해 해답을 찾고자 노력해야 한다. 그럴 때에만 우리의 선교학은 성경에 반영되었고, 다시 사신 주님께 온전히 순종하는데 필요한 풍성함과 짜임새를 개발할 수 있다. 우리는 우리의 선교학을 발전시키고 실행하는 데 전 세계 교회의 모든 지체들이 목소리를 내도록 하는데 헌신한다.

9. 경건한 성품

성경적 거룩함은 신실하게 그리스도를 전하는데 있어서 필요불가결한 것이다. 우리는 경건한 삶과 종으로서의 태도를 새롭게 강조할 것을 다짐하며, 선교사들과 사역자들을 훈련하는 기관들이 그리스도인으로서의 성품을 닦는 성경적이고 실제적인 훈련을 상당히 포함할 것을 촉구한다.

10. 십자가와 고통

우리 주님이 우리에게 십자가를 지라고 말씀하신 것과 같이, 우리는 고통이 진정한 그리스도인의 삶의 일부분이라는 가르침을 교회에 상기시킨다. 정치 경제적 억압으로 점점 더 폭력이 난무하고 불의한 세상에서 선교 사역을 하면서 고통을 감수하는 교회를 섬길 수 있도록 우리 자신과 다른 사람들을 준비시킬 것을 다짐한다. 우리는 순교의 성경적 신학을 정립하기 위해 매진할 것이다.

11. 그리스도인의 책임과 세계 경제 질서

세계적인 경제 세력에 점점 더 많이 통제되는 세계에 살면서 그리스도인들은 부의 부식효과와 빈곤의 파괴적인 결과를 알 필요가 있다. 경제 세력에 대한 우리의 관점 속에 자문화중심주의가 있음을 인정한다. 우리는 가난이라는 세계의 현실적인 문제를 다루며, 힘없는 자보다는 힘 있는 자를 섬기는 정책에 반대할 것을 다짐한다. 교회는 각기 처한 곳에서, 특별히 토착 문화가 멸절될 위기에 직면한 종족의 존재 의미와 가치를 주장할 책임이 있다. 우리는 모든 그리스도인들이 모든 민족을 위한 정의와 안녕에 대한 하나님의 관심을 나타내는 데 헌신할 것을 촉구한다.

12. 그리스도인의 책임과 생태계의 위기

지구는 주님의 것이며, 복음은 모든 피조물에게 기쁜 소식이다. 그리스도인들은 하나님께서 지구를 돌보라고 모든 인간에게 주신 책임을 공유하고 있다. 우리는 모든 그리스도인들이 하나님의 피조물을 돌보는 청지기로서의 책임을 다하여 생태계의 온전성을 지키는데 헌신할 것을 촉구하면서, 그리스도인들이 환경을 관리하고 보호하는데 앞장설 것을 권유한다.

13. 동반자 관계

하나님 왕국의 시민이요, 그리스도의 몸의 지체로서 우리는 상호 협력하는데 한층 더 노력할 것을 다짐한다. 주님은 우리가 하나 되어 조화롭게 그의 사역을 함으로써 세상이 믿기를 간절히 바라신다. 우리는 우리의 동반자 관계를 시도함에 있어서 항상 대등한 입장에 있지 않았음을 인정한다. 특별히 교회론에 있어서 부적절한 신학, 그리고 자원의 불균형은 함께 일하는 것을 어렵게 만들었다. 우리는 이러한 불균형의 문제를 적절히 다룰 방법을 찾고, 그리스도의 신자들이 진정으로 그리스도를 섬기는 일에 하나라는 것을 세상에 나타낼 것을 서약한다.

14. 선교사 돌봄

타문화 환경 가운데 주님의 사역을 감당하는 선교사들은 스트레스와 비판에 노출되어 있다. 선교사들도 예외 없이 인간이 가지는 한계를 가지고 있고, 그 동안 잘못한 점들이 있었다는 것을 인정하면서도, 우리는 선교사들이 사랑과 존경과 감사를 받을 자격이 있다고 주장한다. 너무나 자주 선교단체들과 교회들과 그리스도인들이 타문화 사역자들을 대하는데 있어서 성경적 지침들을 따르지 않았다. 우리는 선교 사역자들뿐만 아니라, 복음의 증거를 위해서도 그들을 후원하고 돌보는 일에 힘쓸 것을 다짐한다.

약속

이구아수 선교 학술 대회에 참석한 우리는 선교 실천가, 선교학자, 교회 지도자로서 성부와 성자와 성령의 영광을 위하여 전 세계에 속히 복음을 전하고 열방을 제자 삼는 일에 대한 우리의 열정을 선포한다.

위의 다짐들을 하면서 우리는 주님이 명령하신 선교적 과업을 다 이루기까지 성령을 통해 우리에게 권능을 주시는 주님께 의지한다. 복음주의자들로서 우리는 끊임없이 변하는 세계에서 성경적 유산을 지켜나갈 것을 다짐한다. 우리는 복음주의적 선교학을 발전시키고 실천하는데 능동적으로 참여할 것을 다짐한다. 성령의 내주하심에 힘입어 우리는 하나님 왕국의 놀라운 복음을 온 세상에 전하는 목적을 이루기 위해 노력할 것이다. 우리는 그의 뜻을 행하고자 애쓰면서 서로 사랑하고, 서로를 위해 기도할 것을 다짐한다.

우리는 화해와 희망의 복음을 전하는 하나님의 선교에 참여하는 특권을 기뻐한다. 우리는 기쁨으로 주님의 재림을 바라며, 모든 종족과 방언과 백성과 나라의 사람들이 어린양을 경배하는 종말적 비전이 실현될 것을 간절히 고대한다.

이에 성부와 성자와 성령께서 영광을 받으소서.
할렐루야! 아멘.

Abstract

A Critique on Chritianyoga
based on Evangelical Missiology

Chung-Ung Lee

Ph.D in Missiology

The Hansei University

Hinduism is coming. Hinduism is coming without any resistance into our lives.

Yoga has played a leading role as an advance guard point in the globalization of Hindu. There has been being a craze for Yoga along with the worldwide wellbeing.

In the past Yoga was regarded as Indian esoteric ideas or a strange behavior twisting their body, but it was combined with fitness industry and is coming into the daily lives of modern people.

As these days it is becoming popular, more and more Christians are asking questions about Yoga. Many Christians have already been doing yoga as an exercise, and Church has also been accepting actively.

If so, Is it possible that Yoga can be accepted from the biblical point of view? Simply in terms of doing Yoga as working out, doing it could also be a problem? Answering that is not so simple.

So I will study yoga. I will argue that yoga is a Hindu, that Christian's doing Yoga is not just for health. And doing that is a behavior which fall into the religious syncretism. The purpose of this paper is to make Christians not be confused by false spirit.

This research will study literature reviews related to Yoga. And then it will refer to the papers about Yoga.

Through that, it is designed to prove that yoga is a Hindu itself.

In chapter I, I will look for backgrounds of Christian yoga. Here the origin of yoga, yoga history and the types of yoga will be studied.

In chapter II, I will look into Christian yoga. It will be discussed what Christian yoga is, what is the origin of Christian yoga, why Christians do Yoga, and the current status.

In chapter III, Christians Yoga will be criticized from the point of evangelical missiology. The four reasons for why Christians should not do yoga will be presented.

In the last chapter IV, I will propose an alternative for Christian yoga.

이충웅

이충웅은 불교 집안에서 태어났으나, 21살에 예수님을 영접하고, 23살에 성경공부를 통해
예수님을 인격적으로 알게 되었다.

25살에 선교사가 되라는 주님의 소명을 받았다. 만 29세에 한국대학생선교회(CCC) 파송 인
도 켈커타 선교사가 되었다. 다시 한국으로 돌아와 한세대학교에서 M.div를 마치고 선교학
으로 Th.M 그리고 Ph.D 학위를 받았다. 영동순복음방주교회를 2003년부터 개척하여 2010
년까지 담임목회를 하였다.

지금은 김천대학교 치유선교복지학과 교수로서 선교동원가의 삶을 살고 있다.

크리스천요가에 대한
복음주의 선교신학적
비판

A CRITIQUE ON CHRISTIANYOGA
BASED ON EVANGELICAL MISSIOLOGY

초 판 인 쇄 | 2011년 6월 3일
초 판 발 행 | 2011년 6월 3일

지 은 이 | 이충웅
펴 낸 이 | 채종준
펴 낸 곳 | 한국학술정보㈜
주   소 | 경기도 파주시 교하읍 문발리 파주출판문화정보산업단지 513-5
전   화 | 031) 908-3181(대표)
팩   스 | 031) 908-3189
홈 페 이 지 | http://ebook.kstudy.com
E - m a i l | 출판사업부 publish@kstudy.com
등   록 | 제일산-115호(2000. 6. 19)

ISBN   978-89-268-2286-9 93230 (Paper Book)
          978-89-268-2287-6 98230 (e-Book)